Islam y Cristianismo en la Profecía

Paralelas de la politica izquierda contra la derecha.

Tim Roosenberg

TEACH Services, Inc.
P U B L I S H I N G
www.TEACHServices.com • (800) 367-1844

Publicado por Islam and Christianity in Prophecy Seminars, Emmett, Idaho 83617

Una edición anterior fue publicada antes por la Review and Herald Publishing Association en 2011.

El escritor está abierto a conversar sobre la traducción y publicación del libro en otros idiomas. Los libros pueden comprarse en grandes cantidades. Para detalles, envíe un mensaje por correo electrónico a newsletter@IslamAndChristianity.org o contáctenos a través de nuestro sitio web: www.IslamAndChristianity.org.

ISBN-13: 978-1-4796-1270-3 (Paperback)
ISBN-13: 978-1-4796-1271-0 (ePub)
Library of Congress Control Number: 2021901604

Para más información sobre este y otros temas relacionados, visite nuestro sitio web en www.IslamAndChristianity.org.

Edición y diseño interior por Lorna M. Hartman. Arte de portada e interior derecho de autor © Steve Creitz

Impreso en los EUA

Índice de Materias

Introducción

Algunas Cosas que Debe Saber Sobre Este Libro

Mi Enfoque de la Profecía

Soy una persona de "ver el bosque", no una persona de "ver el árbol" (a diferencia de aquellas personas a quienes los árboles les impide ver el bosque). Estudio las tendencias, y evito atascarme en los detalles. Después de haber estado sumergido en la historia y las profecías de la Biblia durante más de 30 años, he llegado a tener un "sexto sentido" sobre estos temas.

En 2002 tuve un momento "¡ajá!", algo así como una epifanía, sobre el significado principal de Daniel 11. Luego de este momento "¡ajá!", pasé varios años comprobando mis hallazgos, y los he confirmado ahora, creo, después de verificar fuentes y consultar con eruditos e investigadores.

Ahora que los eventos actuales han demostrado que la primera edición era precisa, esta edición revisada será aún más clara. También he hecho revisiones para ser más detallado, y técnicamente más exacto, que en la primera edición.

Estoy en deuda con todos los que han recusado mis conclusiones, ya que me han llevado a un estudio persistente que ha demostrado que esta interpretación de la profecía de Daniel 11 es precisa.

Me introduje en este estudio durante los 1970s como un estudiante de primer año en la universidad. Debido a que no disfrutaba escribir, decidí que, si tenía que hacer un trabajo de composición, escribiría sobre algo que disfruto—la profecía bíblica.

Cuando estudiaba los varios métodos de interpretación profética, descubrí que la manera en que los reformadores (Lutero, Calvino, los Wesley, y otros) comprendían la profecía bíblica, conocida como historicismo, era mucho más exacta y fiel al texto bíblico que los métodos usados hoy por la mayoría de los profesores sobre profecía.

El historicismo es un método de interpretación basado en la idea de que las predicciones bíblicas, en lugar de ser algo reservado únicamente para el futuro, no solamente se han cumplido a lo largo de la historia, sino que continúan cumpliéndose hoy.

Debido a mi estudio, este libro está basado en la historia y en las Escrituras, iluminado por la comprensión que tenían los reformadores sobre la interpretación profética.

La imagen resultante es clara. Nuestro mundo está experimentando grandes cambios. ¿Está usted listo para la cada vez peor guerra santa que ya ha comenzado a envolver a este mundo? ¿O para lo que vendrá después de ella? *Islam y Cristianismo* le mostrará qué esperar. Ese conocimiento le dará la oportunidad de sobrevivir, tanto espiritualmente como físicamente.

Las profecías que Dios puso en la Biblia han demostrado ser confiables desde el principio de la historia humana. La profecía bíblica ayuda a las personas a saber con seguridad qué eventos se están avecinando, y les hace creer, cuando ven que los eventos predichos en realidad ocurren.

Este libro no intenta explicar cada profecía en la Biblia. Más bien, presenta un gran cuadro, con sentido común, acerca de dónde ha venido la raza humana, y hacia dónde se encamina. Tampoco intenta ser políticamente correcto.

Mi objetivo es ser bíblicamente correcto—fiel al texto bíblico. No es mi objetivo ofenderle, pero si lo hago, espero que usted se tome el tiempo de encontrar por usted mismo si lo que yo digo es fiel a la Biblia.

Si usted llega a la conclusión de que el mensaje y las conclusiones del libro coinciden con la Biblia, espero que usted esté abierto a hacer cambios en su vida que le traerán en armonía con Dios y Sus palabras.

Ése es el propósito de la profecía bíblica: ayudarnos, a cada uno de nosotros, a estar preparados para el futuro. La profecía no puede ayudarnos si no actuamos en consecuencia con ella.

¿Cuánto Sabe Usted Ya?

Aunque mientras más sepa usted de la Biblia, más fácil le será conectar algunas de las ideas que presento a su conocimiento general de la Palabra de Dios, no se preocupe si usted tiene poco conocimiento bíblico. Este libro explica las profecías de Daniel paso a paso.

¿A Qué Audiencia Está Dirigida el Libro?

Las grandes noticias sobre las profecías de Daniel con respecto al fin del mundo son que la verdad les sirve a todas las personas. Suponiendo que usted y yo todavía estemos vivos cuando llegue el fin del mundo, podremos sobrevivir a través de los tiempos más catastróficos sin miedo o incertidumbre, y salir victoriosos (al menos espiritualmente) del otro lado.

Los eventos mundiales, cuando ocurran, no tienen que tomarle por sorpresa. Tampoco necesita usted dejarse agobiar por la ansiedad y la perplejidad. Grandes problemas llenarán el tiempo delante de nosotros, pero Dios nos dice claramente qué depara el futuro, y qué hacer ante ello.

El Mejor Lugar Para Empezar

Si usted no se ha leído el libro de Daniel por completo, ahora es un buen momento para hacerlo. Incluso si usted lo ha leído antes, apreciará el revisarlo. Aunque pudiera no comprender todo lo que lee, siga y léalo por completo. Entonces, cuando usted lea *Islam y Cristianismo en la Profecía*, el libro de Daniel se hará más claro para usted.

Términos Básicos

Usaré frecuentemente algunos términos en este libro. He aquí los más comunes y sus significados:

- La Biblia: el Antiguo y Nuevo Testamentos de las Sagradas Escrituras, la Palabra escrita de Dios
- Profecía bíblica: las predicciones sobre el futuro, dadas por Dios a individuos, quienes las escribieron en las Escrituras
- Geopolítica: los aspectos políticos de las naciones, especialmente relacionadas con las relaciones internacionales, influidos por la geografía
- Espiritual: los aspectos religiosos de naciones o poderes políticos

- El rey del Norte: poderes geopolíticos en la profecía, que vienen contra Israel desde el norte
- El rey del Sur: poderes geopolíticos en la profecía, que atacan a Israel desde el sur
- El papado: el sistema eclesiástico de gobierno en la iglesia católica romana, que está dirigida por el papa
- Islam: la religión de los musulmanes, una fe monoteísta considerada como revelada a través de Mahoma como profeta de Alá
- La Reforma: el movimiento religioso del siglo XVI que rechazaba o modificaba algunas doctrinas y prácticas católicas romanas, y resultó en la creación de las iglesias protestantes
- Los reformadores: los líderes de la Reforma protestante

El Texto Bíblico Clave del Libro

Si usted acaba de leer el libro de Daniel otra vez, puede estarse preguntando por qué capítulos sucesivos parecen repetir algunas partes de las profecías. Daniel 2, 7, y 8 parecen estar hablando de los mismos poderes y eventos, pero con detalles añadidos u omitidos.

Lo que usted necesita saber es que los capítulos son capas, cada uno añadiendo más detalles que el capítulo anterior. Daniel 11 provee el mapa que usted necesita para comprender las profecías.

Es una guía secuencial a todas las profecías descritas en capítulos previos de Daniel —e incluso para aquellas en el libro de Apocalipsis.

¿Todo Destrucción y Tristeza?

Los escenarios del tiempo del fin desestimulan a muchas personas. ¿Por qué tan siquiera hablar acerca del fin del mundo tal como lo conocemos? ¿Por qué difundir miedo, ira y tristeza, dicen ellos, cuando podríamos estar mirando la parte buena del mundo y haciendo una diferencia positiva?

Piense en esto: el estudio de la profecía bíblica tiene, y es una actividad. Un abordamiento fiel y exacto de la profecía bíblica nos muestra lo que realmente está ocurriendo en nuestro planeta, nos incita a tomar acción ahora, y trae a la luz las promesas de cosas mucho mejores por venir.

Plantea las preguntas: ¿por qué mirar al futuro en busca de mejores cosas por venir? ¿Por qué no sólo trabajar por el bien de las personas en el mundo de hoy?

La profecía bíblica tiene, y es también una aplicación. El bien y el mal están en guerra en todo el planeta. La única manera de evitar esa realidad es fingir que no existe.

Trabajar hoy por el bien de las personas en el mundo es sumamente importante—una obligación—pero debe hacerse en el contexto de un mundo atrapado en un conflicto espiritual y físico.

Para cualquiera, es un gigantesco error vivir en negación de los aspectos espirituales y políticos de nuestro mundo. Todo lo contrario, es sumamente importante que todos comprendamos lo que Dios ha revelado.

La profecía bíblica levanta el velo de lo que ocurrirá en el futuro próximo. Las complejas realidades de hoy, tanto buenas como malas, encuentran una explicación en las revelaciones del profeta Daniel y de otros escritores bíblicos.

Encontremos la Verdad

En *Islam y Cristianismo en la Profecía* estamos en una búsqueda de la verdad. No de mi verdad, no de su verdad. No de la verdad de una iglesia o de una religión, ni de una ideología política o de un partido político. No de una verdad liberal ni de una verdad conservadora. Estamos buscando la verdad de la Biblia—la verdad que Dios les dio a todas las personas.

¿Por qué eso es importante? La Palabra de Dios en la Biblia trasciende toda manipulación humana. ¡Y su vida depende de eso! Siga a Dios y su Palabra, y usted vivirá. Ignórela, retuérzala, distorsiónela, descuídela, y usted no sobrevivirá a los problemas que se avecinan. Entonces, encontremos la verdad en la profecía bíblica.

Capítulo 1

"Guerra Santa" Moderna

Las personas ya no confían en sus líderes ni en sus gobiernos, hoy una triste realidad en nuestro mundo. Sin embargo, Dios nos ha dicho qué esperar en el futuro, y a diferencia de los líderes mundiales, tiene un registro perfecto de honestidad.

El caos retratado en los *thrillers* es a veces, de manera inquietante, similar a las visiones descritas por los profetas bíblicos en algunos lugares. Sin embargo, la Biblia tiene la ventaja de ser confiable en sus predicciones. Mientras investigamos las profecías en los libros de Daniel y Apocalipsis, revelaremos la clara verdad sobre lo que está preparado para nuestro mundo.

Presentando a Daniel

El estadista Daniel fue uno de los profetas bíblicos más importantes. Primer Ministro de dos imperios mundiales, empezó su carrera cívica en su juventud, aproximadamente en el 605 a.C., cuando fue llevado al exilio en Babilonia desde el pequeño país de Judá. Sus captores le entrenaron para que sirviera en la corte de Nabucodonosor, el nuevo emperador de Babilonia.

A través de su extensa carrera, Daniel se puso en buenos términos con los reyes a quienes sirvió, porque tenía una relación con su Dios que le daba acceso a conocimientos y sabiduría confiables, y su integridad era inquebrantable.

Dios le confió las profecías sobre el futuro. Su primera, registrada en Daniel 2, explica el sueño de Nabucodonosor sobre una estatua gigante. Las profecías posteriores, reveladas en Daniel 7 y 8, se construyen sobre esa primera profecía, como capas sobre un pastel, añadiendo más detalles a las profecías. El glaseado en la parte superior del pastel es Daniel 11. Ese capítulo define, y explica en orden secuencial, las profecías de la historia mundial, desde los tiempos de Daniel hasta el fin del mundo.

Islam y Cristianismo

Creo que las profecías de Daniel predicen tres "guerras" santas entre el islam y el cristianismo occidental. En el sentido utilizado aquí, "guerra" significa un prolongado conflicto entre dos extensos poderes en el mundo. La primera guerra fue la expansión árabe del islam y las cruzadas cristianas entre 1095 y 1291 d.C. La segunda fue el crecimiento del imperio islámico otomano durante el período de la Reforma y después, aproximadamente entre 1360 y 1840 d.C.[1]

Estas dos primeras grandes "guerras" cristianas/islámicas ya ocurrieron, y la tercera guerra santa tan sólo está comenzando. En la tercera y final guerra santa, el islam radical ataca al cristianismo occidental. El cristianismo occidental, incluyendo los Estados Unidos y Europa, contraataca. ¿Cómo podemos saber que la tercera guerra sí ocurrirá? ¿Y cómo se verá? Analizaremos las evidencias bíblicas en este libro.

Pero no soy el único que ha llegado a esta conclusión. Otros también han notado tendencias similares a partir del estudio de la historia y de los eventos actuales. Boris Johnson, en su documental de 2008 de la British Broadcasting Corporation, *After Rome: Holy War and Conquest*, ve una división norte-sur del imperio romano y un conflicto continuado entre el islam y el cristianismo.[2]

Samuel P. Huntington, en su importante artículo en la *Foreign Affairs* de 1993, sugería que los próximos conflictos probablemente serían entre

---

1 La base histórica de este capítulo proviene de varias fuentes, pero cualquier libro reputado de historia mundial la confirmará.

2 Boris Johnson, "After Rome: Holy War and Conquest, " dirigido por Grace Chapman y Francis Hanley, miniserie en dos partes emitida el 29 de nov. y el 6 de dic. de 2008 (Londres: BBC; 2008).

civilizaciones, tales como el occidente cristiano y el islam.[3] Muchos comentaristas de noticias han aludido a una posible guerra santa.

Una Profecía de la Tercera Guerra Santa

Daniel 11 presenta la profecía que predice la tercera guerra santa. Para comprender qué dice el capítulo, mantenga en mente que el rey del Norte representa al cristianismo occidental, y el rey del Sur representa al islam. La "Tierra Gloriosa" (Dan. 11:41) y "el monte glorioso y santo" (ver. 45) son nombres para la región de Israel y/o Jerusalén.

En lugares donde las palabras "Él" o "de Él" no están conectadas con claridad a uno de los reyes, he señalado al rey correcto entre corchetes.

"Pero al cabo [al fin] del tiempo el rey del sur contenderá con él [el rey del norte]; y el rey del norte se levantará contra él [el rey del sur] como una tempestad, con carros y gente de a caballo, y muchas naves; y entrará [el rey del norte] por las tierras, e inundará, y pasará.

"Entrará [el rey del norte] a la tierra gloriosa, y muchas provincias caerán; mas éstas escaparán de su mano: Edom y Moab, y la mayoría de los hijos de Amón.

"Extenderá [el rey del norte] su mano contra las tierras, y no escapará el país de Egipto. Y se apoderará de los tesoros de oro y plata, y de todas las cosas preciosas de Egipto; y los de Libia y de Etiopía le seguirán.

"Pero noticias del oriente y del norte lo atemorizarán [al rey del norte], y saldrá con gran ira para destruir y matar a muchos. Y [el rey del norte] plantará las tiendas de su palacio entre los mares y el monte glorioso y santo; mas llegará a su fin [el rey del norte], y no tendrá quien le ayude." (Daniel 11:40-45).[4]

La tercera guerra resultará en la destrucción del islam tal como lo conocemos, un cambio que probablemente será mucho más dramático y crucial que las Cruzadas de la Edad Media o las primera y segunda guerras mundiales. Como retrata Daniel 11, la tercera guerra santa modificará dramáticamente al mundo, y a nuestras libertades tal como las hemos conocido.

Es entonces, en el período subsiguiente de la tercera guerra, que Dios rescatará a una pequeña parte de la cristiandad, así como a una pequeña

3 Véase Samuel P. Huntington, "The Clash of Civilizations?", Foreign Affairs 72, no. 3 (verano de 1993):22-49.

4 La profecía de Daniel 11 con una explicación detallada aparece en el Apéndice B, con textos de la Biblia a la izquierda y su interpretación a la derecha.

parte del islam. Éstos son aquellos que realmente están siguiendo a Dios y a Su Libro, la Biblia.

Por favor, note que la profecía y su interpretación no son ni anti-musulmanas ni anti-cristianas. Más bien, es una franca predicción de lo que ocurrirá en el futuro.

Daniel 11: Una Profecía Secuencial

Toda la profecía que incluye las predicciones de los tres conflictos más importantes entre el cristianismo y el islam aparecen en Daniel 11:2-12:3. Empieza en la época de Daniel (siglo VII a.C.), avanza a través de la historia humana, y concluye con el fin del mundo, y el pueblo de Dios viviendo con Él por la eternidad, después del regreso de Jesucristo y la resurrección. Como este capítulo de Daniel es secuencial, nos da una línea temporal de los eventos más importantes en la historia. Muchos de los eventos predichos ya han ocurrido, así que en este libro los cotejaremos con el registro histórico. Los eventos finales de Daniel 11 ya se han empezado a cumplir, con algunos aún no cumplidos.

Aunque la mayoría de los eruditos bíblicos han considerado a Daniel 11 como un pasaje difícil, muchos de ellos están llegando a conclusiones similares a las que aquí se presentan. Ha sido mi experiencia que, en cuanto las personas aprenden ciertas claves de interpretación, la profecía de Daniel 11 se vuelve clara para la mayoría. Véase el Apéndice A "Hermenéutica Contextual" para una explicación detallada de las claves de interpretación.

Las personas, en el mundo de hoy, se preocupan por la posibilidad de una guerra nuclear. Déjenme darle descanso a su mente: Estoy seguro que una guerra nuclear no destruirá a la raza humana.

¿Cómo lo sé? Cuando Jesús regrese a la Tierra, el profeta nos dice en Apocalipsis 1:7 que habrá seres humanos vivos para ver Su venida. Ninguna guerra nuclear total aniquilará a la humanidad.

Sin embargo, eso no descarta una posible guerra nuclear limitada. Los Estados Unidos ya han usado tales armas contra Japón en 1945, y podrían ser utilizadas otra vez en el futuro, por cualquier grupo en conflicto.

Muchos están preocupados por el terrorismo. Se preguntan: ¿dónde golpeará después? La Biblia no dice dónde ocurrirá después, pero sí nos dice, creo, que el sur islámico estará empujando contra, o atacando al norte cristiano. Así que podemos esperar un terrorismo persistente hasta que los poderes cristiano y musulmán moderado destruyan al islam radical.

Las Señales a Las Que Estar Atento

La Biblia habla de señales que indicarán la progresión de estos eventos. Algunos, afirma la Biblia, aumentarán en intensidad y frecuencia a medida que el tiempo del regreso de Jesucristo se acerque, y por lo tanto, nadie necesita ser tomado por sorpresa por los eventos cuando estos ocurran.

La Escritura compara esta intensidad creciente con las contracciones de una mujer que da a luz: "Pero acerca de los tiempos y de las ocasiones, ... Porque vosotros sabéis perfectamente que el día del Señor vendrá así como ladrón en la noche; que cuando digan: Paz y seguridad, entonces vendrá sobre ellos destrucción repentina, como los dolores a la mujer encinta, y no escaparán. Mas vosotros ... no estáis en tinieblas, para que aquel día os sorprenda como ladrón" (1 Tesalonicenses 5:1-4). Nadie tiene que ser sorprendido, ni por los eventos turbulentos que llevarán al regreso de Jesucristo, ni por el Segundo Advenimiento mismo. Pero debemos estar atentos a las señales.

Cuando Jesús vivió en la Tierra durante los primeros años del siglo I d.C., explicó algunas de las señales: "Y estando él sentado en el monte de los Olivos, los discípulos se le acercaron aparte, diciendo: Dinos, ¿cuándo serán estas cosas, y qué señal habrá de tu venida, y del fin del siglo?

"Respondiendo Jesús, les dijo: Mirad que nadie os engañe. Porque vendrán muchos en mi nombre, diciendo: Yo soy el Cristo; y a muchos engañarán. Y oiréis de guerras y rumores de guerras; mirad que no os turbéis, porque es necesario que todo esto acontezca; pero aún no es el fin" (Mateo 24:3-6).

La historia ha presenciado guerras incontables a través de los siglos, así como frecuentes rumores de otras tantas inminentes o potenciales. Es importante que establezcamos un cuadro general de la situación actual del mundo.

La historia reciente muestra que la tensión entre el mundo islámico y otras potencias ha estado creciendo por muchas décadas. Los puntos álgidos son familiares para cualquiera que esté al tanto de las noticias globales.

Como un ejemplo, note un informe típico sobre Irán e Israel de noviembre del 2008: "Funcionarios superiores de Teherán están recomendando un ataque preventivo contra Israel para prevenir un ataque israelí sobre los reactores nucleares de Irán, le dijo, hace dos semanas en Londres, un funcionario superior de la República Islámica a diplomáticos extranjeros.

"El funcionario, el Dr. Seyed G. Safavi, comentó que amenazas recientes por parte de las autoridades israelies reforzaron esta postura, pero hasta el momento, un ataque preventivo no ha sido integrado en la política iraní".[5]

Irán sugirió que podría lanzar un ataque preventivo sobre Israel, porque Israel había declarado que podría atacar a Irán antes de que Irán pudiera desarrollar un arma nuclear para golpear a Israel. ¡Cada lado trata de adelantarse a un ataque preventivo! Esa es la clase de mundo en que vivimos hoy—uno lleno de guerras y continuos rumores de guerras.

Los rumores están ahí, pero queremos averiguar si vivimos en un tiempo de crecientes "dolores de parto". ¿Las presiones están creciendo en frecuencia y fuerza? Los dolores de parto comienzan suaves y lentos, y se vuelven más y más intensos hasta el momento del parto. Estamos viendo señales de que los dolores de parto de la historia se están haciendo cada vez más severos.

Una Palabra de Precaución

Las personas han estado mirando y evaluando las señales y los rumores de guerras por un largo tiempo. Uno de los peligros de enfocarse en tales eventos en las noticias, es que es fácil saltar precipitadamente a la conclusión de que los aparentes ahora mismo representan los muy intensos dolores de parto justo antes del nacimiento. Pero, ¿lo son realmente?

El libro *Heralds of the Morning* (Heraldos de la Mañana), escrito por Asa Oscar Tait y publicado en varias ediciones a finales del siglo diecinueve, muestra qué ocurre cuándo un estudiante de profecía cree que los eventos en sus días representan esos dolores de parto finales. *Heralds of the Morning* incluye un extenso capítulo titulado "Y las Naciones Estaban Airadas". Describe, en gran detalle, las capacidades del ejército de los Estados Unidos durante los 1890s.

El escritor escribe: "La declaración profética es que el espíritu de guerra prevalecerá sobre todo el planeta; ¿y qué puede verse entre las naciones hoy? ¿Acaso el panorama sugiere una paz universal? ¿No están siendo reunidos apresuradamente los ejércitos más grandes, y siendo forjados los implementos más maravillosos de guerra, los que alguna vez

5 Fuente: www.haaretz.com/news/top-iran-officials-recommend-preemptive-strike-against-israel-1.255799.

pudieron haber sido concebidos en la esfera más desenfrenada de fantasía imaginativa?"[6]

Más adelante, añade: "Las armas con las que Napoléon y los grandes generales de todos los tiempos anteriores pelearon, eran simples juguetes cuando se comparan con las armas que están sido preparadas ahora".[7] Y maravillándose de las muchas armas de fuego de su tiempo, observó: "En 1861, el Dr. R. J. Gatling inventó el arma de fuego que lleva su nombre, y el ingenioso mecanismo de esta arma le permite disparar de 600 a 1200 tiros por minuto".[8]

Pero hoy, los Estados Unidos han sobrepasado, por mucho, la capacidad destructora de finales del siglo diecinueve, incluyendo tales dispositivos como las bombas inteligentes. Un piloto, desde un avión a varios kilómetros sobre la superficie terrestre, puede, por control remoto, arrojar una bomba por una abertura en un búnker. Los ejércitos tienen misiles que pueden impactar en el blanco, en cualquier lugar del mundo, con una precisión de medio metro, y devastar áreas extensas. Ya no estamos hablando de armas de fuego de disparo rápido.

¿Cuál es mi punto? Ser cuidadosos en observar tales cosas, y usarlas para anunciar: "Jesús estará aquí en muy poco tiempo, porque esta señal se está cumpliendo". Muchas personas han cometido ese error. Cristo mismo dijo: "Porque se levantará nación contra nación, y reino contra reino; y habrá pestes, y hambres, y terremotos en diferentes lugares. Y todo esto será principio de dolores" (Mateo 24:7, 8).

No dijo que tales eventos indicarían su regreso inmediato, sino que más bien eran sólo el principio de las señales. Las guerras son los dolores de parto preliminares. Tenemos que estar mirando lo que está ocurriendo a nuestro alrededor y estar alistándonos, pero hay algunas cosas en las Escrituras que son indicadores más sólidos que las "guerras y rumores de guerras".

Tristemente, hambrunas, enfermedades, y sismos en lugares varios, son comunes en todo el planeta. ¿Podemos encontrar algo que ayude a medir si la intensidad de tales catástrofes está aumentando?

Considere, por ejemplo, este comunicado de prensa: "Nueva investigación compilada por el científico australiano Dr. Tom Chalko muestra que la actividad sísmica mundial en la Tierra es ahora cinco veces más enérgica de lo que era hace sólo 20 años. La investigación prueba que la

---

6 Asa Oscar Tait, Heralds of the Morning (Oakland, Calif.: Pacific Press., 1899), pp. 183, 184.

7 Ibid., pp. 186, 187.

8 Ibid., pp. 187.

capacidad destructora de los sismos en la Tierra aumenta de forma alarmantemente rápida, y que esta tendencia continuará. ...

"El análisis de más de 386, 000 sismos entre 1973 y 2007, registrados en la base de datos del U.S. Geological Survey demostró que la energía anual global de los sismos en la Tierra empezó a aumentar muy rápido desde 1990".[9]

El punto de observar tales señales no es que ya hemos recorrido todo el camino, sino más bien que nos estamos acercando, y que los dolores de parto se están intensificando. Más tarde o más temprano el evento final ocurrirá—Jesús regresará.

Continuando en Mateo 24, descubrimos más de las señales: "Entonces os entregarán a tribulación, y os matarán, y seréis aborrecidos de todas las gentes por causa de mi nombre. Muchos tropezarán entonces, y se entregarán unos a otros, y unos a otros se aborrecerán.

"Y muchos falsos profetas se levantarán, y engañarán a muchos; y por haberse multiplicado la maldad, el amor de muchos se enfriará. Mas el que persevere hasta el fin, éste será salvo. Y será predicado este evangelio del reino en todo el mundo, para testimonio a todas las naciones; y entonces vendrá el fin" (versículos 9-14).

¿Cuál es la señal más importante del regreso de Jesús? La verdad del evangelio de Jesús siendo comunicada a todo el mundo. ¡Ésa es la grande! Esté atento a esa.

Un Mensaje Para Usted

Las palabras de Jesús declaran que aquellos que perseveren hasta el fin serán salvos. Esto significa que podríamos sufrir algunos tiempos difíciles. Los dolores de parto podrían ser difíciles de atravesar. Pero si nos mantenemos firmes, recibiremos al final algo muy bueno: una nueva vida.

Cuando el evangelio haya ido al mundo entero, entonces podremos pasar la eternidad con Jesús. Ése es algo muy bueno.

Las buenas nuevas sobre Jesucristo se están difundiendo ahora mismo alrededor del mundo en multitud de maneras—a través de la Internet, a través de la radio, a través de personas con gran valor en el terreno, en áreas donde no es fácil compartir el evangelio.

---

9 www.cbsnews.com/stories/2008/06/18/tech/main4191556.shtml.

¿Quiénes son los Verdaderos Cristianos?

Dios, en 2 Timoteo 3:1-4 revela más acerca de cómo será la situación al final del mundo: "También debes saber esto: que en los postreros días"—significando cerca del fin del tiempo—"vendrán tiempos peligrosos. Porque habrá hombres amadores de sí mismos, avaros, vanagloriosos, soberbios, blasfemos, desobedientes a los padres, ingratos, impíos, sin afecto natural, implacables, calumniadores, intemperantes, crueles, aborrecedores de lo bueno, traidores, impetuosos, infatuados, amadores de los deleites más que de Dios".

Aunque esto suena como el mundo de hoy, no está haciendo referencia a la sociedad o cultura en la que vivimos. Si seguimos leyendo, descubrimos que el versículo 5 habla de personas que "tendrán apariencia de piedad, pero negarán la eficacia de ella; a éstos evita".

Desafortunadamente, ¡Pablo está hablando de la iglesia cristiana! Orgullosos, blasfemos, amantes del placer, cada vez más fríos en su amor—esos versículos describen a personas que tienen una apariencia de santidad y afirman ser cristianos, pero no lo son realmente.

¿Cómo eso puede ser posible? Considere los resultados de una investigación de George Barna, el investigador cristiano. Descubrió que el 62 por ciento de los protestantes y el 22 por ciento de los católicos decían que son "nacidos de nuevo".

"Nacido de nuevo" simplemente quiere decir que "una persona tiene una relación con Cristo que les hace creer que sus pecados les han sido perdonados y esperan vivir con Él por la eternidad". Ésa es una definición bastante simple. Pero la encuesta de Barna encontró que solamente el 62 por ciento de los protestantes y el 22 por ciento de los católicos se consideran nacidos otra vez.

En un estudio más reciente, [10] Barna preguntó cuántas de estas personas tenían una cosmovisión bíblica. Estableció un mínimo de seis creencias que conformarían una cosmovisión bíblica. Estas incluían:

- La verdad moral absoluta existe.
- La Biblia es totalmente exacta en todos los principios que enseña.
- Satanás es un ser o fuerza real, no meramente simbólico.
- Las personas no pueden ganarse su entrada al cielo tratando de ser buenos o haciendo buenas obras.

---

10 www.barna.org/barna-update/article/21-transformation/252-barna-survey-examines-changes-in-worldview-among-christians-over-the-past-13-years.

- Jesucristo vivió una vida sin pecado en la Tierra.
- Dios es el omnisapiente y todopoderoso Creador del mundo, quien todavía hoy gobierna el universo.

¿Cuántos cristianos nacidos de nuevo en realidad ratificaron todos estos seis conceptos? ¡Solamente el 9 porciento! Así que, entre las personas que profesan ser cristianas, solamente cerca de 5 de cada 100 es nacida de nuevo y tiene una cosmovisión bíblica. Es probablemente seguro decir que varios de ellos lo alegan, pero realmente no lo viven, así que la cifra real probablemente sea peor.

Barna lo resume de esta manera: "Aunque la mayoría de los estadounidenses se consideran a sí mismos como cristianos, y afirman conocer el contenido de la Biblia, menos de uno de cada diez estadounidenses demuestra tal conocimiento a través de sus acciones". Esto me recuerda lo que dijo Mahatma Gandhi: "Me gusta su Cristo. No me gustan sus cristianos. Sus cristianos son demasiado diferentes de su Cristo".

Ahora, usted podría ser uno quien ha abandonado la iglesia cristiana porque conoció a algunos de aquellos que no eran realmente cristianos, y usted dice: "¡Olvídelo!" Pero, quiero animarle: no se rinda. Siga investigando la Palabra de Dios. Siga buscando a un cristiano real y fiel que siga la Palabra de Dios, que tenga una cosmovisión bíblica, y confíe en Jesucristo, para que usted pueda ver cómo es un cristiano verdadero.

El apóstol Pablo les dijo algo importante a los cristianos en 1 Corintios 10:31: "Si, pues, coméis o bebéis, o hacéis otra cosa, hacedlo todo para la gloria de Dios". Si usted es un cristiano, asegúrese de estar haciendo eso, porque si usted no lo está, entonces usted va a provocar que otra persona rechace el cristianismo.

El Tiempo de Comprender es Ahora

El final de la profecía de Daniel 11, el que en realidad aparece en Daniel 12, dice: "Pero tú, Daniel, cierra las palabras y sella el libro hasta el tiempo del fin. Muchos correrán de aquí para allá, y la ciencia se aumentará" (versículo 4).

Dios dijo que la profecía no sería entendida por un largo tiempo, o, como afirma el versículo 4, "hasta el tiempo del fin". Por lo tanto, usted puede esperar que el libro de Daniel sea completamente comprendido justo en el período del tiempo indicado en Daniel 11:40.

Cuando estaba trabajando en este volumen, alguien compartió conmigo materiales de estudio sobre el libro de Daniel. Curiosamente, no incluían para nada el capítulo 11. ¿Por qué? Porque muchos lo han considerado un capítulo muy difícil de interpretar. Pero, al final de la profecía de Daniel 11 (la que, como dije, se extiende hasta el capítulo 12), el ángel que presenta la visión declara que esta será comprendida (Daniel 12:4).

Eso realmente me excita, porque las personas están empezando a entender Daniel 11, y eso nos pone justo en el tiempo del versículo 40 en Daniel 11. ¡Desde la primera impresión de este libro, Daniel 11:40 ha empezado a cumplirse justo como se esperaba!

Daniel 11 nos lleva a través de los mismos imperios como aquellos encontrados en la profecía de la estatua en Daniel 2. Como veremos, esta empieza en los días de Daniel y avanza paso a paso a través del imperio persa, el imperio griego, el tiempo de Cristo, el Imperio Romano, y hasta una batalla final entre los reyes del norte y del sur. Finalmente, muestra a Jesús rescatando a Su pueblo, describe una resurrección, y luego declara que el pueblo de Dios vivirá con Él para siempre.

Es la única profecía en la Biblia con tanto detalle, comenzando muy atrás en la historia—desde el 535 a.C.—y continuando todo el camino hasta el regreso de Cristo. En algunos aspectos, Daniel 11 también actúa como un sistema de clasificación. Podemos tomar todas las otras profecías de Daniel y las de otros libros de la Biblia, y encontrar dónde cada una de ellas cabe en la secuencia de Daniel 11. Aunque no es tan difícil de comprender, Dios no abrió las mentes de las personas sobre esta hasta hace poco.

Cómo Trabaja el Sistema de Clasificación

Daniel 11:2 dice: "Y ahora yo te mostraré la verdad. He aquí que aún habrá tres reyes en Persia". Daniel era su primer ministro en ese entonces, por eso este versículo indica que la profecía comienza en su era. "Aún habrá tres reyes en Persia y el cuarto se hará de grandes riquezas más que todos ellos; y al hacerse fuerte con sus riquezas, levantará a todos contra el reino de Grecia".

Esto resultó en la caída del cuarto rey como rey del norte. Cuando Xerxes (o Jerjes, llamado Asuero en la Biblia) lo hizo, los griegos lo derrotaron en batalla. Tenemos aquí un cambio del imperio persa al griego, y más tarde Alejandro toma el control.

Daniel 11 no se queda con un poder político, sino que sigue los poderes sucesivos a medida que las profecías avanzan a través del tiempo. Esta transición establece un modelo para las progresiones proféticas similares en otros lugares en el capítulo. Siempre que la actual potencia mundial desafía a la próxima potencia en alza y pierde, el enfoque pasará al nuevo poder como el rey del norte, aunque el viejo poder puede continuar durante algún tiempo en un estado debilitado. En el caso de Persia, un grupo de reyes posteriores reinaron después que Grecia entrara en escena.

Versículos 3 y 4: "Se levantará luego un rey valiente, el cual dominará con gran poder y hará su voluntad. Pero cuando se haya levantado, su reino será quebrantado y repartido hacia los cuatro vientos del cielo; no a sus descendientes, ni según el dominio con que él dominó; porque su reino será arrancado, y será para otros fuera de ellos".

No sólo tenemos un cambio de Persia a Grecia, sino que el versículo 4 dice que el nuevo reino se fragmentará en cuatro segmentos. Cuando Alejandro el Grande falleció a la edad de 32, cuatro de sus generales se dividieron su imperio en cuatro reinos mayormente griegos o helenísticos. Las profecías de Dios se cumplen justo a tiempo.

Ahora quiero demostrar cómo trabaja el "sistema de clasificación" de Daniel 11. Miraremos a algunos otros capítulos en Daniel para mostrar cómo ampliar nuestra comprensión del capítulo 11.

En Daniel 2, el rey Nabucodonosor tuvo un sueño una noche, y durante su sueño vio algo asombroso. Entonces despertó y olvidó el sueño. Desconcertado, convocó a sus consejeros y les dijo: "Díganme el sueño, y yo les daré grandes riquezas. No me digan el sueño, y considérense muertos".

"¿Usted quiere que le digamos qué soñó anoche?", preguntaron. "Oh, rey, nadie hace eso".

"Pero ustedes van a hacerlo", replicó su gobernante.

¿Por qué? Los consejeros afirmaban tener una conexión con los dioses. Por lo tanto, podían interpretar los sueños, porque los dioses les explicarían lo que significaban los sueños.

Así que, si los dioses enviaron los sueños y la interpretación, seguramente los consejeros deberían poder decirle a Nabucodonosor cuál había sido el sueño. Básicamente, el rey estaba diciendo: "Si ustedes no pueden hacer esto, entonces ustedes son un puñado de fraudulentos, y están acabados".

Como los sabios todavía daban rodeos, el rey envió soldados a reunirlos y ejecutarlos a todos. Los soldados vinieron a la casa de Daniel (él no había sido invitado a la reunión) y llamaron a su puerta. Cuando inquirió qué estaba ocurriendo, lo pusieron al tanto.

Requiriendo de Nabucodonosor algo de tiempo adicional, Daniel le aseguró al rey que su Dios podía revelarle a Daniel cuál había sido el sueño.

El profeta regresó a casa, y con sus amigos Mesac, Sadrac, y Abed-Nego, tuvo una reunión de ferviente oración. En esencia, estaban diciendo: "¡Dios, o nos das el sueño, o estamos muertos!"

El Señor le mostró el sueño a Daniel, y entonces el joven regresó a la corte y anunció: "Rey, he aquí el sueño que tuviste. Estabas pensando acerca del futuro, y soñaste sobre una estatua con una cabeza de oro; su pecho de plata; su vientre y muslos de bronce; piernas de hierro; y pies de hierro y de barro cocido. Y mientras la mirabas, una roca que fue cortada, no con mano, aplastó a la estatua y la destruyó. La estatua entonces se deshizo como tamo, polvo en el viento, y entonces la Roca llenó toda la tierra.

"He aquí la interpretación", Daniel anunció al rey. "Tú eres la cabeza de oro—Babilonia. Después de ti vendrá otro reino, uno inferior al suyo". (Este era realmente Medo-Persia). "Y entonces un tercer poder prevalecerá". Para cuando llegamos a Daniel 11, el libro de Daniel en realidad identifica la mayoría de los poderes por nombre. Pero en Daniel 2 el profeta solamente nombró a Babilonia, y entonces describió simbólicamente al resto.

Continuando, Daniel dijo: "Rey, después del tercero vendrá un reino muy fuerte con piernas de hierro". Éste era Roma. La historia nos dice que cuando esta empezó a declinar, no fue conquistada como un todo. En vez de eso, se deshizo, y los restos del Imperio Romano permanecieron después. A medida que pasó el tiempo, pasó de ser el Imperio Romano a los varios países de Europa, Norte de África, y el Medio Oriente.

Todavía estamos viviendo en ese tiempo de la Europa y otras áreas del antiguo Imperio Romano divididas, una condición que continuará hasta el segundo advenimiento de Jesucristo.

La profecía predice cuatro grandes imperios, y después de ellos, una colección de países más débiles a los que nadie sería capaz de reunificar. Si usted mira a los más importantes árboles genealógicos de Europa, por ejemplo, "se mezclarán con simiente humana", como Daniel 2:43 (NRV2000) lo expresa. Las principales familias de las naciones se casaron entre sí, tratando de mantener la paz entre las diferentes partes de la región. ¡Entonces tenían una disputa familiar e iban a la guerra de todos modos! No funcionó, tal como Daniel dijo que no lo haría.

Varios emperadores y conquistadores trataron de unir Europa y mantenerla junta, pero nadie pudo. Algunos de los fragmentos de otras partes anteriores del Imperio Romano también trataron de unirse, tal como Egipto y Siria bajo Gamal Abdel Nasser (presidente de Egipto) durante el siglo veinte, pero al final fallaron. Daniel dijo que nadie podría unir Europa después del Imperio Romano, y nadie lo ha hecho.

Eso nos pone en las "uñas de los pies" del tiempo. Estamos justo en el final en alguna parte, durante el que esos "dolores de parto" se están volviendo más intensos.

En Daniel 7 el profeta va sobre el mismo material, sólo que esta vez la profecía representa a los poderes como animales. Esas cuatro bestias son las tiras cómicas de Dios.

Constantemente, usamos animales en tiras cómicas. Los estadounidenses retratan a los demócratas como burros, y a los republicanos como elefantes. Usted puede echar un vistazo a una tira cómica política y saber inmediatamente quién está hablando.

Daniel empieza retratando a Babilonia como un león con las alas del águila. Si usted hubiera entrado por el camino de procesión en Babilonia, usted habría visto paredes cubiertas con vidriados color azul, con animales sobre ellos.[11] Son hermosos, y sobre las paredes hay leones con alas. El león alado era un símbolo de Babilonia en los días de Daniel. Todo el mundo sabía de qué estaba hablando el profeta cuando mencionó al león con las alas del águila.

En la visión, después del león, había un oso, que representaba a Medo-Persia. Tenía una joroba de un lado. ¿Qué significaba eso? Que ese lado sería más fuerte. Este era el caso en lo que respecta a los persas, eran el elemento más fuerte de la coalición medo-persa. El primer rey fue un medo, pero después de eso, los persas tomaron el control.

El siguiente en emerger fue Grecia, retratada por un leopardo que conquistó rápidamente el mundo que las personas de la Biblia conocían. El leopardo tenía cuatro cabezas. Después de la muerte de Alejandro el Grande, su reino se dividió en cuatro grandes fragmentos. Otra vez, el detalle es correcto.

Después, en Daniel 7, se acerca una bestia única y terrible con 10 cuernos, que representa a Roma. Éstos son puntos importantes a guardar en mente mientras seguimos a través de Daniel 11.

No voy a dar cada detalle de la historia en Daniel 11. Alguien no especialmente interesado en la historia se aburriría y se quedaría dormido.

---

11 Usted puede cruzar esas puertas hoy, pero no puede ir a Babilonia para hacerlo. Tiene que visitar el museo de Pergamon en Berlín, Alemania. Los alemanes desmontaron la puerta pieza por pieza, la transportaron a su país, y la reconstruyeron.

Para la lista completa de los eventos históricos y los versículos correspondientes en Daniel 11, véase el Apéndice B.

Reyes del Norte y del Sur

Mientras que en las profecías de Daniel parece haber una correlación directa entre un animal o símbolo de bestia y un poder en particular, aparentemente ese no siempre es el caso en Daniel 11.

Éste emplea los términos "rey del norte" y "rey del sur" para poderes diferentes en épocas diferentes, dependiendo de qué naciones controlaron las áreas al norte y al sur de Israel, y podían hacer incursiones dentro del mismo desde esas direcciones.

Por ejemplo, Daniel 11:4-19 habla del reino de Alejandro y cómo se dividió en cuatro direcciones, pero entonces se centra en solamente dos de ellas. Las dos en que se enfoca son llamadas el rey del norte (la flecha negra) y el rey del sur (la flecha gris). Uno de los poderes invadió desde el norte de Jerusalén, y el otro atacó desde el sur.

Esta no es la primera aparición del rey del norte en la profecía. El primer imperio nombrado así fue Babilonia, de acuerdo con el profeta Jeremías.

Ahora, el imperio babilónico se extendía principalmente al este de Jerusalén. Entonces, ¿por qué alguien se referiría a Babilonia como un reino del norte? Porque cuando el ejército babilónico se acercó a Israel, tuvo que marchar en dirección noroeste alrededor de las regiones desiertas, y entonces descendió desde el norte hacia Jerusalén. Ningún comandante de ejército sería lo suficientemente estúpido como para cortar camino por el desierto.

Gracias a la historia, en este punto podemos decir que, en Daniel 11, el rey del norte es un poder que invadiría Jerusalén desde el norte. Y podemos llegar a la conclusión de que el rey del sur sería un poder que viene desde el sur de Israel.

En Daniel 11:4 y después, empezamos a ver que la imagen metafórica del rey del norte y el rey del sur se aplicó a la época de los griegos. Los ejércitos de Alejandro el Grande marcharon por tierra desde el oeste y entraron en Jerusalén desde el norte. Después de que su imperio se separara, los dos poderes al norte y sur de Israel comprendieron las dinastías de dos de los generales de Alejandro, Ptolomeo y Seleuco.

Ptolomeo fue hecho gobernador de Egipto, pero después lo renombró el reino ptolomaico. Llamándose a sí mismo faraón, tomó el título de Ptolomeo I.

Seleuco, recibiendo el cargo de gobernador de lo que había sido Babilonia, demostró ser incluso más ambicioso. En menos de 10 años conquistó un vasto territorio, desde la mitad de la Turquía actual hacia el este hasta el río Indo, en la frontera occidental de la India, creando el Imperio Seléucida.

En relación con Jerusalén, el Imperio Seléucida se extendía al norte, y el reino Ptolomaico al sur. Si ambos poderes entraran en conflicto, ¿quién se encontraría atrapado en medio? Jerusalén. Cuando esto ocurrió, Ptolomeo I se apoderó del área alrededor de Jerusalén, en violación a un acuerdo en el que le había dado ese territorio a Seleuco. Eso incitó una serie de seis conflictos, llamados las guerras sirias.

El nieto de Seleuco, Antíoco II, trató de recuperar los territorios de Israel, Judá, y Siria en la segunda guerra siria, y Ptolomeo II, el hijo de Ptolomeo I, luchó para retenerlos. En un intento de hacer las paces, Ptolomeo II envió a su hija Berenice para casarse con Antíoco II. Entonces Antíoco II se divorció de su esposa, Laodice, y la envió al exilio. Con su nueva esposa, la reina Berenice, Antíoco II tuvo un hijo.

Ptolomeo II murió y fue sucedido por su hijo mayor, Ptolomeo III. En el Imperio Seléucida, Antíoco II cambió de idea, con el padre de Berenice muerto, así que se deshizo de ella y recogió otra vez a su primera esposa, Laodice.

Pronto después de eso, Antíoco II murió (probablemente envenenado por su enojada primera esposa). Ella declaró entonces a su hijo Seleuco II como nuevo emperador, e hizo envenenar a Berenice y a su hijo.

Considere con cuánta exactitud Daniel 11:5, 6 retrata los acontecimientos: "Y se hará fuerte el rey del sur; mas uno de sus príncipes será más fuerte que él, y se hará poderoso; su dominio será grande.

"Al cabo de años harán alianza, y la hija del rey del sur vendrá al rey del norte para hacer la paz. Pero ella no podrá retener la fuerza de su brazo, ni permanecerá él, ni su brazo; porque será entregada ella y los que la habían traído, asimismo su hijo, y los que estaban de parte de ella en aquel tiempo".

¿No es eso exactamente lo que le pasó a Berenice y a su hijo? La autoridad de Antíoco II no perduró, y Berenice no conservó su poder, y fue entregada, junto con aquellos que la trajeron a la corte seléucida.

Ptolomeo III, el hermano de Berenice, se disgustó en extremo por su envenenamiento. Se suponía que el matrimonio fuera un tratado de paz. Así que Ptolomeo III marchó de regreso a través de Judea, libró una batalla, y ganó. Entonces el conflicto se inclinó a un lado y al otro por algún tiempo. (No hay necesidad de describir todos esos encuentros aquí). Daniel 11:7-9 presenta el cuadro general:

"Pero un renuevo de sus raíces [de Berenice] se levantará sobre su trono, y vendrá con ejército contra el rey del norte, y entrará en la fortaleza, y hará en ellos a su arbitrio, y predominará. Y aun a los dioses de ellos, sus imágenes fundidas y sus objetos preciosos de plata y de oro, llevará cautivos a Egipto; y por años se mantendrá él contra el rey del norte. Así entrará en el reino el rey del sur, y volverá a su tierra".

Daniel 11:7 declara: "Pero un renuevo de sus raíces se levantará sobre su trono". Esto apunta de regreso a la raíz, Ptolomeo I, y los reyes sucesivos son cada uno un renuevo diferente desde Ptolomeo I. El pasaje claramente muestra el simbolismo de "un renuevo de sus raíces".

En los versículos 17-19, Antíoco III trató de hacer lo mismo que Ptolomeo II. Pensó que con un matrimonio podría restablecer la paz: "Afirmará luego su rostro para venir con el poder de todo su reino; y hará con aquél convenios, y le dará una hija de mujeres para destruirle; pero no permanecerá, ni tendrá éxito.

"Volverá después su rostro a las costas, y tomará muchas; mas un príncipe hará cesar su afrenta, y aun hará volver sobre él su oprobio. Luego volverá su rostro a las fortalezas de su tierra; mas tropezará y caerá, y no será hallado.".

Veamos si, una vez más, la profecía se asemeja a la historia. Antíoco III, el rey seléucida en el norte, dijo: "Está bien, voy a enviar a mi hija a Egipto a casarse con un Ptolomeo, para hacer un tratado de paz". Envió su hija, de nombre Cleopatra I, al sur, donde se casó con el rey del sur, pero no tenía ninguna intención de serle leal, ni a su padre, ni a su marido.

Tomando control del gobierno de Ptolomeo, engañó a los seléucidas y a los romanos (el nuevo poder que emergía en Europa) enfrentándolos entre sí. Con Cleopatra al sur, Antíoco III se volvió contra las potencias occidentales y fue derrotado por el comandante romano Lucio Cornelio Escipio Asiático en 190 a.C. Antíoco III murió mientras trataba de saquear un templo pagano cerca de Susa (187 a.C.) sólo un año después de firmar los acuerdos de paz con Roma (188 a.C.). Por lo tanto, como dicen las Escrituras, tropezó y no fue hallado más.

El papel del rey del norte pasó ahora a Roma. Como ha apuntado el erudito bíblico Roy Gane, [12] cuando un gobernante del reino actual (Grecia, en este caso) ataca al reino en auge y pierde, el enfoque profético cambiará al nuevo reino emergente (ahora Roma).

El Auge de Roma

En los versículos 20-22 llegamos a la fase romana. Después del tiempo de Antíoco III, los romanos ganaron poder en Europa y el Medio Oriente. Y aquí encontramos la mención del príncipe del pacto.

Algunas personas me preguntan: "¿Cómo puede estar seguro de que hay un cambio de los griegos hacia los romanos?" Las profecías de los capítulos 2 y 7 de Daniel dicen que una serie de poderes aparecerían: Babilonia, Medo-Persia, Grecia, Roma, y el que era antes Imperio Romano, ahora dividido.

Uno tras otro, estos reinos representan al rey del norte desde la era de Daniel todo el camino hasta el tiempo del fin. Todos ellos ocuparon Jerusalén/Israel desde el norte.

El libro de Jeremías se refiere repetidamente a la invasión babilónica de Jerusalén como proviniendo desde el norte. Jeremías 50:9 también declara que el conquistador de Babilonia llegará del norte. Esto hace a Medo-Persia el segundo rey del norte.

Entonces Daniel 11 llama a los seléucidas, una parte del imperio griego, como el rey del norte, e introduce a otra parte del imperio, el reino ptolemaico, como un nuevo poder del sur. Finalmente, Roma, el cuarto gran poder de Daniel 2 y 7, también avanza desde el norte cuando ocupa Jerusalén. Nuestra conclusión, entonces, es que los poderes de Daniel 2 y 7 atacan todos a Jerusalén desde el norte, y cada uno es correctamente identificado como el rey del norte.

Jesús, el Centro de la Profecía

Tenemos que volver ahora y mirar a Daniel 11:20-22 para revisitar el tiempo de Roma y del príncipe del pacto. Otra vez estamos revisando la correspondencia entre la profecía y lo que en realidad ocurrió en la historia.

---

12 "The Un-Manifestation of Antiochus IV Epiphanes in Daniel 11:1-22." Esto puede encontrarse en la página de recursos de www.IslamAndChristianity.org.

"Y se levantará en su lugar [el del rey griego del norte] uno que hará pasar un cobrador de tributos por la gloria del reino; pero en pocos días será quebrantado, aunque no en ira, ni en batalla.

"Y le sucederá en su lugar un hombre despreciable, al cual no darán la honra del reino; pero vendrá sin aviso y tomará el reino con halagos. Las fuerzas enemigas serán barridas delante de él como con inundación de aguas; serán del todo destruidas, junto con el príncipe del pacto".

Al principio de este pasaje, encontramos a alguien en el poder imponiendo impuestos sobre "la gloria del reino", que es Israel. Encontramos confirmación de tal imposición de impuestos en Lucas 2:1: "Aconteció en aquellos días, que se promulgó un edicto de parte de Augusto César [el emperador romano], que todo el mundo fuese empadronado [tributo]".

Aquí usted tiene un enlace desde el Nuevo Testamento hacia Daniel 11. El nacimiento de Jesús ocurrió cuando esa persona impuso el empadronamiento a "la gloria del reino". Jesús fue destruido (asesinado) durante el tiempo del Imperio Romano. Jesús es el príncipe del pacto del que habla Daniel 11:22.

Ahora vamos a otra parte de Daniel que se expande sobre lo que hace el príncipe del pacto cuando llega. Daniel 9 contiene una profecía sobre el príncipe del pacto, que pondrá fin al pecado y traerá la justicia. ¿Quién hace eso? ¡Jesucristo!

Daniel 9:24-27 anuncia: "Setenta semanas están determinadas sobre tu pueblo y sobre tu santa ciudad, para terminar la prevaricación, y poner fin al pecado, y expiar la iniquidad, para traer la justicia perdurable, y sellar la visión y la profecía, y ungir al Santo de los santos.

"Sabe, pues, y entiende, que desde la salida de la orden para restaurar y edificar a Jerusalén hasta el Mesías Príncipe, habrá siete semanas, y sesenta y dos semanas; se volverá a edificar la plaza y el muro en tiempos angustiosos. Y después de las sesenta y dos semanas se quitará la vida al Mesías, mas no por sí; y el pueblo de un príncipe que ha de venir destruirá la ciudad y el santuario; y su fin será con inundación, y hasta el fin de la guerra durarán las devastaciones.

"Y por otra semana confirmará el pacto con muchos; a la mitad de la semana hará cesar el sacrificio y la ofrenda. Después con la muchedumbre de las abominaciones vendrá el desolador, hasta que venga la consumación, y lo que está determinado se derrame sobre el desolador".

La profecía necesita algo de explicación. Antes que nada, en Ezequiel 4:6 y en Números 14:34 encontramos un principio para interpretar las profecías de tiempo, que dice que un día profético es igual a un año.

Mantenga esto en mente siempre que usted se adentre en una profecía de tiempo. Funciona muy bien en Daniel 9.

"Setenta semanas están determinadas sobre tu pueblo". ¿Cuántos días hay en 70 semanas? 7 x 70 = 490 días. Aplicando el principio de un día por un año, tenemos 490 años. Y así, "desde la salida de la orden para restaurar y edificar a Jerusalén hasta el Mesías Príncipe" (el príncipe del pacto) transcurren 62 semanas, o 483 años.

Fíjese que el versículo dice que hay siete semanas y 62 semanas, y el Mesías viene después de la 62. Las siete semanas representaban el primer ciclo de jubileo de 49 años para reconstruir el templo y la ciudad, y las 62 semanas simbolizaban el largo período de tiempo desde la reconstrucción del templo y la ciudad hasta la venida del Mesías. Sume ésos juntos, y suman 483 años hasta el Mesías Príncipe.

¿En realidad ocurrió así? El libro de Esdras anuncia el decreto que autorizó la reconstrucción de Jerusalén. La arquelogía ha fijado esa fecha en 457 a.C. Sacando las cuentas matemáticas correspondientes (457 a.C. mas 490 años) nos trae hasta el 34 d.C. Si usamos los 483 años, eso nos trae al 27 d.C. (No olvide que al pasar de a.C. a d.C., usted tiene que añadir un año, porque no hubo un año cero).

Entonces, de acuerdo con la profecía, Jesús el Mesías, el príncipe del pacto, debía entrar en escena el 27 d.C., y el tiempo de prueba para la nación israelita debía haber terminado en 34 d.C. ¿Qué ocurrió en el 27 d.C.? Jesús empezó Su ministerio. Aquí está lo que Lucas registró: "En el año decimoquinto del imperio de Tiberio César", "Aconteció que cuando todo el pueblo se bautizaba, también Jesús fue bautizado; y orando, el cielo se abrió" (Lucas 3:1, 21).

Cuando Jesús es bautizado por Juan, sale del agua, el Espíritu Santo desciende sobre Él, ungiéndolo para el ministerio, y Él comienza el ministerio del Mesías. Lucas nos fija con precisión el ungimiento de Mesías el Príncipe en el decimoquinto año de Tiberio César, que fue el 27 d.C.[13]

¿Qué más nos dice esto? Si contamos los ciclos de Pascuas en el evangelio de Juan, encontramos tres ciclos y medio de Pascuas durante el ministerio de Jesús, lo que significa que Él murió en, o alrededor del 31 d.C. Daniel 9:27 declara: "Y por otra semana confirmará el pacto con muchos; a la mitad de la semana hará cesar el sacrificio y la ofrenda".

Si usted es cristiano, ¿ha ofrecido un sacrificio recientemente? ¿Ha sacrificado un cordero para expiar sus pecados? ¿Por qué no? Porque

13 Seventh Day Adventist Bible Commentary (Rewiev and Herald Publishing Association, Revised 1976), Vol. 4, p. 853.

Jesús es el Cordero de Dios. Él murió en la cruz por nuestros pecados. Jesús trajo un final a los sacrificios—y esa es la razón por la que usted no los está ofreciendo.

Marcos 15:38 registra el fin del sacrificio de esta manera: "Entonces el velo del templo se rasgó en dos, de arriba abajo". Cuando Jesús dijo en la cruz "Consumado es", una mano invisible desde el cielo agarró ese inmenso velo del Templo y lo rasgó en dos.

Desde la perspectiva de Dios, los sacrificios dejaron de importar, porque Jesús, el Cordero de Dios, acababa de morir para quitar sus pecados y los míos, y cada pecado que alguna vez ha sido cometido en la Tierra, para todos los que le permitirán quitar sus pecados de ellos. Jesús puso fin a los sacrificios.

Sí, los sacerdotes judíos todavía los ofrecieron por varios años más antes de la destrucción del templo, pero desde la perspectiva del cielo, cesaron cuando Jesús dijo: "Consumado es".

Cuando Jesús dejó esta tierra y regresó al cielo, los ángeles les dijeron a sus discípulos que trabajaran primero en Jerusalén, después en Judea, entonces en Samaria, y finalmente en las otras partes del mundo. ¿Por qué les dijo que se concentraran primero en Judea? Porque, de acuerdo con la profecía, todavía quedaban tres años y medio para que la nación decidiera si aceptaría completamente a Jesús y Su don, Su regalo.

Al final de esos tres años y medio, los líderes religiosos de Judea apedrearon a muerte a Esteban (lea sobre eso en Hechos 7). Saulo, que había participado activamente en la ejecución, salió de allí a perseguir a los cristianos. Jesús lo llamó desde el cielo, lo derribó con una brillante luz, y le preguntó por qué lo estaba persiguiendo.

Cuando Saulo vio la injusticia que estaba cometiendo, Jesús le dijo: "Ve, porque te enviaré de aquí a los gentiles". El período de tiempo había llegado—las 70 semanas se habían acabado. El evangelio ahora fue también a los gentiles, no principalmente a los judíos.

Sin cuestionamiento alguno, los judíos todavía pueden ser salvos en el reino de Dios. Pero el enfoque especial sobre ellos como nación se había acabado—la conversión era ahora para cualquiera, judío o gentil, que aceptara a Jesucristo. La profecía de Daniel 9 se cumplió totalmente en el ministerio de Jesucristo, y esa es la profecía aludida en los versículos 20-22 de Daniel 11.

¿Quién es realmente el punto central de la profecía? En Daniel 11, Jesús muere justo en el medio del versículo 22. Después de Su resurrección, Jesús les dijo a los dos con quienes se encontró en el camino a Emaús:

"¿No saben ustedes que todas esas profecías del Antiguo Testamento me señalan a Mí?" (Véase Lucas 24:13-27). Jesús es el que une todo junto.

Algunas personas se cuestionan si los cristianos deberían estudiar Daniel 11, porque está en el Antiguo Testamento. Pero Jesús dijo que todas esas profecías lo señalaban a Él.

No mutile su estudio, desechando o descuidando ninguna parte de la Biblia. Es cierto que ya no necesitamos ofrecer más sacrificios, pero todo en la Biblia señala a Jesucristo. Usted puede estar seguro de esto: si usted lo conoce todo de la profecía bíblica, y no conoce a Jesús, usted se habrá perdido tanto su significado como su cumplimiento.

Capítulo 2

El Rey del Norte: Del Imperio Romano al Santo Imperio Romano

En el Capítulo 1 leímos una visión general desde Daniel 11 hasta 12:4, desde la época del profeta Daniel hasta el fin del pecado y el sufrimiento. Descubrimos que los reyes del norte y del sur atravesaban fases de conflicto.

La primera fase fue la lucha entre los ptolomeos griegos y los seléucidas griegos, y luego Roma vino desde el norte. Cuando llegamos a los versículos 20-22, vimos que el príncipe del pacto es Jesucristo. Daniel 9 se explaya sobre eso, dándonos un marco de tiempo de cuándo comenzaría Su ministerio, las fechas para Su bautismo y Su muerte, y una descripción de cómo Él traería un fin al sacrificio. Jesús es el sacrificio supremo por el pecado, y eso lo vuelve el foco de la profecía bíblica.

Cuando Jesús vivió en la Tierra, la fase pagana del Imperio Romano era el rey del norte. Vimos ese poder retratado también en las piernas de hierro en la estatua de Daniel 2. Como las piernas de hierro continúan en pies de hierro y barro cocido, en los pies hay alguna continuación del hierro.

En correspondencia a esta profecía, Daniel 7 explica cómo la atención cambia del Imperio Romano pagano a medida que este cambia de una bestia con dientes y garras de hierro a estar centrada sobre los 10 cuernos de la bestia que se desarrolla después de ella. Los 10 cuernos de la bestia surgen en Europa después de la desintegración del Imperio Romano occidental, y un cuerno pequeño aparece después de eso.

Daniel 2, 7, y 8 son profecías paralelas con Daniel 11. Ellas significan que el rey del norte, después de la desintegración del Imperio Romano, será el mismo que los pies de hierro y arcilla en Daniel 2, y el mismo que el cuerno pequeño de Daniel 7 y 8.

La mayoría de los comentaristas de la Biblia creen que el cuerno pequeño de Daniel 7 y 8, el "Hombre de Pecado" en 2 Tesalonicenses 2, y la bestia de Apocalipsis 13, son todos el mismo poder que aparece desde el interior del Imperio Romano occidental—una entidad a la que frecuentemente se le llama el anticristo.

No todos los comentaristas coinciden sobre qué o quién es exactamente este poder, pero la mayoría de los comentarios de la Biblia y de los libros de profecía de hoy están de acuerdo en que las tres referencias de la Biblia se refieren a la misma agencia. El poder descrito en esos textos es el mismo, como rey del norte, que aparece después del Imperio Romano en Daniel 11.

Entre las descripciones en 2 Tesalonicenses, Daniel, y Apocalipsis, podemos identificar 15 características específicas que revelan la identidad del cuerno pequeño/rey del norte/hombre de pecado/poder anticristo. Revisemos las características y veamos qué poder histórico satisface todas estas 15.

En este capítulo, y en el resto del libro, haré referencia indistintamente al anticristo, al cuerno pequeño, y al rey del norte, como el mismo poder.

Ya hemos aprendido que, cuando el actual rey del norte ataca al nuevo poder en auge y pierde, el enfoque cambia al nuevo y emergente rey del norte. Cuando el griego Antíoco III atacó a Roma, y el comandante romano Escipio lo derrotó, Roma se volvió el nuevo rey del norte, enfocándose ahora [la profecía] sobre el siguiente gran líder mundial, Augusto, y los césares que siguieron.

En Daniel 11:22, cuando los romanos atacan a Jesús en la cruz, y pierden en la resurrección, debemos esperar que surja un nuevo gran líder mundial: un líder con conexiones con Jesús, porque Jesús gana, y con Roma, debido al vínculo con Roma a través de las piernas de hierro y los cuernos en Daniel 2, 7, y 8.

Primer Característica

El poder anticristo surgirá del Imperio Romano y durará hasta que Jesús libere a su pueblo.

Jesús muere en Daniel 11:22, y luego, en el versículo 23, emerge un nuevo rey del norte que durará hasta el versículo 45, hasta su destrucción, cuando Jesús regrese.

"Y después del pacto con él, engañará y subirá, y saldrá vencedor con poca gente ... mas llegará a su fin, y no tendrá quien le ayude ... en aquel tiempo será libertado tu pueblo" (Daniel 11:23, 45; 12:1).

En Daniel 7 tenemos al "cuerno pequeño" que aparece en la historia desde la desintegración de Roma hasta el establecimiento del reino de Dios.

"Mientras yo contemplaba los cuernos, he aquí que otro cuerno pequeño salía entre ellos ... Yo entonces miraba a causa del sonido de las grandes palabras que hablaba el cuerno; miraba hasta que mataron a la bestia, y su cuerpo fue destrozado y entregado para ser quemado en el fuego" (Daniel 7:8, 11).

Sobre la base de la cita paralela de 2 Tesalonicenses, esta llama o fuego es el regreso de Jesús. El hombre de pecado en 2 Tesalonicenses aparece en el siglo I, cuando está siendo mantenido a jaque hasta que después aparece abiertamente, y perdura hasta que es destruido en el regreso de Jesús. De acuerdo con 2 Tesalonicenses 2:1-3, el poder del anticristo aumenta antes del regreso de Jesús, cuando Él reúne a sus creyentes.

"Pero con respecto a la venida de nuestro Señor Jesucristo, y nuestra reunión con él, os rogamos, hermanos, que no os dejéis mover fácilmente de vuestro modo de pensar, ni os conturbéis, ni por espíritu, ni por palabra, ni por carta como si fuera nuestra, en el sentido de que el día del Señor está cerca. Nadie os engañe en ninguna manera; porque no vendrá sin que antes venga la apostasía, y se manifieste el hombre de pecado, el hijo de perdición".

El anticristo se manifestará antes de que Jesús regrese. El Hombre de Pecado debe aparecer, y luego Jesús vendrá. Recuerde la secuencia, porque eso es importante para determinar la identidad de este poder. 2 Tesalonicenses 2:7, 8 dice: "Porque ya está en acción el misterio de la iniquidad; sólo que hay quien al presente lo detiene, hasta que él a su vez sea quitado de en medio. Y entonces se manifestará aquel inicuo, a quien el Señor matará con el espíritu de su boca, y destruirá con el resplandor de su venida".

La Bestia de Apocalipsis 13 también aparece desde la desintegración de Roma hasta que el reino de Dios es establecido. "y vi subir del mar una bestia que tenía siete cabezas y diez cuernos … y sobre sus cabezas, un nombre blasfemo. Y la bestia que vi era semejante a un leopardo, y sus pies como de oso, y su boca como boca de león. Y el dragón le dio su poder y su trono, y grande autoridad" (simbolismo de Daniel 7).

"Y vi a la bestia, a los reyes de la tierra y a sus ejércitos, reunidos para guerrear contra el que montaba el caballo, y contra su ejército. Y la bestia fue apresada, y con ella el falso profeta que había hecho delante de ella las señales con las cuales había engañado a los que recibieron la marca de la bestia, y habían adorado su imagen. Estos dos fueron lanzados vivos dentro de un lago de fuego que arde con azufre" (Apocalipsis 19:19, 20).

¿Quién, entonces, es este rey del norte/cuerno pequeño/Hombre de Pecado/bestia/poder que aparece desde el siglo I cuando está siendo sujetado, después se presenta en público, y perdura hasta que es destruido en la venida de Jesús?

Lutero, Calvino, Wycliffe, y los Wesley, enseñaron que todos estos eran el sistema papal católico romano (su estructura eclesiástica), y coincido con ellos.

Eso no significa que el rey del norte sea la membresía de la iglesia católica romana. Cuando Dios llama a aquellos dentro de cada iglesia caída "Mi pueblo" en Apocalipsis 18:4, eso también se aplica al pueblo de Dios dentro de la Iglesia Católica.

Podemos esperar que muchas personas católicas romanas estarán en el cielo, porque por siglos ha habido cristianos fieles dentro de ella. Eso continuará siendo el caso hasta justo antes del fin del mundo.

Es el sistema papal—la estructura gubernamental y las enseñanzas de la Iglesia Católica Romana—el que tiene algunos problemas muy serios con las Escrituras. La iglesia pone la autoridad de la tradición por encima de la autoridad de las Escrituras, y cada vez que algo es puesto por sobre las Escrituras, pueden ocurrir cosas peligrosas.

¿Tiene la Roma papal la primera característica? Está vinculada tanto con Roma como con Jesús. La iglesia cristiana en el siglo I ya estaba viendo los comienzos de un sistema de ideas que valoraba la tradición por encima de las Escrituras. Pablo estaba luchando contra este sistema, y dijo que sería detenido.

¿Quién lo contuvo durante los días del apóstol? El Imperio Romano pagano tenía un control de puño de hierro, y como estaba persiguiendo a los cristianos, inadvertidamente bloqueó muchos de esos errores.

Tan pronto como el cristianismo se volvió aceptable en el imperio y no enfrentó más persecución, los errores entraron a toda prisa, y muchos aspectos del paganismo se deslizaron dentro de la iglesia. El cristianismo empezó a mezclarse con otras tradiciones.

Así que el problema del "misterio de iniquidad", como Pablo lo llamó, ya había comenzado en el siglo I. La Roma papal afirma que el papado empezó con Pedro, y todavía existe.

Debido a que este poder ya había aparecido en el tiempo de la iglesia temprana, Pablo pudo escribir sobre él. Esto hace a la Roma papal el contendiente principal en cumplir esta característica de empezar desde la iglesia primitiva y perdurar hasta el regreso de Jesús. Por favor, note que este debe ser un sistema anticristo, no un solo hombre, porque perdura por 2000 años (hasta ahora).

Segunda Característica

El poder anticristiano del rey del norte será engañoso.

Daniel 11:23 dice: "Y después del pacto con él, engañará". Esto se cumplió cuando Constantino decide pelear bajo la señal de la cruz en 312 d.C., intentando así unir a Roma con el cristianismo. En el proceso, las enseñanzas paganas y cristianas se mezclaron.

La moneda de Constantino representada en la imagen (acuñada alrededor del 316 d.C.) ilustra esta liga o fusión. Note el dios "Sol" en el centro, con el sol de adoración pagana al sol a la derecha, y la cruz cristiana a la izquierda.

La primera parte del engaño es la presentación de una religión fusionada pagano/cristiana como si fuera el cristianismo verdadero. La segunda parte del engaño vino después que Constantino cambió de lugar la capital, de la ciudad de Roma a la ciudad de Constantinopla.

Después de ese evento, el papado obtuvo "La Donación de Constantino", la que ahora se sabe fue un decreto falsificado, según la cual el emperador Constantino el Grande supuestamente transfirió la autoridad sobre la ciudad de Roma y sobre el Imperio Romano occidental al papado. Esta falsificación fue usada por siglos para demostrar la autoridad del papa. Si el papado basó su reclamo al poder sobre un documento falsificado, entonces lo hicieron con engaños.

El Hombre de Pecado también es mentiroso, como muestra 2 Tesalonicenses 2:9, 10: "inicuo cuyo advenimiento es por obra de Satanás, con gran poder y señales y prodigios mentirosos, y con todo engaño de iniquidad para los que se pierden, por cuanto no recibieron el amor de la verdad para ser salvos".

Tercera Característica

Es un reino pequeño pero fuerte.

Las Escrituras mencionan varias veces que es pequeño. "... subirá, y saldrá vencedor con poca gente" (Daniel 11:23). "he aquí que otro cuerno pequeño salía entre ellos" (Daniel 7:8).

Aunque este será un poder más pequeño o más joven, tendrá enorme influencia. Mientras hoy Ciudad del Vaticano tiene una extensión de tierra de aproximadamente 110 acres (pequeño comparado con el territorio papal anterior), tiene un poder mucho más grande que su tamaño. Reino pequeño, gran poder. Esto se ajusta a todas las descripciones en Daniel, 2 Tesalonicenses, y Apocalipsis.

Además, en Daniel 11:23, 24 descubrimos que el siguiente poder que representa al rey del norte carece de ejército, y adquire el reino a través de intrigas.

Mientras que el pasaje no nombra específicamente ninguna entidad, sabemos que originalmente el papado no poseía ninguna fuerza militar, pero se le había dejado la ciudad de Roma cuando el emperador Constantino se marchó. Las piernas de hierro dieron lugar a los pies de hierro y barro cocido.

Cuarta Característica

Es pacífico, pero se vuelve rico.

Daniel 11:24 dice: "Estando la provincia en paz y en abundancia, entrará y hará lo que no hicieron sus padres, ni los padres de sus padres; botín, despojos y riquezas repartirá a sus soldados, y contra las fortalezas formará sus designios; y esto por un tiempo".

Si usted fuera a visitar el Vaticano, o cualquier catedral, usted rápidamente se daría cuenta de que el papado se ha vuelto rico. La construcción de la catedral de San Pedro fue financiada en gran parte por la venta de indulgencias, por personas como Tetzel en la época de Martin Lutero. Tetzel le decía a la gente que sus seres queridos serían liberados del purgatorio tan pronto como su moneda cayera en la caja.

El papado también fue capaz de influir en el nombramiento de reyes y de políticas de las naciones europeas, brindando alternativamente bendiciones a aquellos que cooperaran con ellos, y amenazas de excomunión a los líderes y a sus pueblos que se les opusieran a él o a sus políticas.

Quinta Característica

El sistema tiene a un ser humano por cabeza.

Daniel 11 identifica al rey del norte como el líder de un poder geopolítico y religioso. Al describir el cuerno pequeño, Daniel 7:8 dice: "... este cuerno tenía ojos como de hombre, y una boca que hablaba grandes cosas". Apocalipsis 13:8 hace lo mismo: "Y la adoraron todos los moradores de la tierra cuyos nombres no estaban escritos en el libro de la vida del Cordero que fue inmolado desde el principio del mundo". Finalmente, 2 Tesalonicenses 2:3 dice sobre el hombre de pecado: "... no vendrá sin que antes venga la apostasía, y se manifieste el hombre de pecado".

Casi todos los eruditos bíblicos ven el poder anticristiano como liderado por un hombre. ¿Tiene el papado a un ser humano a su cabeza? Evidentemente, es el individuo llamado: el papa. Considerado el líder supremo de la iglesia católica romana, la palabra del papa es ley dentro de la misma.

Sexta Característica

El rey del norte va a liderar en los ataques en contra del rey del sur.

Daniel 11 describe tres conflictos así. El primero se describe en Daniel 11:25: "Y despertará sus fuerzas y su ardor contra el rey del sur con gran ejército". Esto se cumplió cuando el papa Urbano II llamó a la guerra contra los musulmanes en Tierra Santa, y las naciones cristianas de Europa empezaron las cruzadas debido a la amenaza del islam.

El segundo conflicto se menciona en el versículo 29, que dice: "Al tiempo señalado volverá al sur; mas no será la postrera venida como la primera". Esto se cumplió cuando el papa Pio V organizó la "Liga Santa" para luchar contra la expansión del islam. Otra vez, las naciones cristianas le siguieron por la amenaza que representaba el islam.

El versículo 40 dice que habrá un conflicto final entre los reyes del norte y del sur. En este momento, el mundo está otra vez siguiendo al papado debido a la amenaza de un islam radical o violento (más sobre el tercer conflicto más tarde en este libro).

Séptima Característica

El poder anticristiano tiene un tiempo limitado de supremacía de 1260 días o años.

Daniel 11:24 dice: "... esto por un tiempo". Daniel 7:25 da el elemento de tiempo: "... los santos ... serán entregados en su mano hasta tiempo, y tiempos, y medio tiempo".

¿Cómo sacamos 1260 días de eso? Tomamos la palabra "tiempo" como un año, y "tiempos" (la palabra hebrea significa "dos") por dos años más, para un total de tres. "Medio tiempo" es el medio año para terminarlo. Eso suma, en total, tres año y medio.

En Apocalipsis 12:14 encontramos nuevamente mencionado este período de tiempo. "Y se le dieron a la mujer las dos alas de la gran águila, para que volase de delante de la serpiente al desierto, a su lugar, donde es sustentada por un tiempo, y tiempos, y la mitad de un tiempo".

Ahí tiene "tiempos" nuevamente, pero ¿realmente significa tres años y medio? Apocalipsis muestra esta cifra en una forma diferente en otro versículo, Apocalipsis 12:6: "Y la mujer huyó al desierto, donde tiene lugar preparado por Dios, para que allí la sustenten por mil doscientos sesenta días". La misma mujer va al mismo lugar por el período de tiempo especificado. Mil doscientos sesenta días equivalen a tres años y medio.

Pero el libro de Apocalipsis describe una tercera manera, sólo para asegurarse de que lo entendemos. "También se le dio [al Anticristo] boca que hablaba grandes cosas y blasfemias; y se le dio autoridad para actuar cuarenta y dos meses" (Apo. 13:5).

¿Cuántos años son 42 meses? Tres años y medio. Y 42 meses de 30 días son 1260 días, lo que significa que los años tienen sólo 360 días, lo que sugiere que son años simbólicos, no literales. Todas estas referencias tienen la misma profecía de tiempo de tres años y medio, los que equivalen a 1260 años usando el principio profético día = año. El anticristo recibe autoridad por estos 1260 años, y luego su poder cesa.

En el año 533 d.C., Justiniano declaró al papa como la cabeza de toda la cristiandad en el imperio. El Código Justiniano, libro 1, título 1, proclama al obispo de Roma como "cabeza de todas las santas iglesias" y "cabeza de todos los santos sacerdotes de Dios".

Sin embargo, el año de importancia profética clave es 538 d.C. En ese año Justiniano derrotó a los ostrogodos, quienes se habían apoderado de Italia y habían puesto a Roma bajo su protección. "Vigilio… ascendió al trono papal bajo la protección militar de[l General] Belisario (538-554)".[1]

Esto eliminaba a la última de las tres tribus arrianas que se habían atravesado en el camino de la autoridad papal. Ahora, el cuerno pequeño había ganado poder político y religioso a través de todo el imperio, y el papa era el líder reconocido e indisputado de la iglesia cristiana.

Desde 538 d.C., 1260 años nos remonta hasta 1798 d.C. Ese año, el general napoleónico Alexandre Berthier y sus tropas republicanas francesas entraron en Italia e invadieron el Vaticano. Berthier proclamó una república romana. Napoleón abolió los Estados Papales (aquellas áreas directamente bajo el control del papa). (Los estados papales fueron reconstituidos temporalmente varias veces, hasta que finalmente fueron incorporados a una Italia unificada en 1870).

Cuando el papa Pío VI se reusó a rendirse, Berthier lo arrestó y lo llevó a Francia, donde el papa murió en cautiverio. El mundo pensó que el papado, como poder político, había llegado a su fin.

Octava Característica

El rey del norte/cuerno pequeño asumiría sobre sí el poder para cambiar la ley de Dios.

En Daniel 11:28, 30 y 31 se dice que él está "contra el pacto" mientras que en 7:25 "[Él] pensará en cambiar los tiempos y la ley".

Daniel 11:28, 30, y 32 dice que el rey del norte estaría contra el pacto de Dios. En otras palabras, pensaría en cambiar o eliminar la ley de Dios. ¿Ha ocurrido tal cosa?

He aquí lo que el Diccionario Eclesiástico de Ferraris, del siglo dieciocho, dice: "El Papa es de tan gran autoridad y poder que es capaz de

1 Philip Schaff, History of the Christian Church (New York: Scribner, 1867), vol. 3, p. 327.

modificar, declarar, o interpretar incluso leyes divinas. El papa puede modificar la ley divina, ya que su poder no es de hombre sino de Dios, y actúa como vicegerente de Dios en la Tierra con el poder más amplio de atar y desatar a sus ovejas".[2]

Sobre la base de ese reclamo, el papa puede modificar la Palabra de Dios siempre que quiera hacerlo. Ése es el por qué la Iglesia Católica anuncia que su autoridad y tradiciones pueden reemplazar la Palabra escrita de Dios.

Yo creo *en sola scriptura* (la Biblia solamente) como la guía principal para la vida. Escucho a otras personas, pero siempre evalúo por la Biblia lo que presentan. Haga un hábito de verificar todo. Pregúntese: "¿Qué dice realmente la Biblia?" Siempre asegúrese que lo que las personas enseñan sobre las Escrituras en realidad refleje el mensaje de la Biblia.

¿Ha cambiado la iglesia católica romana los tiempos y las leyes? Para responder, primero consideremos un simple ejemplo. El *Catecismo del Converso de la Doctrina Católica*, de Pedro Geiermann, habla de los Diez Mandamientos: "El Primer Mandamiento es: Yo soy el Señor tu Dios; no tendrás dioses ajenos delante de Mí".[3] Si usted estuviera leyendo a lo largo de Éxodo 20, descubriría que sí, ése es el primer mandamiento.

Entonces el catecismo continúa: "El segundo mandamiento es: No tomarás el Nombre del Señor tu Dios en vano".[4]

¡Epa! Si usted está leyendo en su Biblia, usted verá que lo que debe ser el segundo mandamiento aparece en Éxodo 20:4. Dice que no debemos inclinarnos ante imágenes ni adorarlas.

La lista del catecismo de los Diez Mandamientos ignora el versículo, no presentándolo como un mandamiento separado. ¿Por qué haría eso la iglesia? Si usted ha estado en una catedral católica romana, usted habrá visto las estatuas que bordean las paredes. Las personas se inclinan y oran ante ellas.

Quizás la enseñanza de la iglesia pasa por alto el mandamiento debido a esto. Todavía está ahí en la explicación del primer mandamiento, pero no es tratado como un mandamiento separado. Así, en el catecismo, el primer mandamiento es: "Yo soy el Señor tu Dios; no tendrás dioses ajenos delante de Mí". El segundo es "No tomarás el nombre del Señor tu Dios en vano".

---

2 Traducido del latín en Lucius Ferraris.

3 Peter Geiermann, The Convert Catechism of Catholic Doctrine (St. Louis: Herder Book Co., 1946), p. 48.

4 Ibid., p. 49.

Desde ese momento en adelante, la lista de mandamientos en este catecismo se aparta por uno de la lista protestante tradicional, hasta que usted llega al décimo mandamiento.

Los primeros católicos tuvieron que dividir el mandamiento contra el codiciar en dos mandamientos, para poder completar 10 mandamientos separados. Pero miremos lo que es evidentemente el ejemplo más extremo. He aquí lo que el mismo catecismo dice:

"P. ¿Cuál es el Tercer Mandamiento?

R. El Tercer Mandamiento es: Recuerda guardar santo el día de reposo.

P. ¿Cuál es el día de reposo?

R. El sábado es el día de reposo.

P. ¿Por qué observamos el domingo en lugar del sábado?

R. Observamos el domingo en lugar del sábado porque la Iglesia Católica traspasó la solemnidad del sábado al domingo …

P. ¿Con qué autoridad la iglesia sustituyó el domingo por el sábado?

R. La iglesia sustituyó el domingo por el sábado por la plenitud de ese poder divino que Jesucristo le otorgó".[5]

La iglesia alega tener autoridad sobre las Escrituras, por lo que tiene la capacidad de cambiar la ley divina. Pero yo no creo que ninguna institución humana tenga tal poder. Daniel dijo que el poder del cuerno pequeño cambiaría los tiempos y la ley. Los ejemplos citados aquí se corresponden con la profecía.

Novena Característica

El anticristo hablaría "grandes maravillas", o blasfemias.

¿Qué es la blasfemia? Jesús nos ayuda a comprenderlo. Cuando Él estuvo en la tierra, dijo: "Antes que Abraham fuera, Yo Soy" (Juan 8:58). Dios es el "Yo Soy" de las Escrituras. Pero entonces, de acuerdo con Juan 10:31, "los judíos volvieron a tomar piedras para apedrearle", porque pensaban que Él estaba afirmando ser Dios. La blasfemia ocurre cuando una persona afirma ser Dios, pero no lo es. La falla de los acusadores de Jesús fue que realmente Él sí es Dios.

Jesús enfrentó otra acusación de blasfemia en Marcos 2:5-7. "Al ver Jesús la fe de ellos, dijo al paralítico: Hijo, tus pecados te son perdonados. Estaban allí sentados algunos de los escribas, los cuales cavilaban en sus corazones: ¿Por qué habla éste así? Blasfemias dice. ¿Quién puede perdonar pecados, sino sólo Dios?"

5 Ibid., p. 50.

La blasfemia ocurre cuando un ser humano pecador alega un derecho limitado solamente a Dios. Solamente Dios puede perdonar el pecado.

En Daniel 11:36, 37 el rey del norte blasfema: "Y el rey hará su voluntad, y se ensoberbecerá, y se engrandecerá sobre todo dios; y contra el Dios de los dioses hablará maravillas, ... Del Dios de sus padres no hará caso, ni del amor de las mujeres; ni respetará a dios alguno, porque sobre todo se engrandecerá".

Daniel 7:8 hace referencia a "una boca que hablaba grandes cosas". El versículo 20 menciona una "boca que hablaba grandes cosas", y el versículo 25 declara que "hablará palabras contra el Altísimo".

En 2 Tesalonicenses 2:4 encontramos a alguien "el cual se opone y se levanta contra todo lo que se llama Dios o es objeto de culto; tanto que se sienta en el templo de Dios como Dios, haciéndose pasar por Dios". Y Apocalipsis 13:5 describe un ser al que "se le dio boca que hablaba grandes cosas y blasfemias".

El Hombre de Pecado alega tener derechos o atributos de Dios. El cuerno pequeño habla palabras pomposas contra Dios. Apocalipsis combina los dos tipos de discurso—las palabras pomposas y la blasfemia. Usted puede ver, de estas descripciones, cómo los comentaristas bíblicos ven este poder como la misma entidad: porque repetidamente muestra las mismas características.

Ya hemos visto en Marcos 2 y en Juan 10 que la blasfemia es tanto alguien poniéndose en el lugar de Dios cuando no lo es, como alguien afirmando poder perdonar el pecado. Esto es un derecho exclusivamente divino.

Veamos lo que el liderazgo de la iglesia católica romana dice de su propia autoridad y capacidades en estas áreas. Las siguientes son citas de materiales católicos romanos. No son de personas que tienen un hacha para esgrimir contra esa iglesia.

"El Papa es de tan gran dignidad y tan exaltado, que no es simplemente hombre, pero como si esto fuera. Dios y el vicario de Dios ... El Papa es llamado el más santo porque por derecho presume de ser tal. Él es, igualmente, el monarca divino, y emperador supremo, y rey de reyes. Por lo tanto, el papa está coronado con una triple corona como rey del cielo y de la Tierra y del infierno".[6]

---

6 Traducido del latín en F. Lucius Ferraris, "Papa, Articulus II, " Prompta Bibliotheca: Canonica, Juridica, Moralis, Theologica, Ascetica, Polemica, Rubristica, Historica (Paris: J. P. Migne, 1858), vol. 5, pp. 25. Descargado de http://www.aloha.net/~mikesch/prompta.htm.

Mire los nombres para el papa listados aquí: ¡monarca divino, emperador supremo, y rey de reyes! Pero Jesucristo es el verdadero Rey de reyes en las Escrituras, así que, en esencia, la cita atribuye al papa características limitadas a Jesucristo solamente. Cuando alguien afirma que un ser humano tiene derechos divinos cuando no es Dios, entonces esa declaración cumple la definición bíblica de blasfemia.

Otra afirmación del mismo artículo en Prompta Bibliotheca dice: "El papa es como si fuera Dios en la tierra, soberano Único de todos los fieles de Cristo, principal rey de reyes, teniendo una plenitud de poder continuo, confiado por el Dios omnipotente para gobernar los reinos terrenales y celestiales".[7]

Aquí él es principal rey de reyes. Eso lo pondría por encima de Jesús, si Jesús es el Rey de reyes. Y entonces dice: "Dios en la tierra". Usted habrá notado, estoy seguro, que los papas vienen y van. Se mueren y, por lo tanto, no son Dios—pero eso es lo que alegan.

El libro *Sobre la Autoridad de los Concilios* declara: "Todos los nombres que en las Escrituras son aplicados a Cristo, por virtud del cuál es establecido que Él está sobre la iglesia, todos los mismos nombres son aplicados al Papa".[8]

Usted percibe la práctica general con estas palabras: "Tú eres el pastor, tú eres el médico, tú eres el director, tú eres el sembrador, finalmente, tú eres otro Dios en la tierra".[9]

En un artículo de 1984 en *Los Angeles Times* titulado "Ningún Perdón 'Directamente de Dios', dice el Papa", Don Schanche escribió: "Refutando una creencia extensamente compartida por protestantes y un número creciente de católicos romanos, el papa Juan Pablo II, el martes, desechó la 'idea generalizada de que uno puede obtener el perdón directamente de Dios' y exhortó a los católicos a confesarse más a menudo a su sacerdote".[10]

¿Cuál, entonces, es la enseñanza de la Iglesia Católica sobre el perdón? Que usted debe obtenerlo de un sacerdote.

Otra fuente para las afirmaciones de la iglesia sobre el poder de los sacerdotes es Michael Muller: "Busque donde usted quiera, en cielo y tierra,

7 Ibid.
8 On the Authority of the Councils, libro 2, cap. 17.
9 Philippe Labbe y Gabriel Cossart, History of the Councils, Vol. XIV, col. 109.
10 Resumen disponible en http://pqasb.pqarchiver.com/latimes/access/675039382.html?dids=675039382:675039382&FMT=ABS&FMTS=ABS:AI&type=his-toric&date=Dec+12%2C+1984&author=DON+A+SCHANCHE&pub=Los+Angeles+-Times+(1886-Current+File)&edition=&startpage=Bll&desc=No+Forgiveness+%27Directly+-From+God%2C%27+Pope+Says.

y encontrará un único ser creado que puede perdonar al pecador, quién puede liberarlo de las cadenas del pecado y del infierno: y ese extraordinario ser es el sacerdote, el sacerdote católico … Sí, el sacerdote no sólo declara que el pecador es perdonado, sino que lo perdona realmente. El sacerdote levanta su mano, pronuncia las palabras de absolución, y en un instante, rápido como un destello de luz, las cadenas del infierno son reventadas en pedazos, y el pecador se vuelve un hijo de Dios. Tan grande es el poder del sacerdote, que los juicios mismos del cielo están sujetos a su decisión".[11]

Si esto fuera cierto, esto pondría un gran poder en las manos de un ser humano. Pero Marcos 2:7 indica que, si una persona afirma que ellos pueden perdonar el pecado, esto es blasfemia, porque solamente Dios puede hacerlo.

Además, la doctrina católica no sólo enseña que el sacerdote perdona pecados, sino que Dios tiene que hacer lo que el sacerdote le diga. Piense en eso de esta manera: si usted es amigo del sacerdote, y el sacerdote le perdona, entonces Dios tiene que hacer lo mismo, incluso si usted no lo pretendía. Si, por otro lado, usted es enemigo del sacerdote, y pide ser perdonado, y éste le dice: "No, no lo perdonaré", entonces, de acuerdo con la doctrina, Dios no puede perdonarlo tampoco. Esa enseñanza ha acarreado inenarrados problemas a través de los siglos.

Gracias a Dios, como las Escrituras dicen, cualquiera de nosotros puede ir a Jesús, confesar nuestros pecados, y saber que somos perdonados, y, por lo tanto, tenemos vida eterna. Me emociona que la Palabra de Dios sea simple y directa acerca de eso, y que no tenemos que pedir perdón a través de un ser humano.

Décima Característica

El rey del norte perseguiría a los santos, o Pueblo de Dios.

En Daniel 11:32, 33 dice: "… el pueblo que conoce a su Dios se esforzará y actuará. Y los sabios del pueblo instruirán a muchos; y por algunos días caerán a espada y a fuego, en cautividad y despojo".

Hablando del cuerno pequeño, Daniel 7:25 dice: "[Él] a los santos del Altísimo quebrantará". Apocalipsis 13:7 dice: "Y se le permitió hacer guerra contra los santos, y vencerlos". Uno de sus distintivos es que el anticristo atacaría al pueblo de Dios.

---

11 Michael Muller, God, the Teacher of Mankind (New York: Benziger Brothers, 1882), vol. 6, p. 332.

Aquellos que realmente siguieron la Palabra de Dios fueron atacados, porque no sostenían las mismas creencias cristianas que las autoridades religiosas papales. A través de los siglos, millones han enfrentado el sufrimiento y la muerte porque no estuvieron de acuerdo con las posiciones de la iglesia. Si usted creía que debía tener la Biblia en su propio idioma y poder leerla, por ejemplo, usted podría morir por la espada o ser quemado en la hoguera.

En una carta del papa Juan Pablo II, en 1994, éste reconoció la historia de persecución por la iglesia. Escribió que un "capítulo doloroso de la historia al que los hijos e hijas de la iglesia deben regresar con un espíritu de arrepentimiento es ese de la aquiescencia dada, especialmente en ciertos siglos, a la intolerancia e incluso al uso de la violencia en el servicio de la verdad".[12]

En marzo de 2000, Juan Pablo pidió perdón por los siglos de injusticias que la iglesia católica romana había perpetrado sobre otros. En una ceremonia de un día de duración, que se llamó "Día del Perdón", él y siete oficiales superiores de la iglesia leyeron las oraciones que pidieron perdón por las Cruzadas, las Inquisiciones, las conversiones forzosas, y los actos cometidos contra las mujeres, los pueblos indígenas, y los judíos, entre otras cosas.

"Humildemente pedimos perdón por la participación que cada uno de nosotros, con su comportamiento, ha tenido en tales males, contribuyendo así a dañar el rostro de la iglesia", dijo Juan Pablo.[13]

Aclarando el propósito de las oraciones, el papa dijo al día siguiente: "La Iglesia no deja de implorar el perdón de Dios para los pecados de sus miembros".[14]

¿Continúan hoy tales prácticas de persecusión? Las he experimentado yo mismo. En América del Sur presenté algunas conferencias sobre la Biblia, las que irritaron al sacerdote católico local. Él envió a nuestro hotel, en medio de la noche, a varios oficiales de la policía con fusiles automáticos. Esa no es una manera divertida de despertarse: encontrar

12 "Apostolic Letter Tertio Millennio adveniente of His Holiness Pope John Paul II, to the Bishops, Clergy, and Lay Faithful on Preparation for the Jubilee of the Year 2000." Disponible en línea en www.vatican.va/holy_father/john_paul_ii/apostletters/documents/hf_Jp-ii_apl_10111994_tertio-millennio-adveniente_en.html.

13 Citado en el "Sunday Morning News" de CNN, transcrito para el 12 de marzo de 2000. http://transcripts.cnn.com/TRANSCRIPTS/0003/12/sm.06.html.

14 Pope John Paul, Angelus, 12 de marzo de 2000. Citado en Growth in Agreement III, ed. Jeffrey Gros, Thomas F. Best, and Lorelei F. Fuchs, (Geneva: WCC Publications, 2007), p. 255.

a oficiales de la policía, armados, dentro de tu habitación de hotel. Tales cosas ocurren todavía.

Undécima Característica

El cuerno pequeño, o entidad anticristo, recibiría una herida mortal, y después volvería a la vida, pero ahora con gran poder global.

Apocalipsis 13:3 explica: "Vi una de sus cabezas como herida de muerte, pero su herida mortal fue sanada; y se maravilló toda la tierra en pos de la bestia". Una de las marcas del poder de la bestia retratada aquí, es que se recuperará de una herida mortal, y tendrá un seguimiento global.

Como sucesor del Imperio Romano, el papado tuvo poder, tanto político como religioso, hasta 1798, y luego recibió una herida "mortal". La Biblia también dice que la herida sería curada, y entonces el anticristo ostentaría el poder hasta el fin del tiempo.

Este rey del norte continuará hasta el regreso de Jesucristo, y a menos que podamos encontrar otra entidad que reemplace al rey del sur, el islam también mantendrá su influencia casi hasta el final.

Apocalipsis 13:3 describe la curación de la herida mortal. "Vi una de sus cabezas como herida de muerte, pero su herida mortal fue sanada; y se maravilló toda la tierra en pos de la bestia".

Los periódicos alrededor del mundo informaron sobre un desarrollo extraordinario en 1929. El *San Francisco Chronicle* del 12 de febrero de 1929, lo publicó de esta manera: "La cuestión romana, esta noche, fue una cosa del pasado, y el Vaticano estaba en paz con Italia. El logro formal de esto hoy fue el intercambio de firmas en el histórico palacio de San Juan Laterano por dos notables dignatarios plenipotenciarios, el Cardenal Gasparri, de parte del Papa Pío XI, y el premier Mussolini, de parte del Rey Víctor Emmanuel III.

"Al añadir sus autógrafos a este memorable documento, sanando la herida que había supurado desde 1870, se exhibió una cordialidad extrema de ambas partes".[15]

Apocalipsis dice que la herida sería curada. El *San Francisco Chronicle* usó realmente las palabras "sanando la herida". Desde 1798 hasta

15 San Francisco Chronicle, 12 de feb. de 1929, 1. Descargado de http://biblelightnet/lateranl.gif.

1929, el papado había estado en apuros. No había estado al control de Ciudad del Vaticano mismo desde 1870.

No fue sino hasta 1929 que la iglesia recuperó la jurisdicción aunque fuera de este pequeño territorio.

El tratado con el gobierno italiano en 1929 fue de suprema importancia para la iglesia, porque ahora, otra vez, tenía autoridad política propia.

Desde entonces, el poder del papado empezó a recuperarse. En el siglo veinte, Juan Pablo II fue un muy importante impulsor en la restitución de su autoridad. Su muerte aunó para su funeral a casi todos los líderes nacionales del mundo entero, junto al Presidente de los Estados Unidos de Norteamérica y algunos presidentes anteriores.[16]

Ahora, el papa Francisco está llevando el liderazgo mundial al siguiente nivel. En otoño de 2016, Francisco visitó las Naciones Unidas, provocando un frenesí en los medios.

El *Huffington Post* publicó: "Pero astuta y metódicamente, con el toque de un maestro de espectáculos, el sacerdote jesuita argentino de 78 años y voz suave, nombrado Jorge Mario Bergoglio—Papa Francisco—mostró el jueves que está en camino de volverse el presidente del planeta".[17]

Duodécima Característica

Sería diferente a todos los otros reinos que le precedieron.

"Y los diez cuernos significan que de aquel reino se levantarán diez reyes; y tras ellos se levantará otro, el cual será diferente de los primeros" (Daniel 7:24).

Recuerde a Babilonia, a Medo-Persia, a Grecia, y a Roma. Eran todas, mayormente, entidades políticas, pero el papado es de naturaleza mayormente religiosa, y solamente en segundo lugar es política, proporcionándole sus seguidores el poder militar. Es diversa o diferente de los reinos anteriores, porque es mayormente un poder religioso. A lo largo del curso de Daniel 11:23-45, el rey del norte va adoptando características religiosas. Nuevamente, esto coincide con las referencias en Daniel, 2 Tesalonicenses, y Apocalipsis.

---

16 Daniel 11:40-45 cubre el período de tiempo del que estamos hablando aquí, después de la sanación de la herida mortal, cuando el papado está renaciendo, hasta la destrucción del papado. Estudiaremos eso en detalle en un capítulo posterior.

17 Huffington Post, "Pope Francis Wants To Be President Of The World", 24 de septiembre de 2015.

Decimotercera Característica

El anticristo emerge entre los 10 cuernos, lo que quiere decir que surge de algún sitio en la parte europea de lo que era antes el Imperio Romano.

Daniel 7:8 dice: "Mientras yo contemplaba los [10] cuernos, he aquí que otro cuerno pequeño salía entre ellos".

Los 10 cuernos son reinos que se desarrollaron, o evolucionaron, de la desintegración del Imperio Romano. Las siguientes eran las 10 tribus más importantes: ostrogodos, visigodos, vándalos, alamanes, burgundios, francos, lombardos, anglosajones, suevos, y hérulos. Cuando el imperio viejo se desmoronó, estas tribus prevalecieron. El cuerno pequeño—el anticristo—surgió de entre ellos. El poder-cuerno pequeño desarraigaría a tres de los 10 poderes-cuernos nacidos del Imperio Romano.

"Mientras yo contemplaba los cuernos, he aquí que otro cuerno pequeño salía entre ellos, y delante de él fueron arrancados tres cuernos de los primeros" (versículo 8). El versículo 24 añade: "y a tres reyes derribará".

Tres poderes serían derrocados para hacer sitio para el poder-cuerno pequeño. El emperador Justiniano subyugó a los hérulos, a los vándalos, y a los ostrogodos por una razón muy simple. Aunque habían aceptado el cristianismo, seguían las enseñanzas de Arrio.

El emperador Justiniano creía que la teología arriana era herética y anti-ortodoxa, y publicó edictos que prohibieron que alguien en su imperio se adhiriera a las opiniones de Arrio.

Sus ejércitos conquistaron las tres tribus, para imponer sus decretos. Su destrucción convirtió al papado en líderes del cristianismo, y les dio rienda suelta en Europa.

Decimocuarta Característica

La menos importante de las características, en mi opinión, pero la más extensamente popularizada, es el número 666.

"El que tiene entendimiento, cuente el número de la bestia, pues es número de hombre. Y su número es seiscientos sesenta y seis" (Apocalipsis 13:18).

He escuchado toda clase de ideas sobre el 666, como que "es una tarjeta de crédito, o un código de barras". No es ninguna de esas cosas. El asunto es algo más, mucho más importante y fundamental.

¿Qué es el número 666? Muchos protestantes han visto, en el título "Vicarius Filii Dei", un nombre atribuido al papa que puede igualar el número. He leído todo un libro escrito con ese título.[18] Registra las veces que los propios documentos de la Iglesia Católica emplean las palabras "Vicarius Filii Dei".

Vicarius Filii Dei significa vicario, o representante, del Hijo de Dios. Las letras en el nombre pueden verse como números romanos, y la conversión de las letras a números romanos luce así:

VICARIVS: V = 5, I = 1, C = 100, A = 0, R = 0, I = 1, V = 5, S = 0 (El latín no tiene U; ellos usaban la V en su lugar).

FILII: F = 0, I = 1, L = 50, I = 1, I= 1.

DEI: D = 500, E = 0, I=1.

Los números del nombre igualan 666. La cuenta funciona de la siguiente manera:

VICARIVS FILII DEI = 5 + 1 + 100 + 1 + 5 + 1 + 50 + 1 + 1 + 500 + 1 = 666.

A través de los años, las personas han tratado de averiguar si el valor numérico de las letras del nombre de algún líder ilustre representa 666. Pero no importa a cuánto ascienden los números de cualquier otro nombre, si todas las otras características no coinciden.

Si todas las otras características corresponden a una persona en particular, sólo entonces merecerá la pena comprobar los números de su nombre.

Decimoquinta Característica

El anticristo recibiría el "trono del dragón".

"Y el dragón le dio su poder y su trono, y grande autoridad" (Apocalipsis 13:2). El dragón en Apocalipsis simboliza a Satanás, pero también representa un poder a través del cual Satanás trabaja. "Y el dragón se paró frente a la mujer que estaba para dar a luz, a fin de devorar a su hijo tan pronto como naciese" (Apocalipsis 12:4).

18 Jerry A. Stevens, Vicarius Filii Dei (Berrien Springs, Mich.: Adventists Affirm, 2009).

El Hijo que nació de la mujer termina gobernando al mundo con una "vara de hierro", como Rey de reyes, y es llevado al cielo para estar con Dios. ¿Quién responde a esa descripción? Jesucristo.

Después del nacimiento de Jesús, Herodes trató de matarlo. Como rey vasallo, Herodes era parte del gobierno romano, y envió soldados a Belén para matar a los niños menores en un intento de matar a Jesús. Como Herodes gobernaba bajo la autoridad de Roma, es el poder mediocre y semejante al dragón, a través del que Satanás estaba trabajando. Podemos esperar que el poder romano le diera alguna clase de asiento o trono al cuerno pequeño.

En los siglos I y II d.C., Roma era reconocida como un centro importante del cristianismo, especialmente debido a su asociación con la tradición apostólica de Pedro y Pablo.

Gradualmente, la iglesia romana manifestó autoridad sobre otras iglesias. En 445 d.C., el papa León el Grande declaró: "El cuidado de la iglesia universal debe converger hacia el trono de Pedro, y nada en ningún lugar debe separarse de su Cabeza".[19]

Después de que el emperador Constantino construyera una nueva capital para el Imperio Romano y la nombrara Constantinopla, pasó poco tiempo en Roma. En su ausencia, la cabeza de la iglesia romana se volvió líder del cristianismo, y cada vez más, disfrutaba también de poder cívico en Roma.

Como un erudito señalaba: "La iglesia romana se abrió paso hacia el lugar del imperio occidental, del que es 'la verdadera continuación'. Por lo tanto, el imperio no falleció; solamente cambió su forma. El papa se volvió el sucesor de César".[20]

En el vacío de poder que resultó del colapso del Imperio Romano, la antes ciudad capital de Roma continuó ejerciendo gran autoridad, pero el que estaba en la silla del poder era el papa. La Biblia dice que la bestia recibiría el asiento (trono) del dragón, y también eso se cumplió.

La Reacción de la Iglesia

¿Qué hizo el papado en respuesta a las acusaciones de los reformadores protestantes, que lo presentaban como el anticristo? Un ejemplo es

19 Leo, bishop of the city of Rome, letter to Anastasius, bishop of Thessalonica. www.newA.D.vent.org/fathers/3604014.htm.

20 Le Roy E. Froom, The Prophetic Faith of Our Fathers (Washington D.C.: Review and Herald Pub. Assn., 1950), vol. 1, p. 498.

la reacción de Luis De Alcasar, un sacerdote durante la Contrarreforma, quien se apareció con un concepto que ahora se llama preterismo.

Alcasar dijo que los libros de Daniel y Apocalipsis se enfocan en el pasado. Las profecías no son sobre el papado, cuando describen al cuerno pequeño. En vez de eso, Daniel predice la actividad de Antíoco Epífanes IV, un rey seléucida que gobernó antes de la época de Jesús. El libro de Apocalipsis no está hablando del papado cuando retrata a la bestia, sino que apunta al emperador romano Nerón.

Una segunda respuesta vino de Francisco Ribera, un sacerdote jesuita, que creó el concepto llamado futurismo. Él enseñó que Daniel y Apocalipsis no tenían ninguna aplicación actual al papado. Las profecías se cumplirán todas en el futuro, cuando un individuo aparecerá como el anticristo justo antes del segundo advenimiento de Jesús. Por lo tanto, dijo, el papado no es el poder cuerno pequeño/bestia del Hombre de Pecado.

La moneda de 100 liras del Vaticano, representada aquí, fue acuñada a fines de los 1950s y a comienzos de los 1960s. Mírela atentamente. ¿Sabe usted qué significa la palabra “Vaticano”? Viene de una raíz latina que significa “profecía”. Tengo que maravillarme por el departamento de arte que creó esta moneda. Cuando pusieron a la mujer con una copa en una mano y una cruz en la otra, imagino que estaban pensando en Efesios 5:23-27, que habla de la iglesia como la novia de Cristo. O quizás estaban mirando a Apocalipsis 12:1-6 y el versículo 17, que describen a una mujer pura, vestida de blanco, representando al pueblo de Dios. Ésto debe ser lo que tenían en mente.

Desafortunadamente, también aparece otra mujer en el libro de Apocalipsis. Apocalipsis 17:3-6 dice: “Luego el ángel me llevó en el Espíritu a un desierto. Allí vi a una mujer montada en una bestia escarlata. La bestia estaba cubierta de nombres blasfemos contra Dios, y tenía siete cabezas y diez cuernos. La mujer estaba vestida de púrpura y escarlata, y adornada con oro, piedras preciosas y perlas. Tenía en la mano una copa de oro llena de abominaciones y de la inmundicia de sus adulterios. En la frente llevaba escrito un nombre misterioso:

LA GRAN BABILONIA

MADRE DE LAS PROSTITUTAS

Y DE LAS ABOMINABLES IDOLATRÍAS DE LA TIERRA.

Vi que la mujer se había emborrachado con la sangre de los santos y de los mártires de Jesús" (NVI1999).

De gran interés aquí es que la mujer pura de Apocalipsis 12 se escondió en el desierto. La mujer en Apocalipsis 17 es encontrada en el desierto, pero ya no es una mujer pura, vestida de blanco. Viste ahora el escarlata. La mujer es una adúltera.

La novia de Dios (su pueblo) debía haber permanecido leal a Él, pero en vez de ello mezcló el paganismo con el cristianismo. La iglesia emerge de este período de tiempo como una mujer escarlata—una ramera. El pueblo de Dios había caído, alejándose de Él.

La mujer en la moneda tiene una copa en su mano. ¿Cuál de las mujeres en Apocalipsis se asemeja más a la imagen en la moneda del Vaticano? No es la mujer que no lleva nada en sus manos, sino más bien aquella que sostiene una copa llena de abominaciones.

No sólo eso, sino que la mujer con la copa estaba vestida de escarlata. Irónicamente, ¿cuáles son los colores papales? Generalmente escarlata sobre blanco. En la profecía, la mujer comenzó con vestiduras blancas, que se volvieron escarlata.

Rey del Norte

En Daniel 11:23-45 leemos acerca del período de tiempo del reinado de la iglesia católica romana como rey del norte. El versículo 23 dice: "Y después del pacto con él, engañará y subirá, y saldrá vencedor con poca gente".

Como destacábamos antes, el Vaticano tomó control de Europa Occidental sin una legión propia. El emperador romano Constantino sólo cambió de lugar, desde Roma a Constantinopla, y dejó al papado en el vacío de poder que creó por su partida. He aquí el comienzo del Vaticano al control. El final del versículo 24 anuncia "…y esto por un tiempo". También aprendimos antes que, de acuerdo con Daniel y Apocalipsis, el papado tendría un gobierno de unos 1260 días/años—era solamente por un tiempo.

Durante los 1260 años, el papado, como rey del norte, entró en batallas con el rey del sur. "Y despertará sus fuerzas y su ardor contra el rey del sur con gran ejército; y el rey del sur se empeñará en la guerra con grande y muy fuerte ejército; mas no prevalecerá, porque le harán traición. Aun los que coman de sus manjares le quebrantarán; y su ejército será destruido, y caerán muchos muertos. El corazón de estos dos reyes será para hacer mal, y en una misma mesa hablarán mentira; mas no servirá de nada, porque el plazo aún no habrá llegado" (versículos 25-27).

Estos encuentros—varias grandes cruzadas y muchas menores—se sucedieron por varios siglos. Grandes ejércitos tomaron parte, y las bajas eran muchas.

Cuando los ejércitos papales tenían éxito, regresaban con reliquias, y las usaban para engañar a las personas para que las adoraran, en lugar de adorar de acuerdo con la Palabra de Dios.

"Y volverá a su tierra con gran riqueza, y su corazón será contra el pacto santo; hará su voluntad, y volverá a su tierra" (versículo 28). Europa fue enormemente enriquecida por todo el botín que los ejércitos trajeron, y todos los conocimientos e ideas que aprendieron sobre el Oriente de sus incursiones a Tierra Santa.

El versículo 30 sugiere una batalla naval: "Porque vendrán contra él naves de Quitim [Chipre], y él se contristará, y volverá, y se enojará contra el pacto santo, y hará según su voluntad; volverá, pues, y se entenderá con los que abandonen el santo pacto".

El papa Pío V es el que mejor representa las acciones retratadas aquí. Durante su tiempo como papa, los turcos otomanos tenían control del extremo oriental del Mediterráneo. Pío convocó la Santa Liga de 1571. La flota de la Santa Liga zarpó hacia Chipre con el propósito de luchar contra el ejército otomano allí y expulsarlo de la isla. Sin embargo, ¡la flota de la Santa Liga nunca llegó allí!

La flota otomana, que había embarcado desde Estambúl, tomó posiciones fuera de las costas de Chipre, donde desembarcó una fuerza de invasión de al menos 30 000 hombres, y finalmente capturó toda la isla. Mientras tanto, la flota otomana navegó hacia su posición occidental avanzada en Lepanto, y bloqueó a la flota de la Santa Liga. La flota otomana fue destruida, pero los cristianos fueron incapaces de aprovechar esta victoria. El sacrificio de la flota otomana le impidió a la flota de la Santa Liga continuar hacia Chipre, y los turcos otomanos retuvieron su premio.[21]

21 A Military History of the Western World, Major General J.F.C. Fuller Funk and Wagnalls Company, New York, 1954, Vol I pp. 559-579

Debido a sus victorias políticas en aunar a Europa para frenar la extensión del islam, Pío V ganó poder, y usó esas influencias para intensificar la Inquisición e imponer la Misa litúrgica por toda Europa.

Daniel 11:31 describe al papado ganando poder militar, en el período pre-Reforma, en tanto que el versículo 32 y siguientes describen cómo usaron ese poder para atacar a los cristianos durante el período de la Reforma (véase el Apéndice F sobre los "Tiempos de Daniel 11 y 12"): "Y se levantarán de su parte tropas que profanarán el santuario y la fortaleza, y quitarán el continuo sacrificio, y pondrán la abominación desoladora.

"Con lisonjas seducirá a los violadores del pacto; mas el pueblo que conoce a su Dios se esforzará y actuará. Y los sabios del pueblo instruirán a muchos; y por algunos días caerán a espada y a fuego, en cautividad y despojo".

Durante la Reforma vino el despertar del estudio personal de la Biblia. Las personas empezaron a confiar otra vez en las Escrituras, en vez de confiar en las tradiciones religiosas. Muchos en la iglesia católica romana se opusieron a aquellos que deseaban traducir la Biblia a los idiomas comunes.

El versículo 33 dice: "Y los sabios del pueblo instruirán a muchos", pero como resultado, el rey del norte los destruiría por la espada y el fuego. Los poderes papales entraron con la espada y destruyeron ciudades completas que se habían alzado contra el catolicismo romano y sus enseñanzas. Ellos capturaban a los líderes y los quemaban en la hoguera, algo que encontramos descrito claramente en Daniel.

"Y en su caída serán ayudados de pequeño socorro; y muchos se juntarán a ellos con lisonjas. También algunos de los sabios caerán para ser depurados y limpiados y emblanquecidos, hasta el tiempo determinado; porque aun para esto hay plazo" (versículos 34 y 35).

Dios señaló que la Reforma ocurriera en algún momento durante los 1260 años de dominio del poder papal. El Señor también promete en estos versículos que, en el tiempo del fin, Él resucitará a aquellos que le fueron fieles.

Versículo 36: "Y el rey hará su voluntad, y se ensoberbecerá, y se engrandecerá sobre todo dios; y contra el Dios de los dioses hablará maravillas, y prosperará, hasta que sea consumada la ira; porque lo determinado se cumplirá".

El poder que habla blasfemia dominará hasta que "sea consumada la ira". Más adelante, en el capítulo sobre las plagas, veremos que las siete últimas plagas son la ira de Dios. El libro de Apocalipsis retrata cómo el poder de la bestia es destruido al final de las plagas.

Ya usted comprende que todas estas profecías se juntan y señalan a uno, y solamente un poder: el sistema papal. Las profecías no apuntan al pueblo de la fe católica romana, muchos de los cuales son verdaderos cristianos. Debido a esto, compartimos la verdad de Dios con todos, con amabilidad y amor.

Capítulo 3

Actores y Poderes del Tiempo del Fin

"Pero al cabo del tiempo el rey del sur contenderá con él; y el rey del norte se levantará contra él como una tempestad, con carros y gente de a caballo, y muchas naves; y entrará por las tierras, e inundará, y pasará. Entrará a la tierra gloriosa, y muchas provincias caerán; mas éstas escaparán de su mano: Edom y Moab, y la mayoría de los hijos de Amón. Extenderá su mano contra las tierras, y no escapará el país de Egipto. Y se apoderará de los tesoros de oro y plata, y de todas las cosas preciosas de Egipto; y los de Libia y de Etiopía le seguirán" (Daniel 11:40-43).

Los Jugadores

Este libro toma la postura de que, desde la desintegración del Imperio Romano, hasta el tiempo del fin, la mayoría, si no todos, los símbolos/jugadores son poderes tanto geopolíticos como religiosos. Podemos ver el papel dual a través de los aspectos geopolíticos y religiosos de la profecía, a través de otros pasajes de las Escrituras, y en el registro de la historia. Definamos algunos de los elementos de la profecía.

El rey del norte: Geopolíticamente, el rey del norte es el cristianismo papal que apareció en el anterior Imperio Romano, y que ataca a Israel desde el norte durante las Cruzadas. Religiosamente, también se opuso a cualquier grupo que rechazara el concepto de permitir que las tradiciones de la iglesia invalidaran las Escrituras.

El rey del sur: Geopolíticamente, el rey del sur son los poderes islámicos que conquistaron la parte austral del anterior Imperio Romano, e invadieron Israel desde el sur. Religiosamente, también se opusieron al cristianismo y a la divinidad de Jesús.

La Tierra Gloriosa y el Monte Santo Glorioso: Geopolíticamente, éste sería Israel y Jerusalén. Religiosamente, el Nuevo Testamento indica que los verdaderos cristianos son incluidos en Israel, pues son los hijos de Abraham y ciudadanos del verdadero pueblo de Dios.

Muchas naciones: Las naciones islámicas derrotadas por el rey del norte y mayormente no mencionadas por nombre en la profecía, aunque sí nombra específicamente a Egipto, Libia, y Etiopía (muy probablemente la antigua región al sur del Egipto moderno, que incluye a Sudán, Etiopía, y más).

Edom, Moab, y Amón: Geopolíticamente, estas regiones ahora forman parte del Jordan occidental. Históricamente, estaban relacionadas con Abraham, y fueron una vez parte del reino Davídico. Este libro toma la posición de que, religiosamente hablando, representan a las personas, dentro del islam, que son verdaderos creyentes en Dios, confían en Jesús como Salvador, y al final no seguirán al rey del norte.

Egipto: Geopolíticamente, ésta es la nación de Egipto, y será derrocada en el tercero y último conflicto entre el cristianismo y el islam. Religiosamente, Egipto y los muchos países representan a aquellos que forman parte del islam radical y preferirían la muerte antes que seguir alguna forma de cristianismo. Sugiero que esto indica que, durante el tercero y final conflicto, Egipto se va a radicalizar en oposición a las naciones "cristianas".

Libia y Etiopía: Geopolíticamente, representan las naciones de Libia y Etiopía (aunque debe ver la nota bajo el número 4 más arriba). Si consideramos sus antiguos límites en lugar de los modernos, las dos naciones ocuparían la mayor parte del norte de África. Ellas representan a los musulmanes moderados, que no están dispuestos a morir por el islam, sino que preferirían seguir al rey del norte antes ser derrocados o destruidos.

Es importante mantener en mente que durante todo nuestro examen de la profecía de Daniel 11, los jugadores en la profecía, ya fueran países, poderes o individuos, tienen definiciones tanto geopolíticas como religiosas, que entran en juego y afectan el resultado. Ambos roles deben ser reconocidos e interpretados para que podamos comprender lo que Dios ha revelado.

Capítulo 4

Los Estados Unidos en la Profecía Bíblica

Existen un amplio rango de creencias sobre los Estados Unidos y su papel potencial en la profecía bíblica. Algunas personas ven a América en las profecías del fin del tiempo, y otras no. Tome, por ejemplo, al escritor Joel Rosenberg. En su novela *Dead Heat* se libra de los Estados Unidos, de manera que deja de ser un jugador al final del tiempo.

Su método para excluir a los Estados Unidos fue algo así: la Convención Nacional Republicana está en sesión en Los Angeles durante un período difícil y tumultoso en la historia. El presidente ya ha cumplido dos períodos, y quiere que su vicepresidente sea elegido. El presidente entra al escenario en la convención para dar un discurso y pasar su cetro al vicepresidente.

Repentinamente, hay una advertencia. Antes de que alguien pueda llevar al presidente a una habitación segura, un misil nuclear cae en el centro de convenciones y destruye a todo el gobierno elegido. Simultáneamente, misiles lanzados desde buques portamisiles de la Costa Este impactan Washington, D.C., provocando caos en ambas costas de los Estados Unidos, y barriendo al país como jugador político y militar para los momentos finales.[1]

¿Por qué Rosenberg se libró de los Estados Unidos como parte de sus ideas sobre el tiempo del fin? No encontró ningún papel para los Estados

---

1 Joel Rosenberg, Dead Heat (Tyndale, 2008).

Unidos en la profecía bíblica, así que, en su novela, tuvo que librarse de alguna manera de la nación.

Pero como yo veo a los Estados Unidos en la profecía bíblica, esto me lleva a conclusiones muy diferentes sobre los eventos del fin del tiempo. Creo que lo que he encontrado está en armonía con la Biblia y las enseñanzas de los reformadores. Voy a mostrarle a usted cómo uno de ellos, Juan Wesley, estaba apuntando en la misma dirección que yo estoy mirando.

Yo amo a los Estados Unidos. Habiendo viajado fuera del país muchas veces, siempre aprecio el regresar a casa. Cuando el avión aterriza, con seguridad sé un par de cosas: tengo otra vez libertad religiosa, plena y completa, y tengo oficiales de la policía que son normalmente más honestos que corruptos—algo que no siempre es cierto en otras partes del mundo. Y además, también tengo cañerías que funcionan y agua que puedo beber.

Ahora, no puedo darle detalles concretos muy específicos sobre los Estados Unidos en la profecía, porque la Biblia sencillamente no los suministra. Más bien, las Escrituras nos dan una idea general. Mientras más específicos y detallados tratan de ser los estudiantes al explicar la profecía, probablemente más van a equivocarse, porque la Biblia no nos da esos detalles concretos. Voy a ceñirme a lo que la Biblia dice, y tratar de no apartarme mucho más allá de eso.

2 Pedro 1:19 declara: "Tenemos también la palabra profética más segura, a la cual hacéis bien en estar atentos como a una antorcha que alumbra en lugar oscuro, hasta que el día esclarezca y el lucero de la mañana salga en vuestros corazones".

¿Qué podría ser mejor que cuando Jesús traiga el día completamente nuevo a nuestro mundo, en su segunda venida, cuando ponga fin al pecado y al sufrimiento de una vez y por todas? Mientras ese momento llega, la profética Palabra de Dios es una buena luz a la que seguir como guía para la vida.

Hasta ahora, hemos visto que Daniel 11 cubre desde el tiempo del profeta Daniel hasta el fin del pecado y del sufrimiento, y hemos notado que los reyes del norte y del sur atraviesan fases. Las luchas entre el norte y el sur empezaron con Grecia, y luego cambiaron a Roma, para cuando Jesús estuvo en la Tierra como príncipe del pacto.

Vimos que la identidad del rey del norte en Daniel 11:23 y siguientes, es la misma que el cuerno pequeño, el hombre de pecado, y el poder de la bestia del libro de Apocalipsis.

Esos cuatro términos o imágenes son diferentes símbolos que representan el mismo poder: el papado. Todos comparten características comunes, y la descripción de cada uno de los cuatro símbolos añade un poco más de información, no dada en las anteriores.

El poder papal aparece después del Imperio Romano pagano, y perecerá en la venida de Jesucristo. Retiene el poder durante el período de tiempo que está en medio. Además, el Imperio Romano pagano se convierte en esas entidades representadas por las piernas de hierro cambiando al hierro y barro cocido en los pies, poderes que duran hasta la venida de Jesucristo.

Sin embargo, piense en esto. ¿El hecho de que la bestia de Apocalipsis sea el papado significa que los católicos romanos son malos de algún modo? ¡No! Incontables verdaderos cristianos son miembros de la iglesia católica romana. La Biblia tiene un problema con el papado y sus enseñanzas, no con el pueblo católico. Apocalipsis 18:4 dice: "Salid de ella, pueblo mío". Dios ve a los católicos fieles como su pueblo "dentro", hasta justo antes del final mismo, cuando Él los llama a salir de allí.

En Daniel 11:25-31 vimos que el papado es el rey del norte durante las Cruzadas contra el islam, y que el islam, en términos proféticos, se ha vuelto el rey del sur. Los versículos 32-39 trataron con la Reforma. Los reformadores eran fuertes para Dios y se mantuvieron firmes para él. Algunos fueron arrojados a prisiones, asesinados a espada, y quemados en la hoguera.

Daniel 11:40-45, la sección que estamos revisando ahora, describe al papado después de la curación de la herida mortal que recibió en 1798. Ese proceso, como vimos antes, comenzó en 1929 con el tratado Laterano entre el estado de Italia y el Vaticano, firmado por Benito Mussolini.

Por consiguiente, el pasaje da una idea general del momento del resurgimiento del papado al poder, desde la curación de la herida mortal, hasta su destrucción en el regreso de Cristo. Ahora, vamos a aflojar el paso y pasar varios capítulos en sólo estos cinco versículos, 40-45.

Aliados del Papado

Daniel 11:40, 41 dice: "Pero al cabo del tiempo el rey del sur contenderá con él; y el rey del norte se levantará contra él como una tempestad, con carros y gente de a caballo, y muchas naves; y entrará por las tierras, e inundará, y pasará. Entrará a la tierra gloriosa, y muchas provincias caerán...".

Si el rey del norte es el papado en el tiempo del fin, ¿quién dice la Biblia que serán sus aliados? Ésa es una pregunta importante. En el conflicto final, ¿quién está del lado del papado, y quién no lo está? ¿De dónde obtiene el papado su poder militar, ya que él mismo no posee ninguno? El Vaticano incluso debe "tomar prestada" la Guardia Suiza. La fuerza policial de la circundante ciudad de Roma patrulla la plaza de San Pedro.

El versículo 41 continúa diciendo que algunos "escaparían de su mano", aparentemente haciendo referencia a áreas del reino del sur que el rey del sur controla. Estas partes escapan: "Edom y Moab, y la mayoría de los hijos de Amón". Exploraremos, en el capítulo 7, qué puede significar esto.

Continuando en Daniel 11: "Extenderá [el rey del norte] su mano contra las tierras, y no escapará el país de Egipto. Y se apoderará de los tesoros de oro y plata, y de todas las cosas preciosas de Egipto; y los de Libia y de Etiopía le seguirán. Pero noticias del oriente y del norte lo atemorizarán, y saldrá con gran ira para destruir y matar a muchos" (versículos 42-44).

¿De dónde obtiene sus ejércitos el papado? Aquí es donde encontramos el papel de los Estados Unidos. Apocalipsis 13:1-10 describe el auge del papado a través del simbolismo de la bestia/poder. En los versículos 11-17, la profecía retrata al ayudante de la bestia, uno que es el brazo fuerte (o fuerza policial) del mundo, si usted quiere.

Veamos qué dice Apocalipsis 13:11-17 sobre el ayudante del poder bestia: "Después vi otra bestia que subía de la tierra; y tenía dos cuernos semejantes a los de un cordero, pero hablaba como dragón. Y ejerce toda la autoridad de la primera bestia [el papado] en presencia de ella, y hace que la tierra y los moradores de ella adoren a la primera bestia [el papado], cuya herida mortal fue sanada" (versículos 11-13).

Daniel 11:40 y siguientes describen el período de tiempo después de la herida a la primera bestia. El papado parece disminuir en Daniel 11, y desaparece de la vista.

Entonces reaparece en el tiempo del fin. De manera semejante, el libro de Apocalipsis revela que la bestia recibe una herida mortal y luego vuelve cuando la herida es sanada. Así que Apocalipsis 13, hablando de la segunda bestia, está hablando del tiempo del fin:

"También hace [la segunda bestia] grandes señales, de tal manera que aun hace descender fuego del cielo a la tierra delante de los hombres. Y engaña a los moradores de la tierra con las señales que se le ha permitido hacer en presencia de la bestia, mandando a los moradores de la tierra que le hagan imagen a la bestia que tiene la herida de espada, y vivió.

"Y se le permitió infundir aliento a la imagen de la bestia, para que la imagen hablase e hiciese matar a todo el que no la adorase. Y hacía que a todos, pequeños y grandes, ricos y pobres, libres y esclavos, se les pusiese una marca en la mano derecha, o en la frente; y que ninguno pudiese comprar ni vender, sino el que tuviese la marca o el nombre de la bestia, o el número de su nombre" (versículos 13-17).

¿Quién o qué es la segunda bestia/poder? Fíjese que busca imponer la ley en el mundo. Fuerza a la humanidad a que siga la conducción de la primera bestia.

Auge de la Segunda Bestia/Poder

Mantenga un par de características en mente. La segunda bestia sale de la tierra, mientras que la primera salió del mar. La primera y segunda bestias tienen orígenes diferentes. Apocalipsis 17:15 dice: "Me dijo también: Las aguas que has visto donde la ramera se sienta, son pueblos, muchedumbres, naciones y lenguas".

La ramera está sentada sobre la primera bestia, que salió del agua. El agua representa muchos pueblos y nacionalidades diferentes. La bestia que la ramera está montando—la primera bestia/poder—tiene rasgos de un león, un leopardo, y un oso, y tiene los cuernos de una bestia indescriptible. Ésas son las criaturas de Daniel 7 y 8 que aparecieron saliendo del mar. Eso le está diciendo que la bestia/poder tuvo su origen en la cuenca del Mediterráneo, la cuna de la civilización—el mar de humanidad.

La segunda bestia/poder no surge de esa fuente. Sale de "la tierra", que aparentemente simboliza un lugar con relativamente pocas personas. No es el Viejo Mundo, poblado en exceso.

Una segunda característica es que la bestia con cuernos como de cordero en Apocalipsis 13, no tiene coronas sobre sus cuernos. Eso sugiere que no tiene reyes, como sí los tenían los reinos del Viejo Mundo.

También, es "semejante a un cordero", posiblemente amante de la paz, semejante a Cristo. Pero termina hablando como un dragón. Tiene la actitud de que "el poder hace al derecho" que la Roma pagana, la Roma papal, y Satanás tenían: ellos tienen el poder, así que tienen la razón. En otras palabras: "¡Mejor lo haces a nuestra manera, o si no…!"

La segunda bestia sale a la superficie después de la curación de la herida fatal de la primera bestia. El período de supremacía papal se extendió desde 538 d.C. hasta 1798. Mantenga esas fechas en mente, porque la segunda bestia va a ser un jugador después de esa segunda fecha.

En 1754, John Wesley no tenía dudas en su mente de que el papado era la primera bestia de Apocalipsis 13, y cuándo pensó en la segunda bestia de Apocalipsis 13, él dijo esto: que "Él [la segunda bestia] todavía no ha llegado, aunque no puede estar lejos; porque debe comparecer al final de los cuarenta y dos meses de la primera bestia".[2]

Así que, en 1754, Wesley creía que la segunda bestia estaba a punto de salir a la superficie, entrando en escena. ¡Siento mucho respeto por su confianza al mirar al futuro solamente a través de la profecía bíblica, sin el apoyo de la historia, y con todo, poder concluir lo que se aproximaba!

¿Son los Estados Unidos esta segunda bestia? Creo que sí lo son. Los Estados Unidos hacen su aparición después de que la primera bestia recibe la herida "mortal". Esa fue en 1798. Los Estados Unidos empezaron a ganar poder aproximadamente al mismo tiempo.

Usted podría protestar, "¡La Declaración de Independencia de los Estados Unidos fue en 1776!". La profecía no dice en qué fecha exacta nació la segunda bestia—sólo que entró en existencia aproximadamente al mismo tiempo. Al principio, los Estados Unidos no eran ninguna potencia mundial.

Para un paralelo, mire el papado. Existía antes de 538, pero no alcanzó su pleno poder hasta entonces. La Biblia no necesariamente va por la fecha de inicio de la existencia de una entidad. Se enfoca en cuándo la bestia adquiere su poder. Cerca de 1798 los Estados Unidos llegan al escenario y crecen en poder después de ese entonces. Y emerge de la "tierra", en un área con relativamente pocas personas.

Los Estados Unidos tomaron su lugar como un jugador mundial en los tiempos de la Segunda Guerra Mundial, poco después de 1929, cuando el papado recuperó la soberanía sobre Ciudad del Vaticano. Por lo tanto, América había comenzado como nación alrededor de la época en que el poder papal recibió su herida, y ganó influencia mundial justo alrededor de la época en que la herida fue sanada. Así que tenemos algunas buenas correspondencias en esta profecía.

Apocalipsis 13:11 dice que la segunda bestia/poder tiene su origen en la "tierra". Finalmente, los Estados Unidos no salieron del Viejo Mundo. Si miramos a otras opciones, además de los Estados Unidos, en el Nuevo Mundo, tenemos Canadá, América del Sur, y Australia. ¿Cuál de ellos está haciendo de policía mundial hoy—el papel aparente de la segunda bestia de Apocalipsis 13?

Hoy, los Estados Unidos son el principal poder que trata de mantener la paz y el orden en los asuntos internacionales. No tiene corona y no

---

2 John Wesley, Explanatory Notes upon the New Testament (London: Epworth Press, 1929), p. 1010.

tiene rey. Los estadounidenses han sido muy claros sobre no querer un monarca.

¿Han sido los Estados Unidos semejantes a un cordero, o amantes de la paz? Depende de cómo usted lo mire. La nación ha sido muy dura con otros países en algunas de las guerras en los últimos 100 años.

Pero hay algo único sobre los Estados Unidos, algo diferente de los otros poderes antes que ellos. Cuando los Estados Unidos ganan una guerra, ¡reconstruyen la infraestructura perdida del enemigo y se la devuelve al país! Japón y Alemania ofrecen ejemplos perfectos. Estos países son ahora algunos de los competidores económicos más grandes de los Estados Unidos. Los Estados Unidos son un tipo de nación muy diferente. Son amantes de la paz de una manera especial. Si usted deja solos a los Estados Unidos, por lo general no le van a molestar a usted. Pero, de acuerdo con la profecía, se convierten en la policía mundial y terminan hablando "como dragón".

Semejante a un cordero también puede significar semejante a Cristo. Posiblemente pudiéramos decir que los Estados Unidos son una nación cristiana o conectada con Cristo. Para gran parte del mundo no cristiano, los Estados Unidos representan al cristianismo. Eso también es una correspondencia con la segunda bestia.

Sin embargo, la trampa está aquí—cuando el mundo islámico mira a los Estados Unidos, se enfoca en Hollywood y el resto de la cultura estadounidense y concluye: "Éso es el cristianismo". No es una maravilla que el islam tenga una opinión retorcida del cristianismo.

La Caída de la Libertad Religiosa

Apocalipsis 13 dice que la segunda bestia "hablaba como dragón". En legislación, "hablar" sencillamente significa "expresar en la legislación", lo que eventualmente involucrará la imposición. Ahora mismo, los EE. UU. todavía tienen buenas leyes que proveen libertad religiosa, pero estas leyes se han estado erosionando. Usted sabe cómo han ido las cosas: experimentamos algunos actos de terrorismo, y entonces, apresuradamente, renunciamos a algunos derechos. Llámelo Ley Patriótica o como usted quiera—la sociedad puede volverse peligrosa cuando perdemos nuestros derechos. Los derechos religiosos y la seguridad nacional se encuentran en tensión constante.

¿Podría aparecer la represión religiosa en los Estados Unidos? Escucho a muchas personas diciendo que ellos quieren hacer o rehacer a América como una nación cristiana. Para algunos, puede sonar como una buena idea, pero espero que no ocurra. Robert Grant, director de *Christian Voice*, dijo: "Si los cristianos nos unimos, podemos hacer cualquier cosa. Podríamos aprobar cualquier ley o cualquier reforma. Y eso es exactamente lo que pretendemos hacer".[3]

He aquí la cuestión: ¿Qué versión del cristianismo se impondría por ley, si los Estados Unidos se volvieran oficialmente una nación cristiana?

Antes, en épocas medievales, el papado decidió qué forma de cristianismo era aceptable, y luego persiguió a todos los que sostenían opiniones discrepantes. Prefiero mantener a los EE. UU. como una nación de libertad religiosa completa, en la que cada uno de nosotros puede compartir lo que creemos, y no ser restringidos por ninguna definición de iglesia o de político acerca de qué significa ser cristiano. No confío en que los políticos o los líderes de iglesia determinen quién o qué es un verdadero cristiano. ¡Estaríamos en serios problemas!

W. A. Criswell, un pastor bautista, dijo en *CBS Evening News*: "Creo que esta noción de la separación de la iglesia y el estado fue el invento de la imaginación de algún infiel".

Los bautistas solían estar a favor de la separación de la iglesia y el estado. Cuando la fundación de los Estados Unidos, esa denominación estaba entre los principales jugadores que provocaron la separación de la iglesia y el estado. Pero Criswell ha dicho que fue un invento de la imaginación de algún infiel. Parece estar insinuando que los antiguos fundadores bautistas eran infieles, pero yo estoy de acuerdo con los antiguos bautistas. La separación iglesia-estado es una buena idea.

Desafortunadamente, la mayoría de las personas que se sientan en la Corte Suprema de los Estados Unidos, en el siglo veintiuno, estarían de acuerdo con Justice William Rehnquist en que "el 'muro de separación entre la iglesia y el estado' es una metáfora basada en mala historia, una metáfora que ha demostrado ser inútil como guía para juzgar. Debería ser franca y explícitamente abandonada".[4]

Ésa sería una idea peligrosa en manos de la Corte Suprema de los Estados Unidos. Pero la profecía dijo que vendrá el tiempo cuando los Estados Unidos hablarían "como dragón" y obligarían a las personas a adorar de una manera específica, algo que la nación todavía no ha hecho. Le animo a resistirse a esa tendencia. Estamos ahora en un período volátil de la libertad religiosa en los E.U.A.

---

3 En Roland R. Hegstad, "Down the Road to a Christian Republic," Liberty, Mayo/ Junio 1980, p. 4.

4 Wallace v. Jaffree, 472 U.S. 38 (1985), at 107 (Rehnquist, J., opinión disconforme).

Wesley insinuó la llegada de la segunda bestia en los 1750s, pero la primera vez de la que tengo conciencia que alguien nombró a los Estados Unidos como la segunda bestia, fue a comienzos de los 1850s. J. N. Andrews, un erudito bíblico, escribió que los Estados Unidos eran la segunda bestia, semejante a un cordero, en Apocalipsis 13.[5]

Piense en el valor que requirió hacer esa afirmación en sus días. Antes de la Guerra Civil, cuando los Estados Unidos estaban en peligro de venirse abajo y partirse en dos, él dijo (y lo parafraseo): "Los Estados Unidos van a ser el jugador mundial que hará cumplir los deseos del papado". Como muchos hoy, algunos pensaban que América no iba a sobrevivir a ese momento. Pero Andrews declaró, sobre la base de la profecía bíblica, que los Estados Unidos eran la segunda bestia/poder de Apocalipsis 13:11-17.

Señales y Maravillas

La mayor parte del mundo ve a los Estados Unidos como una nación cristiana, y como el puntal no tanto del catolicismo, como del protestantismo. Usted podría preguntarse si los Estados Unidos y el papado trabajarán en conjunto alguna vez. Pero ya lo han hecho. Los dos poderes podrían haber contribuído a un gran cambio en la la historia, trabajando en conjunto en Europa.

He aquí una cita de la revista *Time*: "'Esta fue una de las más grandes alianzas secretas de todos los tiempos'. Reagan y el papa aceptaron emprender una campaña clandestina para acelerar la disolución del imperio comunista ... A renuente paso por paso, los soviéticos, y el gobierno comunista de Polonia, se sometieron a la presión moral, económica, y política impuesta por el papa y el presidente" (24 de febrero de 1992).

El papa Juan Pablo II y el presidente Ronald Reagan se reunieron e hicieron sus planes. Ambos apoyaron a los sindicatos obreros en Polonia contra el gobierno comunista. Reagan instigó una carrera armamentista que aceleró la caída de la Unión Soviética. Él también armó y financió a los mujaidines en Afganistán para convertir al país en un Vietnam "soviético". Desafortunadamente para los EE. UU., una de las personas entrenadas en ese momento fue un hombre llamado Osama bin Laden.

A través de estos esfuerzos combinados, Reagan y el papa pudieron hacer caer el comunismo. Nadie estaba al tanto de su acuerdo mientras ocurría. No fue sino hasta después de la caída del comunismo que la

---

5 J. N. Andrews, "Thoughts on Apocalypses XIII and XIV, " Second Advent Review and Sabbath Herald, 10 de mayo de 1851, pp. 81 -86.

revista *Time* divulgó la historia. ¿Pueden los Estados Unidos y el papado trabajar en conjunto para cambiar el mundo? Ya lo han hecho. Y creo que lo están haciendo otra vez.

Algunas personas dicen: "¿Y que hay con Apocalipsis 13, donde dice que la segunda bestia haría descender fuego del cielo? ¿Hace eso referencia al uso de armas nucleares por parte de los Estados Unidos?" He escuchado varias personas sugiriéndolo, pero no estoy de acuerdo.

Apocalipsis 13:13, 14 dice: "[Estados Unidos] También hace grandes señales, de tal manera que aun hace descender fuego del cielo a la tierra delante de los hombres. Y engaña a los moradores de la tierra con las señales que se le ha permitido hacer en presencia de la bestia".

¿Las armas nucleares engañan a la gente, o las mata? Las mata. Así que no creo que en ese contexto fuego haga referencia al armamento nuclear. Pienso que hay una mejor respuesta.

Cae Fuego

¿Es posible que el fuego pueda caer del cielo? Piense en otras ocasiones en las Escrituras en las que alguien invocó fuego del cielo. En todos esos ejemplos, esto se hizo para demostrar quién era el verdadero Dios, el que debía ser adorado.

1 Reyes 18 informa sobre un encuentro en el Monte Carmelo entre el Dios del cielo y el dios pagano Baal. Elías estaba del lado de Dios. Del lado de Baal estaba el rey de Israel, gran parte de la nación israelita, y 450 profetas de Baal.

Tres años de hambruna habían desolado la región, porque Elías había dicho: "No va a llover hasta que yo diga lo contrario". La nación estaba en serios problemas por la falta de rocío o lluvia. Piense en cómo se vería su pueblo después de tres años sin lluvia. Sería devastador.

Después de tres años, Elías apareció y dijo: "Está bien, encontrémonos sobre el Monte Carmelo para un enfrentamiento". En cuanto la nación se hubo reunido allí, les dijo a los profetas de Baal: "He aquí el trato. Ustedes erigen un altar y ponen un sacrificio sobre él. Yo erigiré un altar y pondré un sacrificio sobre el mío. Entonces veremos qué deidad puede hacer caer fuego del cielo y quemar el sacrificio. El verdadero Dios puede enviar fuego desde el cielo. Ésa es la prueba".

Los sacerdotes de Baal no tuvieron elección. Todo el mundo estaba ahí, y no querían quedar mal, así que estuvieron de acuerdo. Levantaron un altar y pusieron un sacrificio sobre él, y los 450 profetas empezaron a gritar y a sajarse para atraer la atención de Baal.

Elías tenía cierto sentido del humor. Parado cerca de ellos, les decía: "¡Ea! griten un poco más alto. Su dios debe estar dormido". Ellos lo hicieron, pero en vano. Después sugirió: "¡Baal debe estar de vacaciones! ¡Griten más alto!" Después de un rato, anunció: "Ahora es mi turno. Cállense". Erigiendo su altar, puso su sacrificio sobre él. Además, hizo cavar una zanja alrededor del altar y que vertieran agua hasta desbordarla, llenando la zanja.

Finalmente, dijo: "Está bien, Señor. Muéstrales quién es Dios". ¡Un destello! ¡Fuego bajando desde el cielo! Este fuego quemó el sacrificio, consumió las rocas, y evaporó el agua.

Y la nación de Israel respondió: "El Dios de Elías es el verdadero Dios". Hubo un enfrentamiento, y el Dios del cielo ganó.

De acuerdo con Apocalipsis 13, al final tendrá lugar otra confrontación. Pero Dios ya advirtió que esta vez Él no va a responder con fuego—al menos no hasta después. El poder falsificador sí lo hará. ¡No se deje engañar por la falsificación!

En Hechos 2 también encontramos una historia sobre fuego descendiendo del cielo, y es incluso más apropiada para Apocalipsis 13. En el día de Pentecostés, lenguas de fuego se asentaron sobre las cabezas de los discípulos. Como resultado de quedar llenos del Espíritu Santo, salieron y obraron "señales y maravillas" para llevar el evangelio al mundo.

Compare esto con la bestia semejante a un cordero, o la segunda bestia de Apocalipsis 13. Realiza señales y maravillas para engañar a las personas y arrastrarlas a la falsa adoración en lugar de la adoración verdadera de Jesucristo. Las personas seguirán al que afirma estar en lugar de Jesucristo.

¿Qué hemos visto que ha afirmado el papado? Ha afirmado ocupar el lugar de Jesús en la Tierra. Así que tenga cuidado. Al final, aquellos que profesan obrar a través del Espíritu Santo realizarán "señales y maravillas", milagros falsificados, posiblemente incluso haciendo descender fuego del cielo, lo que llevará a las personas a seguir a la bestia.

2 Tesalonicenses 2:9-12 da esta advertencia, usando la palabra "inicuo" para el poder papal/rey del norte: "inicuo cuyo advenimiento es por obra de Satanás, con gran poder y señales y prodigios mentirosos, y con todo engaño de iniquidad para los que se pierden" (versículos 9 y 10).

Aquellos que escuchen al inicuo van a morir "por cuanto no recibieron el amor de la verdad". Jesús dijo que Su Palabra es Verdad. O bien usted cree en la Palabra de Dios, la Biblia, y basa todo en ella, y no sobre la tradición, o usted será engañado y morirá.

El pasaje en 2 Tesalonicenses concluye: "Por esto Dios les envía un poder engañoso, para que crean la mentira, a fin de que sean condenados todos los que no creyeron a la verdad, sino que se complacieron en la injusticia" (versículos 11, 12).

Dios dice en su Palabra que va a dejar que Satanás se vea como si estuviera realizando milagros verdaderos. Pero si usted está leyendo la Palabra, usted también conoce la verdad. Cuando los falsos poderes lancen una curva y traten de apartarlo de lo que Dios declara, usted puede decir: "¡No, yo sé lo que enseña la Palabra de Dios, y voy a aferrarme a la verdad de Dios!"

¿Por qué permite Dios tal engaño? Esta falsificación va a separar a aquellos que son fieles creyentes de aquellos que no lo son. Justo antes de que Jesús regrese, aparecerá una clara línea divisoria entre aquellos que realmente están siguiendo la Palabra de Dios, y aquellos que aceptan la tradición—sea esta islámica, cristiana, budista, o de otra naturaleza. Si usted no permite que Dios y su Palabra le guíen, usted se estará alineando con un grupo que, en vez de a Él, sigue la tradición. Ésa es la razón por la que Dios dijo que permitiría "prodigios mentirosos"—falsas maravillas, y señales, y milagros.

El Falso Profeta

Usted no encuentra mencionada a la bestia semejante a un cordero después de Apocalipsis 13, porque el nombre del poder cambia. La bestia/poder semejante a un cordero todavía está ahí, pero ahora bajo un nombre diferente. El nuevo nombre es: el falso profeta, y es también los Estados Unidos.

Si Apocalipsis 13 describe a los Estados Unidos, entonces el "falso profeta" es el mismo poder. He aquí por qué lo sabemos. Apocalipsis 19:20 es una cita tomada directamente de Apocalipsis 13: "Y la bestia fue apresada, y con ella el falso profeta que había hecho delante de ella las señales con las cuales había engañado a los que recibieron la marca de la bestia, y habían adorado su imagen".

En Apocalipsis 19, la segunda bestia obra señales y maravillas, engaña a las personas, y las obliga a adorar a la bestia. Las mismas acciones, la misma bestia.

Apocalipsis 19:20 continúa: "Estos dos fueron lanzados vivos dentro de un lago de fuego que arde con azufre". El papado es destruido en el regreso de Jesucristo, y la segunda bestia, su ayudante o mano derecha, muere al mismo tiempo.

El cambio de nombre tiene una razón detrás. Los Estados Unidos están presionando un falso mensaje profético—uno que ya está siendo presentado por muchos cristianos en los Estados Unidos. Si usted está hablando igual que, o por Satanás el Dragón, usted es un falso profeta.

Hace muy poco tiempo vi un titular: "El Fin de los Estados Unidos como Potencia Mundial". De acuerdo con la idea general amplia de la profecía, los Estados Unidos permanecerán en el poder hasta que Jesucristo venga y lo destruya con fuego en el mismo final.

Hasta entonces, los EE. UU. no desaparecerán. Eso no quiere decir que no pasarán por algunos tiempos escabrosos. Probablemente lo harán. Pero los EE. UU. sobrevivirán como la mayor potencia mundial hasta el mismo final.

Si los EE. UU. están en decadencia, entonces probablemente estemos muy cerca del fin, cuando Jesús rescatará a su pueblo. Podría añadir que una superpotencia en decadencia puede ser más peligrosa que una en su cenit. La primera tiende a ser más volátil.

Una Falsa Trinidad

Estamos mirando tres poderes—el dragón, la bestia, y el falso profeta. Una falsa trinidad. Llamamos a Dios el Padre, Dios el Hijo, y Dios el Espíritu Santo, la Trinidad. Usted podría ser conciente que algunas personas se preguntan si realmente hay una Trinidad del Padre, el Hijo, y el Espíritu Santo. Pero creo que la Biblia enseña exactamente eso.

Cuando Él estuvo en la Tierra, Jesús fue bautizado, y al mismo tiempo el Espíritu Santo bajó con forma como de paloma. Cuando Jesús salió del agua, el Padre dijo, "Éste es mi hijo amado" (Mateo 3:17). Aquí los tres miembros de la Trinidad están activos en el mismo versículo.

He aquí otra razón por la que creo en la verdadera Trinidad: Satanás tiene una falsificación de la misma. Si usted nunca lo ha notado antes, mire qué interesante es esta falsa Trinidad.

<table>
<tr><th>VERDADERA TRINIDAD</th><th>FALSA TRINIDAD</th></tr>
<tr><td>Padre</td><td>Dragón</td></tr>
<tr><td colspan="2">Da poder y autoridad</td></tr>
<tr><td>Hijo</td><td>Bestia</td></tr>
<tr><td colspan="2">3 ½ años—1260 días/años—herida fatal—revive con poder</td></tr>
<tr><td>Espíritu Santo</td><td>Falso profeta</td></tr>
<tr><td colspan="2">Fuego desde el cielo—señales, maravillas, y milagros – permiten la obra del "Hijo"</td></tr>
</table>

En la columna a la izquierda de la tabla, usted ve la verdadera Trinidad, mientras que en la columna a la derecha usted ve a la falsa trinidad. De acuerdo con las Escrituras, en la verdadera Trinidad, Dios el Padre da poder y autoridad al Hijo (Juan 5:19-30; Mateo 28:18). En la trinidad falsa, el dragón extiende su poder y autoridad a la bestia (Apocalipsis 13:4).

Recuerde, el poder/bestia—el papado—afirma ser Jesucristo en la Tierra.

El papado obtiene su poder directamente del dragón, Satanás. Así que, si usted sigue a la bestia, usted se pondrá a sí mismo bajo el control del dragón. Y si usted adora a la bestia, usted realmente está adorando al dragón.

El dragón era, en una forma simbólica, Roma, pero de acuerdo con Apocalipsis, es, en última instancia, Satanás. Así que Satanás es la fuente de poder—él les da autoridad a los otros miembros en la trinidad falsa. Pero Dios el Padre, la verdadera fuente de poder, deposita Su autoridad en la verdadera Trinidad.

Profecías Paralelas

Jesucristo el Hijo tuvo un ministerio de tres años y medio, como describen Daniel 9 y los Evangelios. Los tres años y medio igualan 1260 días, o 42 meses. De acuerdo con la profecía bíblica y la historia, la bestia/poder tuvo un reinado de 1260 días/años, y luego recibió una herida fatal. Jesús tuvo un ministerio de tres años y medio, y murió en la cruz. Él también recibió una herida fatal.

¿Qué le pasa a Jesús justo después de Su crucifixión? En poco tiempo, Él es resucitado. Todo el mundo debería estar adorándolo, pero no lo hace. La bestia, por otro lado, al final de los 1260 días/años, recibió una herida fatal, cuando los franceses depusieron al papa en 1798. Los franceses lo llevaron a Francia, donde murió en cautividad. Pero, con el tratado Laterano en 1929, el poder papal recibió la resurrección y una nueva vida.

Esta clase de imagen metafórica paralela no es coincidencia, pero la mayoría de los eruditos bíblicos y estudiantes de profecía no la han percibido. ¿Por qué? Porque la mayoría de ellos siguen uno de los dos métodos proféticos que aparecieron durante la Contrarreforma (el preterismo y el futurismo). Abandonaron el método de interpretación historicista, que fue empleado por los reformadores. Sin embargo, si usted se adhiere al método de los reformadores, ¡usted será como Juan Wesley y verá venir las cosas antes de que ocurran!

Hemos visto el paralelo entre el Padre y el Hijo, y el dragón y la bestia.

El paralelo final de la Trinidad es el Espíritu Santo. En Hechos 2, el Espíritu Santo llega con fuego desde el cielo, obrando señales y milagros, permitiendo la obra del Hijo, Jesucristo. El Espíritu Santo exalta a Jesucristo y difunde el evangelio al mundo.

En la falsa trinidad, el falso profeta aparece en escena y obra falsas señales, maravillas, y milagros, para hacer que las personas adoren a la bestia. Cuando adoran a la bestia, realmente están adorando a Satanás. ¡Ésa es una falsificación!

La Falsificación Cristiana

Le desafío a que usted escudriñe la Palabra de Dios. Asegúrese de que lo que usted esté haciendo, y lo que usted crea, estén basados en la Biblia y no sobre alguna clase de falsificación. La falsificación es fuerte, y pretende, en general, engañar a los cristianos.

Algunas personas dicen: "¡Usted debe estar tomándome el pelo! ¿Cómo puede la bestia/poder, el poder anticristiano, aparecer desde adentro de la iglesia cristiana?" Allí es exactamente donde 2 Tesalonicenses dice que emergería—en el templo de Dios (2 Tesalonicenses 2:4).

El templo en el Nuevo Testamento es la iglesia (Efesios 2:20-22). En Apocalipsis, la bestia/poder asume el papel de la mujer pura, la iglesia pura. Apocalipsis 12 declara que la mujer pura se esconde en el desierto. En Apocalipsis 17, Juan mira y ve la iglesia saliendo del desierto, ahora como una ramera. El cristianismo cambia.

Recuerde que, de acuerdo con George Barna, hoy la mayoría de los cristianos aparentemente no tienen una cosmovisión bíblica. Eso le dice que la mayoría es vulnerable a seguir al falso profeta. Unas pocas señales y maravillas, ¡y serán engañados! Muchos de ellos ya están siguiendo a la bestia, y el engaño sólo los rematará. Continuará hasta el mismo fin del tiempo de las plagas.

Las personas a menudo me preguntan: "¿Cómo los Estados Unidos pueden volverse como un dragón?" El hablar y actuar semejante al dragón pueden venir lo mismo de la izquierda que de la derecha política. Dondequiera voy en los EE. UU., las audiencias me están diciendo que se han estado perdiendo las libertades durante los pasados 15 años. Ya sabemos intuitivamente que los EE. UU. están cambiando, y no para mejor.

Ambos lados han estado quitando libertades, y ningún lado las ha estado devolviendo.

Concluyo que el cambio de los Estados Unidos en un poder perseguidor podría venir de la derecha religiosa, la derecha política, o de la izquierda política. Pero no estoy tan preocupado por saber quién estará en la Oficina Oval en ese momento, o qué grupo podría provocar el cambio. En vez de eso, estoy atendiendo a la intensificación en curso del conflicto entre el cristianismo papal y el islam.

El estado islámico ya ve a los EE. UU. como el ejecutor de Roma. "Jihadi John dijo: 'A Obama, el perro de Roma. Hoy estamos masacrando a los soldados de Bashar, y mañana estaremos masacrando a sus soldados, y con el permiso de Alá, romperemos esta cruzada final y última, y pronto el Estado Islámico, como dijo su marioneta David Cameron, empezará a masacrar a su pueblo en sus calles'".[6]

El papel de los Estados Unidos como la segunda bestia tiene más sentido para mí que cualquier otra cosa que yo pueda encontrar—mucho más que la nación siendo arrasada por armas nucleares y no siendo un poder al final del tiempo. El papado debe tener un brazo militar, y la profecía nos dice que los EE. UU. serán el principal brazo militar.

6 London Telegraph, 17 de noviembre de 2014.

Capítulo 5

El Papel de Europa y China

Además de los Estados Unidos, el papado tiene otros aliados. En Daniel 11:40 el rey del sur ataca, y el rey del norte responde con una inmensa operación militar que diezma al sur. ¿Quiénes son el resto de los aliados del papado? Apocalipsis 17:7-14 nos dice:

"Y el ángel me dijo: ¿Por qué te asombras? Yo te diré el misterio de la mujer, y de la bestia que la trae, la cual tiene las siete cabezas y los diez cuernos. La bestia que has visto, era, y no es; y está para subir del abismo e ir a perdición; y los moradores de la tierra, aquellos cuyos nombres no están escritos desde la fundación del mundo en el libro de la vida, se asombrarán viendo la bestia que era y no es, y será.

"Esto, para la mente que tenga sabiduría: Las siete cabezas son siete montes, sobre los cuales se sienta la mujer, y son siete reyes. Cinco de ellos han caído; uno es, y el otro aún no ha venido; y cuando venga, es necesario que dure breve tiempo. La bestia que era, y no es, es también el octavo; y es de entre los siete, y va a la perdición.[1]

"Y los diez cuernos que has visto, son diez reyes, que aún no han recibido reino; pero por una hora recibirán autoridad como reyes juntamente con la bestia. Estos tienen un mismo propósito, y entregarán su poder

---

1 Los siete reyes son Babilonia, Persia, Grecia, Roma, el papado, Francia (termina el reinado papal en 1798 y es descrito en Apocalipsis 11), los EE.UU. (Apocalipsis 13), y finalmente el papado otra vez, que al final regresará con los EE.UU.

y su autoridad a la bestia. Pelearán contra el Cordero, y el Cordero los vencerá, porque él es Señor de señores y Rey de reyes; y los que están con él son llamados y elegidos y fieles".

Tanto Jesús el Hijo de Dios, como el papado, la bestia/poder, afirman ser Rey de Reyes y Señor de Señores. Pero solamente uno puede serlo. Por lo tanto, uno es verdadero, y el otro es falso.

Apocalipsis 17 menciona que esas "siete cabezas son siete montes" sobre los que la mujer se sienta en su trono. La ciudad ampliamente conocida como la "ciudad de siete colinas" es Roma.

El pasaje también dijo que, al final, 10 reyes le darían su poder y autoridad a la bestia por un poco de tiempo. En Daniel 7, los 10 cuernos representaban el área europea sobre la que el papado gobernaba después de la desintegración del imperio romano. Al final del tiempo, aunque Europa realmente nunca se ha unido bajo un gobierno, vendrá un período cuando los 10 poderes estarán trabajando en conjunto, de tal manera, que ellos pueden darle su poder y autoridad a la bestia. Creo que estoy viendo eso desarrollarse a medida que la Unión Europea continúa evolucionando, y ellos tienen una preocupación común con respecto a la expansión de la fracción violenta del islam.

¿Qué obtendríamos si pusiéramos los reyes de la Europa cristiana (los 10 cuernos de Apocalipsis 17) en alianza con los Estados Unidos (la bestia con cuernos como de cordero de Apocalipsis 13)? Es claro y simple. Obtenemos una descripción profética de la OTAN—los EE. UU. y la Europa cristiana occidental—que traspasará su poder y fuerza militar al papado, y será dirigida por el papado en el tercero y final conflicto entre el islam y el cristianismo papal.

En caso que usted esté pensando que, intencionalmente, estábamos buscando una posible descripción de la OTAN, recuerde que esa profecía bíblica muestra que, al fin del tiempo, habrá un papado fuerte, un Estados Unidos fuerte, y poderes europeos dispuestos a pasarle el poder al papado. Creo que este tercer y final conflicto ya ha comenzado. Explicaré esto con más detalle en el capítulo 8.

Si mantenemos abiertos nuestros ojos, podremos ver este conflicto desarrollándose, y podremos saber mejor cómo manejar nuestra vida en lo que podría ser el período más difícil en la historia humana. Europa está preocupada por el terrorismo islámico radical y la inmigración musulmana masiva. La extrema derecha, anti-islámica y anti-inmigración, está ganando rápidamente poder en toda Europa. La mayoría de estas naciones europeas ya se han unido a la coalición contra el Estado Islámico (el islam radical).

El cuerno pequeño, o bestia, tuvo 1260 años de poder, perdió su poder, y luego lo recuperó. Evidentemente, estamos en las "uñas de los dedos de los pies del tiempo" justo antes del regreso de Jesús. No podemos saber cuánto tiempo durará este conflicto final. Pero llamándolo una tempestad, Daniel nos adelanta que será relativamente breve. Sí sé esto: estamos encabezados en la dirección que predice la profecía. Todo lo que fue predicho y que ahora es historia, se cumplió exactamente como fue predicho. Así que usted puede confiar en la profecía de lo que todavía está por venir. Yo, indudablemente, lo hago.

¿Qué uniría a Europa, a los Estados Unidos, y al papado? El enemigo más grande que tienen esos tres poderes es el islam radical. Daniel 11:40 nos dice qué unirá a esos poderes: "al cabo del tiempo el rey del sur contenderá con él".

Por un momento, saquemos la simbología del panorama. Para los 20 versículos anteriores de Daniel 11, el rey del sur fue el islam. Entonces, el versículo 40 declara: "Pero al cabo del tiempo el rey del sur [islam] contenderá con él [el papado y su alianza cristiana]; y el rey del norte [el papado y su alianza] se levantará contra él [islam] como una tempestad, con carros y gente de a caballo, y muchas naves; y [la alianza papal] entrará por las tierras, e inundará, y pasará".

El pasaje pasa a describir la destrucción que sigue. De acuerdo con Daniel 11, es el comportamiento agresivo del islam el que reúne a la alianza papal.

¿Qué uniría a Europa, a los Estados Unidos, y al papado, en una masiva coalición? Es el islam empujando fuerte contra ellos: armas nucleares en algún lugar, un ataque contra Israel, o terrorismo masivo en Europa. Cosas de toda clase podrían hacerlo. No conozco todos los detalles, pero de acuerdo con la profecía, eso es lo que ocurrirá.

¿Están unidos ya los poderes de la alianza papal? Solo parcialmente. No creo que lo que ocurrió el 11 de septiembre de 2001, haya cumplido Daniel 11:40. Pero creo que fue una advertencia o una muestra de lo que nos aguarda. Curiosamente, cuando los Estados Unidos tomaron venganza y entraron en Irak, fue el papado el que trató de retraer a los Estados Unidos de esa guerra. Sin embargo, el 7 de agosto de 2014, el papado llamó a emprender acción militar contra el estado islámico. Describiré los detalles en el capítulo 8.

Daniel 11 describe qué ocurre cuando la guerra entre el occidente cristiano (en el libro de Daniel, el rey del norte) y el islam cambia de ser una guerra política a ser una guerra santa, y ahí será cuando se desencadene el tiempo del fin. Debemos notar que, para el islam radical, ya es una guerra santa. ¡Sólo piense lo que será cuando ambos lados lo vean así!

China

Otra pregunta que las personas a veces me preguntan es "¿Qué hay con China?" El único lugar en el que quizás puedo ver un papel para China, está en Apocalipsis 18. Cuando el papado y los Estados Unidos y los 10 reyes perezcan, cierto grupo permanece en la distancia, mirando y llorando porque han perdido sus mercados. ¿Quién se está convirtiendo en la nueva alma económica del planeta? China.

Apocalipsis 18:3 dice: "Porque todas las naciones han bebido del vino del furor de su fornicación; y los reyes de la tierra han fornicado con ella, y los mercaderes de la tierra se han enriquecido de la potencia de sus deleites". Antes, describimos a la OTAN como el poder militar del rey del norte. ¿Quién son los clientes de China? Países de la OTAN. Los mercaderes orientales se han enriquecido del mundo occidental.

Versículo 11: "Y los mercaderes de la tierra lloran y hacen lamentación sobre ella, porque ninguno compra más sus mercaderías". Cuando las cosas van mal para el imperio cristiano, las cosas tampoco van bien para los comerciantes. Lloran, porque nadie está en condiciones de seguir comprando.

¿Qué lado tomaría China si hubiera un enfrentamiento entre el islam y el cristianismo? Bueno, ¿qué lado representa su mercado más importante? Espero que se pongan de parte de ellos. Los chinos han invertido mucho en los Estados Unidos. Si se vuelven contra América, los Estados Unidos podrían anular su deuda con los chinos. Europa podría hacer lo mismo. "Se maravilló toda la tierra en pos de la bestia", dice Apocalipsis 13:3, porque aparentemente eso es en su mayor beneficio.

¿Y Rusia? Rusia tiene una historia cristiana y se considera a sí misma ahora el protector del cristianismo ortodoxo en el Medio Oriente,[2] Y también enfrenta una amenaza islámica.

Podemos ver cómo los poderes del mundo se están abriendo paso juntos, a empellones. De acuerdo con la profecía, el papado es la bestia principal, los Estados Unidos son el segundo jugador más importante, y luego el resto del mundo los apoyará. ¿Cuál fue el mayor desafío a los poderes cristianos en el pasado? El islam. ¿Y quién lucha contra las potencias cristianas hoy? El islam militante.

2 Revista Frontpage, 7 de octubre de 2015. "Russia Declares 'Holy War' on Islamic State While Obama Sides with Christian Murdering 'Freedom Fighters'."

Capítulo 6

El Papel de Israel en la Profecía

Una de las claves para comprender Daniel 11 es saber si un poder está atacando a Israel desde el norte o desde el sur. Israel es siempre el país en el medio, el país de referencia.

Miraremos a algunas de las implicancias del Antiguo y del Nuevo Testamento para comprender a Israel en la profecía bíblica. ¿Qué significado tiene cuando, en la descripción del tercer y final conflicto, Daniel 11:41 y 45 hablan sobre "la tierra gloriosa"?

Versículo 41: "Entrará a la tierra gloriosa, y muchas provincias caerán". Se refiere al rey del norte avanzando a través de Israel. Versículo 45:

"Y plantará las tiendas de su palacio entre los mares y el monte glorioso y santo".

Geográficamente, encontramos una montaña entre el Mar Muerto y el Mar Mediterráneo—la montaña sobre la que se asienta Jerusalén. Así que, cuando el versículo dice "entre los mares y el monte glorioso y santo", yo creo que está hablando de Israel y/o Jerusalén.

Anteriormente, hemos ido a otras partes de la Biblia, especialmente Apocalipsis, para comprender elementos de las profecías de Daniel, y descubrimos ahora que Apocalipsis explica también a Israel. Apocalipsis 7:1 dice: "Después de esto vi a cuatro ángeles en pie sobre los cuatro ángulos de la tierra, que detenían los cuatro vientos de la tierra, para que no soplase viento alguno sobre la tierra, ni sobre el mar, ni sobre ningún árbol".

¿Alguna vez se ha preguntado por qué no sufrimos más ataques terroristas que los ocurridos? ¿O por qué el mundo no gira fuera de control? Si yo fuera un terrorista, podría pensar en ideas de toda clase que causarían masivas muertes y destrucción. Pero muchos de sus planes son detenidos, y algunos de ellos sólo se vienen abajo. ¿Por qué? Dios declara que está deteniendo los vientos de problemas hasta cierto tiempo, cuando los deje soplar. No sé por cuánto tiempo será, antes de que Él desate esos vientos. No tenemos ninguna profecía de tiempo que nos lo diga. Pero ocurrirá cuando Dios y su pueblo estén listos.

Apocalipsis 7:2, 3: "Vi también a otro ángel que subía de donde sale el sol, y tenía el sello del Dios vivo; y clamó a gran voz a los cuatro ángeles, a quienes se les había dado el poder de hacer daño a la tierra y al mar, diciendo: No hagáis daño a la tierra, ni al mar, ni a los árboles, hasta que hayamos sellado en sus frentes a los siervos de nuestro Dios'". Mantenga en mente ese sello, o marca distintiva, sobre sus frentes. Lo veremos otra vez después.

Una Lista de Tribus

En Apocalipsis 7:4-8, encontramos una lista de las 12 tribus de Israel:

"Y oí el número de los sellados: ciento cuarenta y cuatro mil sellados de todas las tribus de los hijos de Israel:

De la tribu de Judá, doce mil sellados.
De la tribu de Rubén, doce mil sellados.
De la tribu de Gad, doce mil sellados.
De la tribu de Aser, doce mil sellados.
De la tribu de Neftalí, doce mil sellados.
De la tribu de Manasés, doce mil sellados.
De la tribu de Simeón, doce mil sellados.
De la tribu de Leví, doce mil sellados.
De la tribu de Isacar, doce mil sellados.
De la tribu de Zabulón, doce mil sellados.
De la tribu de José, doce mil sellados.
De la tribu de Benjamín, doce mil sellados".

Para comprender esta lista, vamos a necesitar parte del contexto en Apocalipsis 14, donde otra vez encontramos mencionados los 144 000.

"Después miré, y he aquí el Cordero estaba en pie sobre el monte de Sion, y con él ciento cuarenta y cuatro mil, que tenían el nombre de él y el de su Padre escrito en la frente. Y oí una voz del cielo como estruendo de muchas aguas, y como sonido de un gran trueno; y la voz que oí era como de arpistas que tocaban sus arpas. Y cantaban un cántico nuevo delante del trono, y delante de los cuatro seres vivientes, y de los ancianos; y nadie podía aprender el cántico sino aquellos ciento cuarenta y cuatro mil que fueron redimidos de entre los de la tierra. Estos son los que no se contaminaron con mujeres, pues son vírgenes. Estos son los que siguen al Cordero por dondequiera que va. Estos fueron redimidos de entre los hombres como primicias para Dios y para el Cordero; y en sus bocas no fue hallada mentira, pues son sin mancha delante del trono de Dios" (Apocalipsis 14:1-5).

He aquí los siervos de Dios, 144 000 personas, categorizados como las 12 tribus de Israel. La lista plantea muchas preguntas. ¿Cuál es su propósito? ¿Por qué cada tribu tiene exactamente 12 000? ¿Son un grupo literal de personas, o son simbólicos de algo? ¿Y qué nos dice esto sobre Israel en el tiempo del fin?

Para empezar a responder estas preguntas, tenemos que resolver algunos problemas evidentes con la lista de tribus. Mire en la tabla abajo para ver cómo la Biblia cita a las tribus en otros lugares.

Génesis 49	***Ezequiel 48***	***Apocalipsis 7***
Rubén	*Rubén*	*Rubén*
Simeón	*Simeón*	*Simeón*
Leví	*Manasés*	*Leví*
Judá	*Judá*	*Judá*
Zebulón	*Zebulón*	*Zebulón*
Isacar	*Isacar*	*Isacar*
Dan	*Dan*	*Manasés*
Gad	*Gad*	*Gad*
Aser	*Aser*	*Aser*
Neftalí	*Neftalí*	*Neftalí*
José	*Efraín*	*José*
Benjamín	*Benjamín*	*Benjamín*

La primera columna proviene de Génesis 49, describiendo el comienzo de la nación de Israel. La segunda columna es de Ezequiel 48, y la última columna aparece en Apocalipsis 7—siendo las dos últimas columnas, escenarios del fin del tiempo. Uno supondría que Ezequiel y Apocalipsis estarían de acuerdo y serían igual que la primera lista, pero citan a las tribus de manera diferente.

En Génesis 49 tenemos los 12 hijos de Jacob (o Israel, como Dios después lo llama). Cuando avanzamos por la lista de Ezequiel, llegamos a donde debía estar Leví, pero añade a Manasés en su lugar—uno de los hijos de José. Cuando llega a José, pone a Efraín, el otro hijo. Dejando fuera a Leví y a José, puede añadir las dos medias tribus de Manasés y Efraín y todavía completar 12 tribus. En Apocalipsis tenemos de regreso en la lista a Leví. Dan abandona, y Manasés toma su lugar. Efraín no está ahí, y José está de regreso. ¿Qué está ocurriendo?

Antes de que podamos responder a eso, debemos mirar algunos otros problemas. Si 144 000 es un número literal de personas, ¿cómo es que 12 000 de una tribu grande, y una cantidad igual de 12 000, de una pequeña, terminan salvados? ¿Dios escoge quién va a ser salvado sin considerar lo que piensan o lo que creen? ¿Cómo es que exactamente 12 000 son redimidos de cada una de las tribus?

Hay un tercer problema: se dice que todos son varones vírgenes. Si 144 000 representa un número literal de personas específicas, son hombres que nunca se casaron o que nunca tuvieron relaciones sexuales.

Tomar el número y las tribus como literales significa perderse lo que Apocalipsis 1 dice: "La revelación de Jesucristo, que Dios le dio, para manifestar a sus siervos las cosas que deben suceder pronto; y la declaró enviándola por medio de su ángel a su siervo Juan, que ha dado testimonio de la palabra de Dios, y del testimonio de Jesucristo, y de todas las cosas que ha visto." (Apocalipsis 1:1, 2).

Apocalipsis tienen muchos símbolos en él. Piense en la bestia con siete cabezas compuesta con diferentes clases de animales y 10 cuernos. No creo que veremos realmente esa bestia literal saliendo del agua en algún lugar. Son todos los símbolos de Daniel 7, fundidos en una bestia.

Debido a que sabemos que tenemos símbolos en Apocalipsis, cuando empezamos a tropezar con problemas con una interpretación literal de un pasaje, podemos, con toda razón, llegar a una conclusión: "Éste podría ser uno de esos símbolos".

Creo que los 144 000 son simbólicos, si no hubiera ninguna otra razón, bastaría la enorme cantidad de problemas con los que tropezamos si le damos una interpretación literal. Las personas son todos vírgenes varones, cada tribu tiene por igual 12 000, y aquí los nombres de las tribus no se corresponden a otras listas en la Biblia. Para entenderlo, voy al resto del Nuevo Testamento para encontrar lo que enseña sobre el tema.

El Israel de la Fe

En Gálatas 3:7-9 Pablo escribe: "Sabed, por tanto, que los que son de fe, éstos son hijos de Abraham. Y la Escritura, previendo que Dios había de justificar por la fe a los gentiles, dio de antemano la buena nueva a Abraham, diciendo: En ti serán benditas todas las naciones. De modo que los de la fe son bendecidos con el creyente Abraham".

¡Todos los que son de la fe son hijos de Abraham, incluyendo a los gentiles, por la fe! Abraham es el verdadero padre de los fieles—el verdadero padre de Israel, por así decirlo.

Pablo entonces añade: "pues todos sois hijos de Dios por la fe en Cristo Jesús; porque todos los que habéis sido bautizados en Cristo, de Cristo estáis revestidos. Ya no hay judío ni griego; no hay esclavo ni libre; no hay varón ni mujer; porque todos vosotros sois uno en Cristo Jesús. Y si vosotros sois de Cristo, ciertamente linaje de Abraham sois, y herederos según la promesa" (versículos 26-29).

Pablo asevera que, a los ojos de Dios, no existen ni judíos ni griegos (gentiles). Acabamos de entrar en problemas con muchos libros contemporáneos sobre profecía, porque varios de ellos dicen que, espiritualmente hablando, hay una escisión entre los gentiles y los judíos—que no son lo mismo y que nunca podrán serlo. Éso es lo que Hal Lindsey enseñó en su libro *The Late, Great Planet Earth.*

Algunos otros han presentado conceptos similares. Pero he aquí un pasaje de la Biblia que declara que no hay ni judío ni griego, ni esclavo ni libre, ni varón ni mujer—no hay diferencias, porque todos somos uno en Cristo Jesús.

Así que todos somos uno en Cristo. Eso tiene sentido. No importa de qué nación vinimos—de Israel o de cualquier otro lado. Si hemos aceptado a Jesús, ¡somos Su pueblo!

Pero... ¿Qué hay con Hal Lindsey y otros que argumentan que tenemos que tener a Israel en un lado, la iglesia en el otro, y que no puede haber mezcla de los dos? Pues Gálatas 3 suena como que está diciendo que el pueblo de Dios, Su verdadero Israel, es una mezcla de judíos y gentiles (gentiles significa "no judíos").

Pablo aclara esto en Romanos 9:6-8: "No que la palabra de Dios haya fallado; porque no todos los que descienden de Israel son israelitas, ni por ser descendientes de Abraham, son todos hijos; sino: En Isaac te será llamada descendencia. Esto es: No los que son hijos según la carne son los hijos de Dios, sino que los que son hijos según la promesa son contados como descendientes".

En otras palabras, lo que importa no es que usted sea israelita genéticamente. De acuerdo con Pablo, lo que es esencial es si usted es espiritualmente—por la fe—un israelita.

¿Fe o Genes?

¿Qué implicación tiene esto para el libro de Apocalipsis y la profecía? Para comprender el plan de Dios para el tiempo del fin, debemos tener en cuenta que no importa si una persona está genéticamente emparentada, sino espiritualmente emparentada. Dios dice que enfoca su atención en aquellos con la fe, aquellos que siguen Su Palabra.

Recuerde el Antiguo Testamento. ¿Usted tenía que nacer israelita para ser uno? No necesariamente. Rahab, la ramera que vivía en Jericó, dijo que quería estar del lado de Dios. Terminó siendo parte de la genealogía de Jesús. Eso la hace una muy buena israelita. Aunque genéticamente no era una israelita, tenía fe. ¡Por la fe entró! Otra mujer, Ruth, era de Moab, pero también tenía fe. También está en el linaje de Jesús. Por mucho tiempo, Dios ha estado dejando a las personas entrar por la fe a Israel. No es una idea nueva.

"¿Qué, pues, diremos? Que los gentiles, que no iban tras la justicia, han alcanzado la justicia, es decir, la justicia que es por fe; mas Israel, que iba tras una ley de justicia, no la alcanzó. ¿Por qué? Porque iban tras ella no por fe, sino como por obras de la ley, pues tropezaron en la piedra de tropiezo" (Romanos 9:30-32).

Nunca lo vamos a lograr con nuestras propias obras, y si queremos llevarlo a tal extremo como para reducirlo todo a la genética, eso realmente haría de la salvación "obras de la carne".

Muchos profesores de profecía alegan una diferencia espiritual entre judíos y griegos (o gentiles), pero siempre que estoy estudiando cualquier tipo de teoría profética, y encuentro una Escritura que dice algo diferente, ignoro la teoría y sigo la Biblia. Ése es un plan simple que espero que usted siga también.

En Romanos 11, Pablo usa la ilustración de un olivo. "Digo, pues: ¿Han tropezado los de Israel [los judíos] para que cayesen? En ninguna manera; pero por su transgresión vino la salvación a los gentiles, para provocarles a celos. Y si su transgresión [de los judíos] es la riqueza del mundo, y su defección la riqueza de los gentiles, ¿cuánto más su plena restauración? Porque a vosotros hablo, gentiles. Por cuanto yo soy apóstol a los gentiles, honro mi ministerio, por si en alguna manera pueda provocar a celos a los de mi sangre, y hacer salvos a algunos de ellos" (versículos 11-13).

¿A cuántos israelitas genéticos estaba esperando salvar Pablo? "A algunos de ellos". No dijo "a todos ellos". Mantenga eso en mente, porque vamos a encontrar a Pablo diciendo "todo Israel" antes de que acabemos este capítulo. Por consiguiente, tenemos que determinar qué significa "todo Israel". ¿Se refiere a los israelitas genéticos?

Ahora, de vuelta al olivo en los versículos 16-26: "Si las primicias son santas, también lo es la masa restante; y si la raíz es santa, también lo son las ramas. Pues si algunas de las ramas fueron desgajadas, y tú [gentiles], siendo olivo silvestre, has sido injertado en lugar de ellas, y has sido hecho participante de la raíz y de la rica savia del olivo, no te jactes contra las ramas [israelitas genéticos]; y si te jactas, sabe que no sustentas tú a la raíz, sino la raíz a ti. Pues las ramas, dirás, fueron desgajadas para que yo fuese injertado. Bien; por su incredulidad fueron desgajadas, pero tú por la fe estás en pie. No te ensoberbezcas, sino teme. Porque si Dios no perdonó a las ramas naturales, a ti tampoco te perdonará" (versículos 16-21).

Las acciones de los líderes israelitas durante el tiempo del ministerio de Jesús cuentan la historia. Se negaron a seguir unidos a la raíz. Cuando endurecieron sus corazones y rechazaron a Jesús, fueron desgajados.

"Mira, pues, la bondad y la severidad de Dios; la severidad ciertamente para con los que cayeron, pero la bondad para contigo, si permaneces en esa bondad; pues de otra manera tú también serás cortado. Y aun ellos, si no permanecieren en incredulidad, serán injertados, pues poderoso es Dios para volverlos a injertar" (versículos 22, 23).

Ahora, ¿Pablo quiso decir que los israelitas genéticos fueron desgajados sin esperanza? ¿Habían perdido su oportunidad para siempre? No, no dice eso.

"Porque si tú [gentiles] fuiste cortado del que por naturaleza es olivo silvestre, y contra naturaleza fuiste injertado en el buen olivo, ¿cuánto más éstos [israelitas genéticos], que son las ramas naturales, serán injertados en su propio olivo? Porque no quiero, hermanos, que ignoréis este misterio, para que no seáis arrogantes en cuanto a vosotros mismos: que ha acontecido a Israel endurecimiento en parte, hasta que haya entrado la plenitud de los gentiles; y luego todo Israel será salvo, como está escrito: Vendrá de Sion el Libertador" (versículos 24-26).

Déjeme explicar. Imagine un olivo, arraigado en el suelo. El olivo representa al Israel de Dios, y las ramas son las personas. Cuando Jesús llegó, ¿todos en la nación tenían fe en el Mesías? ¡No! En ese entonces, muchas de las ramas judías fueron desgajadas del olivo porque no tenían fe en Jesús. Aquellos con fe en Jesús todavía estaban conectados con el olivo.

Entonces, algunos gentiles creyeron en Jesús. Ellos son las ramas del olivo silvestre. Dios los injertó en el primer olivo. Así que aquí encontramos una rama gentil y una rama judía sobre el mismo árbol. Con el paso del tiempo, muchas ramas gentiles son injertadas.

Algunos de los israelitas reconsideraron y aceptaron a Jesús como Señor y Salvador, y entonces Dios los recogió y los reunió con el olivo de Israel. Ellos son reinjertados fácilmente, de acuerdo con la ilustración. Pero, ¿acaso todos los israelitas genéticos fueron traídos de regreso? ¡No! Usted tiene un árbol con algunas ramas de olivo "silvestre" y algunas ramas de olivo "doméstico", y están ahora todas sobre el mismo árbol. Pero todas son el pueblo de Dios, su Israel.

Pablo miró el olivo y dijo: "y luego todo Israel será salvo". ¿Estaba hablando de las ramas desgajadas sobre el suelo—los israelitas genéticos? No, más bien dijo que "todo Israel" incluía a aquellos injertados en el árbol, tanto judíos como gentiles.

Ahora, capte el significado de eso. Israel consiste tanto de judíos como de gentiles. ¿Cuál es la definición de iglesia? ¡La misma cosa! En el Antiguo Testamento, Israel fue el pueblo de la fe de Dios. En el Nuevo Testamento, el pueblo de la fe de Dios es también Israel. Son uno y el mismo, desde Su punto de vista. Tenga siempre en mente esa definición de Israel, cuando usted piense en la profecía. No es una definición humana, sino una definición bíblica.

Deliberadamente, Pablo dijo que no era al Israel genético al que alguien debiera estar mirando ahora, sino al Israel de la fe. Desafortunadamente, la mayoría de los estudiantes de profecía todavía hoy están enfocados en el Israel genético, y no en el Israel de la fe que la Biblia destaca. Por lo tanto, "todo Israel será salvo" significa, no que cada israelita judío será salvo, sino más bien que todos los que han aceptado a Jesucristo lo serán. Todo Israel consiste de aquellos que son perdonados.

Alguien podría protestar: "¡Ésa es teología de reemplazo!". ¡No, no lo es! El verdadero pueblo de Dios han sido siempre su pueblo de la fe—ellos sólo tienen diferentes nombres. La iglesia primitiva fue la continuación de Israel.

Si usted lo duda, vaya a Apocalipsis 12 y lea acerca de la mujer simbólica. Llega antes de la época de Cristo y da a luz al niño Jesús, y el dragón intenta matarlo. Entonces Él es llevado al cielo para estar con Dios después de Su muerte y resurrección. La mujer se va y se esconde en el desierto, porque está siendo perseguida.

Es el mismo símbolo antes y después del tiempo de Jesús—la mujer pura, el pueblo fiel de Dios. Ésos son los que fueron leales a Él en Israel, antes del nacimiento de Jesús, y todos los que fueron leales a Él después que Jesús regresó al cielo, judíos y gentiles juntos.

Dios usa los mismos símbolos a través del tiempo. Él emplea la imagen metafórica de una novia para el Israel del Antiguo Testamento (Ezequiel 16:8-14) así como para el Israel del Nuevo Testamento (Efesios 5:23, 25). El símbolo de una ramera en el Antiguo Testamento representa a su pueblo cuando no era leal a él (Ezequiel 16:15, 32), y Él usa una ramera para los creyentes del Nuevo Testamento cuando ellos le son infieles (Apocalipsis 12:14—comienza pura y se vuelve una ramera en Apocalipsis 17:1-6).

En el Antiguo Testamento Dios emplea el símbolo de un "resto" o "remanente" para aquellos que permanecen fieles cuando los demás apostataban (Miqueas 2:12). Usa la imagen metafórica del resto otra vez en el Nuevo Testamento para aquellos que permanecen fieles a Él cuando la mayoría apostatan (Apocalipsis 12:11). Desde el punto de vista de Dios, cada símbolo representa al mismo grupo durante toda la historia humana, y no dos grupos distintos, en el Antiguo y el Nuevo Testamentos.

Escuchar y Luego Ver

Regresando a Apocalipsis 7, ¿podemos decir que los 144 000 son un grupo literal de israelitas genéticos? ¿O es un grupo simbólico formado por el pueblo de Dios de todas las partes del mundo? El libro de Apocalipsis demuestra que es un grupo simbólico, comprendiendo a personas de cada nación, tribu, y lengua. He aquí cómo esto funciona.

Juan anuncia: "Y oí el número de los sellados" (versículo 4), seguido por la lista de tribus, y entonces Juan añade: "Después de esto miré, y he aquí una gran multitud, la cual nadie podía contar, de todas naciones y tribus y pueblos y lenguas, que estaban delante del trono y en la presencia del Cordero, vestidos de ropas blancas, y con palmas en las manos" (versículo 9).

Juan está en visión, y escucha algo. No ve nada en este momento, pero escucha a alguien proclamar la lista de tribus y los 144 000. Y entonces se vuelve y observa un grupo inmenso de personas de toda nación, tribu, y pueblo.

Creo que la lista de los 144 000 que Juan escucha, y el vasto grupo de gente que ve, son uno y lo mismo.

¿Cómo sabemos que estos dos grupos son idénticos? Apocalipsis 7:13: "Entonces uno de los ancianos habló, diciéndome: Estos que están vestidos de ropas blancas, ¿quiénes son, y de dónde han venido?" El anciano está preguntando por la gran multitud de cada nación, lengua, y pueblo.

(Fíjese que llevan ropas blancas. Ellos son puros, sin mancha, vestidos con la justicia de Jesucristo. Todos los que creen, de acuerdo con Pablo, tienen la justicia de Cristo y son Su Israel). "¿De dónde han venido?" pregunta el anciano.

"Yo le dije: Señor, tú lo sabes. Y él me dijo: Estos son los que han salido de la gran tribulación, y han lavado sus ropas, y las han emblanquecido en la sangre del Cordero" (versículo 14).

Eso se corresponde a lo que Pablo dice del Israel de la fe. El vasto grupo de gente está siguiendo al Cordero. "Por esto están delante del trono de Dios, y le sirven día y noche en su templo; y el que está sentado sobre el trono extenderá su tabernáculo sobre ellos.

"Ya no tendrán hambre ni sed, y el sol no caerá más sobre ellos, ni calor alguno porque el Cordero que está en medio del trono los pastoreará, y los guiará a fuentes de aguas de vida; y Dios enjugará toda lágrima de los ojos de ellos" (versículos 15-17).

Apocalipsis 14:3 declara que "nadie podía aprender el cántico [que cantaban delante del trono de Dios] sino aquellos ciento cuarenta y cuatro mil que fueron redimidos de entre los de la tierra. Estos son los que no se contaminaron con mujeres, pues son vírgenes.".

El grupo de cada nación, tribu, y pueblo está llevando ropas blancas. Eso se corresponde bien a las expresiones "no contaminados, pureza, virgen", ¿no es así? Pero éso no es todo. La gran multitud está siguiendo al cordero por doquiera que va. Es el mismo grupo.

Entonces, estoy seguro que los 144 000 en realidad son una gran multitud de cada nación, pueblo, y lengua—judíos y gentiles—que han aceptado a Jesucristo, y son el verdadero Israel de Dios.

Usted puede estar pensando: "No estoy tan seguro de esto". Comprendo por qué, ya que muchos "expertos" en profecía han dicho que las profecías de Dios del Antiguo Testamento, dadas a Israel, como la gran restauración descrita en Ezequiel, son historia escrita con anticipación.

Por lo tanto, como algunas de esas profecías no han ocurrido todavía, serán cumplidas en el Israel geopolítico en el futuro. Pero esta idea de una "historia escrita con anticipación", en que cada detalle de la profecía para la nación de Israel será cumplido pase lo que pase, en realidad es contraria a las enseñanzas del Antiguo Testamento. Déjeme mostrarle cómo.

La Profecía Dice "Si"

Dios impuso condiciones sobre la nación de Israel con respecto a si ellos recibirían o no las bendiciones que Él prometió. Deuteronomio 28:1, 2, 15 declara: "Acontecerá que si oyeres atentamente la voz de Jehová tu Dios, para guardar y poner por obra todos sus mandamientos que yo te prescribo hoy, también Jehová tu Dios te exaltará sobre todas las naciones de la tierra.

"Y vendrán sobre ti todas estas bendiciones, y te alcanzarán, si oyeres la voz de Jehová tu Dios. Pero acontecerá, si no oyeres la voz de Jehová tu Dios, para procurar cumplir todos sus mandamientos y sus estatutos que yo te intimo hoy, que vendrán sobre ti todas estas maldiciones, y te alcanzarán" (versículo 15).

Dios no dijo que no importaba qué hiciera Israel, Él iba a cumplir las promesas de cualquier manera. Muchos supuestos expertos argumentan que no importa qué pudiera ocurrir, Dios haría cumplir sus profecías sobre la nación de Israel. Pero Dios Mismo dijo que éso no era verdad—que la nación tenía elección sobre su destino. El pueblo podía, o bien seguirlo a Él y recibir las bendiciones, o desobedecer y recibir las maldiciones.

Ése es el por qué la nación de Israel fua al cautiverio en Babilonia. Fueron blanco de las maldiciones porque se rebelaron contra Él. Y es también el por qué la Roma pagana destruyó Jerusalén en el 70 d.C.—¡porque la nación de Israel no siguió a Dios!

Así que no hubo cumplimiento de las bendiciones para ellos.

Esa no es la única vez en la profecía del Antiguo Testamento que la historia no fue escrita y fijada con anticipación. Jeremías 18:6-10 dice: "¿No podré yo hacer de vosotros como este alfarero, oh casa de Israel? dice Jehová. He aquí que como el barro en la mano del alfarero, así sois vosotros en mi mano, oh casa de Israel. En un instante hablaré contra pueblos y contra reinos, para arrancar, y derribar, y destruir. Pero si esos pueblos se convirtieren de su maldad contra la cual hablé, yo me arrepentiré del mal que había pensado hacerles".

Piense en Jonás. No quería ir a Nínive y predicar, porque si les decía a las personas que en 40 días serían destruidos por fuego, podrían pedirle a Dios que los perdonara, y el Señor lo haría.

Joná quería que Nínive fuera destruida. A Jonás no le gustaban los ninivitas. Así que Dios tuvo que captar la atención de Jonás. ¡Indudablemente, tres días en el estómago del pez captarían mi atención! El pez lo escupió en la orilla, él se levantó y salió caminando muchos kilómetros, hacia Nínive. Finalmente, llegó a la ciudad y empezó a anunciar:

"¡Cuarenta días y estarán fritos!" … "¡Treinta y nueve días y estarán fritos!"

Y los ninivitas respondieron: "Señor, perdónanos". En el cuadragésimo día Jonás salió de la ciudad y esperó a que el fuego descendiera del cielo. ¿Descendió? No. Porque el pueblo se había arrepentido.

Las profecías de Dios no son historia inalterable escrita con anticipación. Están condicionadas a la obediencia o a la desobediencia. Si las condiciones se cumplen, entonces la profecía se convierte en historia escrita con anticipación. Pero si no se cumplen, el evento prometido no ocurre. Es así de simple.

Dios le dijo a Jeremías: "y en un instante hablaré de la gente y del reino, para edificar y para plantar. Pero si hiciere lo malo delante de mis ojos, no oyendo mi voz, me arrepentiré del bien que había determinado hacerle" (Jeremías 18:9, 10).

Recuerde que Dios empezó diciendo: "¿No podré yo hacer de vosotros como este alfarero, oh casa de Israel? Si no hacen lo que digo, no van a recibir las bendiciones que prometí". De acuerdo con Dios Mismo, Sus promesas a Israel no son historia inalterable presentada con anticipación.

¿Y qué hay con Daniel 9? ¿Recuerda la profecía de las 70 semanas que estudiamos en el primer capítulo, que abarcaba desde el decreto de reconstruir Jerusalén en 457 a. C., hasta el tiempo de Cristo? Declaraba que los hijos de Israel tenían 490 años para aceptar o rechazar al Mesías. ¿Cree usted que había implicancias proféticas para su decisión final? Oh, sí, algunas grandes.

Consideremos un incidente durante la vida de Jesús en la Tierra. "Entonces se le acercó Pedro y le dijo: Señor, ¿cuántas veces perdonaré a mi hermano que peque contra mí? ¿Hasta siete? Jesús le dijo: No te digo hasta siete, sino aun hasta setenta veces siete" (Mateo 18:21, 22).

¿De dónde podría haber sacado Jesús ese número de 70 veces siete? ¡De Daniel 9!

En ese capítulo, el profeta estaba angustiado por su pueblo, y Dios le dijo: "Les estoy dando un poco más de tiempo para aceptarme. Estoy dispuesto a perdonar. Estoy dispuesto a darles otra oportunidad, incluso después de Babilonia".

De acuerdo con Jesús, si usted puede perdonar a sus semejantes durante 490 años, usted está haciendo bien. Como usted no va a vivir tanto tiempo, esto significa, en esencia, que usted no puede dejar de perdonar durante toda su vida. Pero había un final para el perdón a Israel: el final de los 490 años en 34 d.C. Fue entonces que las ramas de los israelitas judíos infieles fueron desgajadas, y los gentiles fueron injertados.

Jesús vivió su ministerio sobre la base de Daniel 9. En Marcos 1:15, después de su bautismo, Jesús dijo: "El tiempo se ha cumplido". El tiempo cumplido era el final de la 69ª semana y el comienzo de la última sección de siete años de la profecía. En Mateo 26:18, cuando entró en Jerusalén, dijo: "Mi tiempo está cerca". Piense por un momento en su entrada triunfal a Jerusalén. Todo el mundo le estaba diciendo: "Jesús, ¡queremos hacerte rey! Hosanna para el hijo de David. Vamos a hacerte rey".

Él respondió: "He venido a morir". ¿Cómo Él sabía eso? Tres años y medio en Su ministerio, Él se dio cuenta que, de acuerdo con Daniel 9, él iba a ser "quitado". A pesar del hecho de que las multitudes estaban proclamando que querían hacerlo rey, Él dijo: "No, voy a Jerusalén a morir".

Cuando Jesús visitó Jerusalén antes, Sus discípulos temieron que fuera a ser asesinado, pero Él les dijo que su tiempo no era todavía (Juan 11:7-16). ¿Cómo Él sabía eso? Porque no había llegado todavía a la mitad del período de tiempo de siete años.

Jesús supo cuándo iba a morir gracias a sus conocimientos de Daniel 9. Sabía que no sería asesinado antes.

Cuando Jesús dejó la Tierra, les dijo a sus discípulos: "Id primero a Jerusalén, a toda Judea, a Samaria, y hasta lo último de la tierra" (vea Hechos 1:8). Todavía tenían tres años y medio para trabajar en Jerusalén y Judea, para ver si el liderazgo aceptaría a Jesús como su Mesías.

¿Cuán bien funcionó? Grandes números de conversos se unieron a la fe, pero después de varios años el Sanedrín se reunió y condenó a Esteban a morir. Tal acto oficial del Sanedrín fue, en esencia, una afirmación del liderazgo de la nación de Israel, declarando: "Rechazamos a Jesucristo y a los que lo siguen".

Los líderes israelitas dieron continuidad a esto enviando a Saulo al mundo a perseguir a los creyentes. En el camino a Damasco, Dios lo derribó, transformó a Saulo en Pablo, y lo comisionó como apóstol a los gentiles.

Eso marcó el fin de las "setenta veces siete" para la nación de Israel, y marcó el tiempo para empezar a injertar a los gentiles en el verdadero Israel de la fe.

El Templo de Dios

Como destacábamos antes, los profesores de profecía más contemporáneos dicen que Israel y la iglesia son espiritualmente diferentes. Pero en la Palabra de Dios son uno y el mismo.

Considere cómo Hechos 13 lo aborda: "Cuando salieron ellos de la sinagoga de los judíos, los gentiles les rogaron que el siguiente día de reposo les hablasen de estas cosas. Y despedida la congregación, muchos de los judíos y de los prosélitos piadosos siguieron a Pablo y a Bernabé, quienes hablándoles, les persuadían a que perseverasen en la gracia de Dios. El siguiente día de reposo se juntó casi toda la ciudad [judíos y gentiles] para oír la palabra de Dios.

"Pero viendo los judíos la muchedumbre, se llenaron de celos, y rebatían lo que Pablo decía, contradiciendo y blasfemando. Entonces Pablo y Bernabé, hablando con denuedo, dijeron: A vosotros [los judíos] a la verdad era necesario que se os hablase primero la palabra de Dios; mas puesto que la desecháis, y no os juzgáis dignos de la vida eterna, he aquí, nos volvemos a los gentiles" (versículos 42-46).

El incidente ilustra claramente la imagen metafórica de Pablo de algunas ramas siendo desgajadas, y otras nuevas siendo injertadas. El modelo del olivo de Israel como una mezcla de aquellos judíos y gentiles que aceptan a Cristo, aparece así a todo lo largo del Nuevo Testamento. Es un concepto que, en realidad, empieza en el Antiguo Testamento. Por ejemplo, considere lo que Dios dice acerca del estado de algunos de aquellos fuera del Israel étnico: "Y el extranjero que sigue a Jehová no hable diciendo: Me apartará totalmente Jehová de su pueblo. Ni diga el eunuco: He aquí yo soy árbol seco.

"Porque así dijo Jehová: A los eunucos que guarden mis días de reposo, y escojan lo que yo quiero, y abracen mi pacto, yo les daré lugar en mi casa y dentro de mis muros, y nombre mejor que el de hijos e hijas; nombre perpetuo les daré, que nunca perecerá" (Isaías 56:3-5).

Eso es importante, teniendo en cuenta la ilustración del olivo. Dios dijo que, si alguien confiaba en Jesucristo, ya fuera judío o gentil, extranjero o eunuco, mientras lo haga, se volverán una parte del verdadero Israel. No es solo una idea de Pablo en el Nuevo Testamento.

"Y a los hijos de los extranjeros que sigan a Jehová para servirle, y que amen el nombre de Jehová para ser sus siervos; a todos los que guarden el día de reposo para no profanarlo, y abracen mi pacto, yo los llevaré a mi santo monte, y los recrearé en mi casa de oración; sus holocaustos y sus sacrificios serán aceptos sobre mi altar; porque mi casa será llamada casa de oración para todos los pueblos. Dice Jehová el Señor, el que reúne a los dispersos de Israel: Aún juntaré sobre él a sus congregados" (versículos 6 -8).

La multitud de personas que Juan vio en Apocalipsis venía de cada nación, tribu, y pueblo. Es importante que no limitemos el deseo de Dios a salvar sólo a los israelitas físicos y genéticos. Él tiene a muchas más personas en mente. Jesús arrojó luz sobre esto a través de lo que dijo de la casa de Dios: "Y entró Jesús en el templo de Dios, y echó fuera a todos los que vendían y compraban en el templo, y volcó las mesas de los cambistas, y las sillas de los que vendían palomas; y les dijo: Escrito está: Mi casa, casa de oración será llamada; mas vosotros la habéis hecho cueva de ladrones.

"Y vinieron a él en el templo ciegos y cojos, y los sanó. Pero los principales sacerdotes y los escribas, viendo las maravillas que hacía, y a los muchachos aclamando en el templo y diciendo: ¡Hosanna al Hijo de David! se indignaron" (Mateo 21:12-15).

Enojados con las personas que estaban siendo sanadas y estaban alabando al Señor, ¡los líderes religiosos evidentemente estaban mentalmente enfermos! Pero note que Jesús, estando en la casa del Señor, la llama Su casa, y Él está haciendo referencia a Isaías 56:3-8, que la describe como "casa de oración para todos los pueblos".

Después, en Mateo 21, Jesús cuenta una historia sobre Sí: "Hubo un hombre, padre de familia, el cual plantó una viña, la cercó de vallado, cavó en ella un lagar, edificó una torre, y la arrendó a unos labradores, y se fue lejos. Y cuando se acercó el tiempo de los frutos, envió sus siervos a los labradores, para que recibiesen sus frutos. Mas los labradores, tomando a los siervos, a uno golpearon, a otro mataron, y a otro apedrearon.

"Envió de nuevo otros siervos, más que los primeros; e hicieron con ellos de la misma manera. Finalmente les envió su hijo, diciendo: Tendrán respeto a mi hijo. Mas los labradores, cuando vieron al hijo, dijeron entre sí: Este es el heredero; venid, matémosle, y apoderémonos de su heredad. Y tomándole, le echaron fuera de la viña, y le mataron. Cuando venga, pues, el señor de la viña, ¿qué hará a aquellos labradores?" (versículos 33 -40).

Los líderes debieron haberse detenido y meditar cuidadosamente cómo responderían, pero parecía una pregunta tan fácil que le respondieron de manera improvisada, y al hacerlo aprobaron su propia sentencia sobre sí mismos.

"Le dijeron: A los malos destruirá sin misericordia, y arrendará su viña a otros labradores, que le paguen el fruto a su tiempo" (versículo 41). Como los hombres ya estaban planeando matar a Jesús, debieron haber sido más cautelosos en su respuesta.

"Jesús les dijo: ¿Nunca leísteis en las Escrituras: La piedra que desecharon los edificadores, Ha venido a ser cabeza del ángulo, El Señor ha hecho esto, Y es cosa maravillosa a nuestros ojos?" (versículo 42)? Se estaban preparando para rechazar a Jesús, pero Él es la Piedra Angular Principal. "Por tanto os digo, que el reino de Dios será quitado de vosotros, y será dado a gente que produzca los frutos de él" (versículo 43).

Cuando usted cae sobre Jesús y pide perdón, usted está quebrantado, pero también es salvo. Recuerde que Jesús es la Roca cortada en Daniel 2. Cuando Él venga, triturará hasta hacer polvo a todo aquel que no Lo siga.

El símbolo es claro. Aquellos que son de la fe serán salvados. Pero aquellos que no son de la fe serán destruidos.

Entonces, ¿qué Israel es importante para Dios—el de la fe, o el que involucra la genética? El de la fe es mucho más esencial. Mientras la nación geopolítica o la tierra de Israel todavía tienen alguna trascendencia, el pueblo que es el Israel de la fe es el tema principal a los ojos de Dios.

Algunos días después, Jesús habló otra vez del templo. Dijo: "¡Jerusalén, Jerusalén, que matas a los profetas, y apedreas a los que te son enviados! ¡Cuántas veces quise juntar a tus hijos, como la gallina junta sus polluelos debajo de las alas, y no quisiste! He aquí vuestra casa os es dejada desierta" (Mateo 23:37, 38).

Antes había hablado del templo como "Mi casa", pero ahora el Templo es "vuestra casa", y está "desierta". Está vacía sin Él. "Porque os digo que desde ahora no me veréis, hasta que digáis: Bendito el que viene en el nombre del Señor" (versículo 39). Fue Su casa, y luego no lo fue. Sin Jesús, el Israel judío quedaba desierto, pero los judíos y los gentiles con fe en Jesús, son Su verdadera casa de Israel.

Los escritos de Pablo también abordan la casa del Señor. En Efesios 2:11-13 declara: "Por tanto, acordaos de que en otro tiempo vosotros, los gentiles en cuanto a la carne, erais llamados incircuncisión por la llamada circuncisión hecha con mano en la carne. En aquel tiempo estabais sin Cristo, alejados de la ciudadanía de Israel y ajenos a los pactos de la promesa, sin esperanza y sin Dios en el mundo. Pero ahora en Cristo Jesús, vosotros que en otro tiempo estabais lejos, habéis sido hechos cercanos por la sangre de Cristo".

Dice que éramos "una vez desconocidos a la nación de Israel", implicando que ahora somos Israel en Jesucristo.

"Así que ya no sois extranjeros ni advenedizos, sino conciudadanos de los santos, y miembros de la familia de Dios, edificados sobre el fundamento de los apóstoles y profetas, siendo la principal piedra del ángulo Jesucristo mismo, en quien todo el edificio, bien coordinado, va creciendo para ser un templo santo en el Señor" (versículos 19-21).

De acuerdo con estos versículos, ¡todos los creyentes, tanto judíos como gentiles, somos los ciudadanos de Israel! ¿Cuál es el templo ahora? El pueblo de la fe es el nuevo templo de Dios. Lo llamamos la iglesia.

Cuando Jesús habla sobre saber que somos el templo de Dios, y que debemos cuidar nuestros cuerpos (1 Corintios 6:19, 20), quiere decir que nosotros mismos somos Su templo. Juntos, como creyentes, formamos Su templo. Él no está enfocado en un templo literal en Jerusalén. Más bien, el templo del Nuevo Testamento es todos los que creen en Él.

Más Grande y Mejor

Dije antes que las promesas para la nación de Israel no eran historia escrita con anticipación, sino que más bien estaban condicionadas a la obediencia del pueblo. Pero ahora Dios hace algo muy impresionante. "Si la nación de Israel no está de acuerdo conmigo, o no cree en Mí, o no guarda Mis mandamientos", en esencia Él anuncia: "Entonces haré las promesas y las profecías más grandes y mejores para el verdadero pueblo de Israel, el Israel de la fe".

Promesas a Israel y a la Iglesia		
A.T.		N.T.
Canaán	Región	Cielo
Jerusalén	Ciudad	Nueva Jerusalén
Templo	Templo	Templo Celestial
		Creyente e Iglesia
Los creyentes en Cristo son el pueblo de Israel del N.T.		

Es decir, para aquellos que creen en Él y guardan Sus mandamientos. Note las comparaciones en la tabla más arriba. El Israel del Antiguo Testamento recibió la Tierra Prometida de Canaan.

Los creyentes del Nuevo Testamento tienen la promesa del cielo y una tierra completamente restaurada. El Israel del Antiguo Testamento tenía a Jerusalén como ciudad. El Nuevo Testamento nos promete la Nueva Jerusalén, primero en el cielo, y luego en la Tierra. Eso es mucho mejor, ¿no?

El Israel del Antiguo Testamento tuvo un templo construido en Jerusalén, pero el templo, en el Nuevo Testamento, es un templo celestial (Hebreos 9:11-28), el propio cuerpo del creyente (1 Corintios 6:19), y también la iglesia (Efesios 2:11-22). Todo se vuelve más grande y mejor para el creyente del Nuevo Testamento. Si el creyente del Antiguo Testamento no aceptó lo que Dios estaba dando, y Dios no pudo cumplir la promesa, Él la hizo más grande y mejor, y la reaplicó en el Nuevo Testamento para el creyente en Cristo—judío o gentil.

Algunos de los libros populares sobre profecía afirman que en el Antiguo Testamento las personas se salvaban por obras, y que en el Nuevo Testamento las personas son salvas por la fe. Pero la Biblia me dice que nunca es "por obras, para que nadie se gloríe" (Efesios 2:9).

En Hebreos 11, el capítulo de la fe, las personas fieles relacionadas allí son todas personas del Antiguo Testamento que fueron salvas por la fe. Todos somos salvos por la fe, tanto en el Antiguo como en el Nuevo Testamento. Nadie nunca será salvo por obras. Así que la idea de que hay una diferencia entre el Israel del Antiguo Testamento y la iglesia del Nuevo Testamento tampoco se sostiene. La Biblia declara que los redimidos siempre han sido salvados por la fe.

El Nuevo Pacto

Apocalipsis 7:1-4 habla de "los sellados". En Deuteronomio 11:18 las personas tenían la "señal de Dios" en sus frentes. "Por tanto, pondréis estas mis palabras en vuestro corazón y en vuestra alma", Dios dijo a los israelitas, "y las ataréis como señal en vuestra mano, y serán por frontales entre vuestros ojos".

Hoy, Dios todavía está esperando que Su pueblo guarde su Palabra y vivan de acuerdo con ella, antes de dejar que los eventos del tiempo del fin comiencen. Éso es lo que están esperando esos cuatro ángeles. Dios quiere que su pueblo ponga Su Palabra en sus mentes y en sus corazones, no para ser salvados por las obras, sino motivados por su amor a Dios.

¿Sabe usted dónde encontrar el nuevo pacto? En el Antiguo Testamento—en Jeremías 31:31-33: "He aquí que vienen días, dice Jehová, en los cuales haré nuevo pacto con la casa de Israel y con la casa de Judá. No como el pacto que hice con sus padres el día que tomé su mano para sacarlos de la tierra de Egipto; porque ellos invalidaron mi pacto, aunque fui yo un marido para ellos, dice Jehová.

"Pero este es el pacto que haré con la casa de Israel después de aquellos días, dice Jehová: Daré mi ley en su mente, y la escribiré en su corazón; y yo seré a ellos por Dios, y ellos me serán por pueblo".

¿Quién es la "pareja" en el nuevo pacto? ¡La casa de Israel! Esta es la razón por la que el Nuevo Testamento llama incluso a los gentiles seguidores de Cristo, Israel, o familia de Abraham. ¿Dónde Dios lo escribe? En sus mentes y en sus corazones. Debido a su amor por Jesús, ellos siguen lo que saben de la ley de Dios. Ése es el nuevo pacto. Él la graba en nuestras vidas.

En los mismos términos, Juan dice en Apocalipsis que escuchamos el mensaje de Dios y lo ponemos en práctica (Apocalipsis 1:3) porque amamos a Jesús. Estando en la Tierra Jesús dijo: "Si me amáis, guardad mis mandamientos" (Juan 14:15). El pueblo de Dios de los últimos días, de todas las naciones, está confiando en Cristo y obedeciéndole, una realidad que resuena en Apocalipsis 12:17, que habla de "los que guardan los mandamientos de Dios y tienen el testimonio de Jesucristo".

Otra vez, Apocalipsis 14 es el capítulo donde comenzamos con los 144 000, y el versículo 12 plantea: "Aquí está la paciencia de los santos, los que guardan los mandamientos de Dios y la fe de Jesús".

¿Ve usted cómo sigue desarrollándose? Estamos recibiendo la Palabra de Dios directamente en nuestras mentes. Nadie va a ser salvo por obras, sino solamente por la fe en Jesús. Y si usted tiene fe en él, usted hace lo que Él dice. Si usted afirma tener fe en Él y no hace lo que Él dice, usted no es Suyo.

El Israel de Nuestro Tiempo

En el Antiguo Testamento, el concepto de Israel estaba más definido geopolíticamente. Pero en el Nuevo Testamento adquire una definición más espiritual—el pueblo de la fe, tanto judíos como gentiles. Esto se corresponde con lo que le pasó al rey del norte, que pasó de ser más definido políticamente, como Roma pagana, a ser más religioso, como Roma papal. La muerte de Jesús en la cruz cambió todo para Israel.

Daniel 11 habla acerca de "la Tierra Gloriosa", la que es geográfica. Pero fíjese que no habla del pueblo—sólo de la región. En Daniel 11, lo geopolítico retrata eventos reales, y después que pasamos el tiempo de la cruz, las batallas localizadas también representan un conflicto espiritual/religioso mundial.

Los eventos ocurrirán todavía en Jerusalén o en la tierra de Israel, pero el pueblo de Dios (los ciudadanos de Israel en Efesios 2) son aquellos que son los verdaderos israelitas por la fe. Todas las personas, de todas las partes del mundo, pueden decidir ser parte del verdadero Israel de Dios. Como Jesús enseñó en Mateo 21, la viña es la misma, pero las personas han cambiado.

Note esta intrigante tendencia en la historia y en la profecía de Daniel 11. Siempre que el rey del norte (papado) controla al Israel literal, también controla al Israel espiritual/religioso, la iglesia. Durante las Cruzadas, el primer conflicto entre el papado y el islam, el papado controló al Israel literal y también la iglesia. Durante el segundo conflicto con el islam (Imperio Otomano), el papado nunca controló al Israel literal, y debido a la Reforma, perdió el control de la iglesia, el Israel espiritual/religioso.

En el tiempo del fin, Daniel 11:40-45, el papado otra vez controla Jerusalén, y Apocalipsis 13:3 dice que iba "toda la tierra en pos de la bestia", indicando que el papado tendrá nuevamente control sobre la iglesia mundial. Lo literal es un paralelo de lo espiritual/religioso. No es "lo uno o lo otro"—es, a la vez, tanto literal como espiritual/religioso, en Daniel 11:40-45.

Otra tendencia intrigante es esta. Justo como la región de Israel se vio afectada estando en el medio entre el rey papal del norte y el rey islámico del sur, así los creyentes del nuevo pacto de Dios han sufrido persecución por parte de ambos.

"Bienaventurado el que lee, y los que oyen las palabras de esta profecía, y guardan las cosas en ella escritas; porque el tiempo está cerca" (Apocalipsis 1:3).

¡Es tiempo de escuchar y hacer! Usted no puede sólo escuchar la Palabra de Dios y alejarse. Usted tiene que poner en práctica lo que aprende, o no le aprovechará para nada.

Si usted no practica lo que aprende, lo hace peor, porque ahora usted sabe lo que se está perdiendo y está en rebelión. Así que, cuando usted escuche estas cosas, vívalas en su vida.

Capítulo 7

Islam, el Rey del Sur

Dos Poderes Audaces

En Daniel 11, la Tierra Gloriosa es el Israel geográfico, pero religiosa o espiritualmente hablando, Israel es el pueblo de Dios. Todos los que acepten a Jesucristo y se vuelvan así herederos de Abraham, ya sean judíos o gentiles, son mundialmente el verdadero Israel de Dios.

El rey del norte pasa, de ser principalmente un poder geopolítico en naturaleza durante las eras de Grecia y Roma, a ser, como papado, geopolítico y religioso.

Igual, la Tierra Gloriosa evoluciona, de ser principalmente geopolítica, a ser tanto geopolítica como religiosa, conduciendo a una lucha religiosa mundial. Las ubicaciones geográficas identificadas en Daniel 11, son una guía general sobre dónde tendrá lugar el conflicto.

Los mismos principios son ciertos para el rey del sur. Ese poder, también, pasa a través de una transición, de ser geopolítico, a ser tanto geopolítico como religioso.

La fase geopolítica es un modelo de la fase religiosa de una lucha mundial, consistente en los tres poderes (el rey del norte, el rey del sur, y la Tierra Gloriosa) de Daniel 11. En interpretación profética tenemos que ver consistencia.

Los dos poderes en Apocalipsis 13 son la bestia, que identificamos como el sistema papal, y el poder con cuernos como de cordero que aparece en Apocalipsis 13:11—los Estados Unidos. Ambos están luchando por conseguir el control del mundo.

En su libro sobre el papa Juan Pablo II, *The Keys of This Blood,* Malachi Martin observa: "Él [Juan Pablo] le daría a su papado un perfil internacional y, como papa, se movería entre los líderes del mundo y de las naciones, vindicando una posición para sí mismo como un líder especial entre líderes, porque en esa competencia, él planea emerger como vencedor".[1]

Cuando Juan Pablo II empezó su papado, tres superpotencias hacían girar el mundo: los Estados Unidos, la Unión Soviética, y el papado. Para el tiempo de su muerte solamente quedaban dos. La Iglesia Católica y los Estados Unidos trabajaron para eliminar la tercera, la que apartaron a un lado.

He aquí evidencias de las intenciones estadounidenses en ese momento: "En una amplia declaración de nueva política que está en su estado de preparación final, el Departamento de Defensa asevera que la misión política y militar de América en la era posterior a la guerra fría, será asegurarse que no se le permita aparecer a ninguna superpotencia rival en la Europa Occidental, en Asia, o en el territorio de la Ex Unión Soviética".[2]

¿Recuerda el dividendo de paz del que todos hablaban al final de la era de la guerra fría? Las personas especularon respecto a cuánto dinero los Estados Unidos podrían ahorrar, que ya no tenían que gastar en capacidad militar. Pero es difícil no percatarse de cuántas guerras han tenido los Estados Unidos desde que terminó la Guerra Fría. ¿Por qué tantos conflictos? Porque los EE. UU. van en serio en cuanto a asegurarse de que nadie más gane poder.

En nuestro tiempo, tanto el papado como los Estados Unidos luchan por ser el número uno. El libro de Apocalipsis retrata esos dos poderes trabajando juntos al final.

El mundo podría haber presenciado esto ya, a una escala más pequeña, en la alianza entre el presidente Ronald Reagan y el papa.

"Reagan y el papa acordaron emprender una campaña clandestina para acelerar la disolución del imperio comunista. Declara Richard Allen,

1 Malachi Martin, The Keys of This Blood (New York: Touchstone, 1990), p. 480.
2 Patrick E. Tyler, 'U.S. Strategy Plan Calls for Insuring No Rivals Develop, " New York Times, 8 de marzo de 1992. Disponible en línea en http://query.nytimes.com/gst/fullpage.html?res=9E0CE5D61E38F93BA35750C0A964958260.

primer asesor en seguridad nacional de Reagan: 'Ésta fue una de las grandes alianzas secretas de todos los tiempos'... A renuente paso por paso, los soviéticos y el gobierno comunista de Polonia se sometieron a la presión moral, económica, y política impuesta por el papa y el presidente".[3]

Los dos hombres apoyaron a los sindicatos obreros dentro de Polonia, fortaleciendo su poder. Mientras los Estados Unidos continuaban su carrera armamentística, la que estaba arrastrando a la quiebra a la Unión Soviética, la Iglesia Católica difundía por Polonia un mensaje moral que trataba de sabotear al comunismo. En una época de grandes cambios sociales y tecnológicos, y la combinación del apoyo de la Iglesia Católica a los sindicatos obreros y del poder militar de los Estados Unidos, Reagan y el papa, posiblemente, cambiaron el curso de la historia.

Como hemos visto, Apocalipsis 13 nos dice que los Estados Unidos terminarán siendo el poder militar que ayudará a traer a las personas en acuerdo con el papado. Los dos poderes ya han tomado ventaja de los tiempos de cambio, trabajando en conjunto para modificar la historia. No sería una sorpresa verlos cooperar otra vez.

Una Amenaza Desde el Sur

¿Dónde cabe el islam en la imagen? Para empezar a responder a esa pregunta, considere la opinión del finado Charles Malik, un ilustre político y educador libanés. Malik era griego ortodoxo, se desempeñó como ministro de educación y las artes en Líbano, y dictó conferencias en varias universidades estadounidenses, incluyendo Harvard y Dartmouth. Fue incluso presidente de la Asamblea General de las Naciones Unidas por un año.

Partidario de toda una vida de la causa cristiana, Malik tenía qué decir en 1979 sobre el papel futuro del islam, y cómo el occidente cristiano y el oriente cristiano debían manejar al islam: "La única esperanza para el mundo occidental está en una alianza entre la iglesia católica romana, que es el elemento más comúnmente influyente, controlador y unificador en Europa, y la iglesia ortodoxa oriental. Roma debe unirse con la ortodoxia oriental, porque la iglesia ortodoxa oriental controla el Medio Oriente occidental, el extremo oriental del Mediterráneo.

---

3 Carl Bernstein, 'The Holy Alliance: Ronald Reagan and John Paul II,' Time, 24 de febrero de 1992. Disponible en línea en www.time.com/time/magazine/article/0, 9171, 974931-1, 00.html.

"Y si no solidifican ese control, el islam marchará a través de Europa. El islam es político. La única esperanza del mundo occidental recae en una Europa unida bajo el control del papa".[4]

Malik era un cristiano ortodoxo oriental, e instó a que el cristianismo oriental se uniera nuevamente con el papado. La razón por la que quería ver un mundo cristiano unificado bajo el papado era enfrentar la amenaza del islam. No creo que Malik estuviera estudiando profecía, pero siendo del Medio Oriente, conocía bien los peligros potenciales.

Eche un vistazo otra vez a Daniel 11:40: "Pero al cabo del tiempo el rey del sur contenderá con él [el rey del norte]; y el rey del norte se levantará contra él como una tempestad, con carros y gente de a caballo, y muchas naves; y entrará por las tierras, e inundará, y pasará".

Durante las Cruzadas, el rey del norte fue el cristianismo occidental dominado por el sistema papal, y el islam era el rey del sur. El islam era el poder que vino desde el sur de Jerusalén (ver Daniel 11:23-28).

Daniel 2, 7, y 8 no sugieren otro cambio en la serie de reyes del norte hasta el regreso de Jesucristo, ni nosotros encontramos ninguna señal de una nueva identidad del rey del sur. El rey del norte debe todavía ser el cristianismo liderado por el sistema papal hasta el fin del tiempo, y el rey del sur continuará siendo el islam.

La declaración de Charles Malik casi parece profética. Creo que estamos mirando a algo que está ahora en proceso de cumplimiento. El conflicto entre el islam y el cristianismo ya está tomando aspectos de una guerra santa. Si tengo razón, nos pone en el comienzo del último enfrentamiento entre el islam y el cristianismo. Las cosas podrían marchar rápidamente desde aquí.

Continuando con los versículos 41-43: "Entrará [el rey del norte] a la tierra gloriosa". Esto sugiere que algo comprometerá de algún modo la soberanía de la nación geopolítica de Israel.

"y muchas provincias caerán; mas éstas escaparán de su mano: Edom y Moab, y la mayoría de los hijos de Amón. Extenderá su mano contra las tierras, y no escapará el país de Egipto. Y se apoderará de los tesoros de oro y plata, y de todas las cosas preciosas de Egipto; y los de Libia y de Etiopía le seguirán".

En el Capítulo 1 vimos que Daniel 11:24-39 cubre el período de tiempo de 1260 años de gobierno papal, el que incluyó las Cruzadas, tanto en con-

4 Esta cita aparece en muchos sitios web, pero la mejor documentación está en www.atuio-ra/Resources/Sermons/27-08_The-Rise-and-Fall-of-the-World-Part2, donde John MacArthur afirma haberlo escuchado en persona. Sin embargo, MacArthur da un resumen, no una cita directa.

tra del islam como contra la Reforma. El rey del sur, durante ese período, fue el islam, y creo que todavía lo es. El poder del rey del sur cambió del reino ptolemaico político, que era su forma inicial, al poder geopolítico y religioso del islam.

Inicialmente, el islam atacó a Israel en 634 d.C., cuando cuatro ejércitos llegaron desde Medina. Tres de los ejércitos viajaron al este de Jerusalén, en tanto que uno viajaba al oeste en su camino al norte de Siria. Al año siguiente regresaron descendiendo del norte y sitiaron Jerusalén.

Usted podría pensar que este ataque sobre Jerusalén, desde el norte, los haría rey del norte. Sin embargo, los defensores bizantinos de Jerusalén solamente se rendirían a Omar el Califa quien, como líder del islam política y religiosamente, sería el rey del sur. Omar estaba al sur en Medina. Así que los ejércitos musulmanes invadieron a Jerusalén originalmente desde el sur, y Jerusalén se rindió cuando el califa o el rey del sur vinieron desde el sur.[5]

Mirando al globo, notamos que el área sombreada representa las naciones controladas predominantemente por el islam. Israel es el diminuto país en el medio. Después de 14 siglos de conflicto, el islam todavía está predominantemente en el sur.

En Daniel 11 hay tres conflictos, o guerras santas, entre el islam y el cristianismo. El primero se describe en los versículos 25-28: "Y desper-

5 l-Tel, Othman Ismael. First Islamic Conquest of Aelia (Islamic Jerusalem): A Critical Analytical Study of the Early Islamic Historical Narratives and Sources. Dundee, GBR:Al-Mak-toum Institute Academic Press, 2003. ProQuest February. 3 de mayo de 2016.

tará sus fuerzas y su ardor contra el rey del sur con gran ejército". Esto se cumplió cuando el papa Urbano II convocó a la guerra contra los musulmanes en Tierra Santa, y las naciones cristianas de Europa respondieron, empezando las cruzadas, debido a la amenaza del islam.

El segundo se menciona en el versículo 29, que dice: "Al tiempo señalado volverá al sur; mas no será la postrera venida como la primera. Porque vendrán contra él naves de Quitim [Chipre]". Esto se cumplió cuando el papa Pío V organizó la "Santa Liga" para luchar contra la extensión del islam otomano. Otra vez, las naciones cristianas le siguieron debido a la amenaza del islam.

El versículo 30 habla sobre cómo vendrán contra él las embarcaciones desde Chipre (Quitim), impidiéndole de seguir a Chipre y por lo tanto al sur. El cumplimiento histórico de este segundo movimiento del rey del norte hacia el sur es en la cuarta guerra veneciana/turco otomana de 1570-1573. La flota de la Santa Liga zarpó hacia Chipre pensando expulsar de la isla a los musulmanes.

Sin embargo, la flota nunca llegó allí. La flota otomana había zarpado desde Constantinopla/Estambúl hacia Chipre con 250-300 naves. En Chipre desembarcaron una fuerza invasora de más de 30 000 hombres. La flota otomana zarpó entonces a su posición avanzada occidental en Lepanto, para bloquear la flota de la Santa Liga.

En la batalla, la flota otomana fue destruida, pero pudo impedir que la Santa Liga navegara hasta Chipre. Como resultado, los turcos otomanos pudieron tomar y retener Chipre. En sólo un año los turcos otomanos habían reconstruido su flota.

Así, las embarcaciones islámicas de Chipre le impidieron al rey del norte recuperar territorio al sur. Como el Gran Visir argumentó: "Ustedes [cristianos] vienen a ver cómo sobrellevamos nuestra desgracia. Pero yo les haría saber la diferencia entre su pérdida y la nuestra. Al arrebatar Chipre de sus manos, nosotros les privamos de un brazo; al derrotar nuestra flota, ustedes solamente nos han afeitado la barba. Cuando se corta un brazo, este no puede crecer otra vez; pero una barba afeitada crecerá aún mejor por la afeitada".[6]

Similar y Opuesto

En 2002, recibí un correo electrónico sobre el islam y el papado. Su autor creía que, en el tiempo del fin, el islam y el papado se unirían en un

6 A Military History of the Western World, Major General J.F.C. Fuller. Funk and Wagnails Company. New York, 1954, Vol 1, pp. 559-579.

único poder, una idea que parcialmente basaba en Martin Lutero, quien llamaba tanto al islam como al papado el anticristo. Martin Lutero identificó una pierna de la estatua de Daniel 2 como el papado, y la otra pierna como el islam.

Mientras leía el correo electrónico de mi amigo, pensaba: "son parecidos, y aún así son opuestos, como los polos norte y sur". Cuando esa idea atravesó mi mente, pensé: "¡Daniel 11!" Abrí mi Biblia y lo leí, y repentinamente, por primera vez en mi vida, Daniel 11 tuvo sentido.

Si el papado fuera la bestia y estuviera en el norte, entonces el otro poder debía tener una relación de punto/contrapunto con él. Vayamos a través de los opuestos y los complementarios para ver si esto funciona.

1. El papado apareció desde el interior de Roma. El islam se extendió por el territorio austral del Imperio Romano, y la Roma papal dominaba la parte septentrional.

2. Daniel dijo que el cuerno pequeño, el papado, desarraigaría tres cuernos, y lo hizo—a los hérulos, a los vándalos, y a los ostrogodos. El islam conquistó tres regiones: África Septentrional, el Medio Oriente, y Turquía.

3. Ambos poderes tienen un "hombre a la cabeza"—uno el papa, el otro a Mahoma, y más tarde un califa. Pregúntele a un miembro de la iglesia católica romana: "¿Quién es el hombre a la cabeza de su iglesia?" Dirá: "El papa". Pregúntele entonces a un musulmán: "¿Quién es el hombre a la cabeza de su movimiento?" Y responderá: "Mahoma". Después de Mahoma, el islam a menudo ha tenido un califa, el líder de un califato. Había un califato árabe hasta el tiempo de las Cruzadas, luego el califato turco otomano o turcos, y ahora el califato del Estado Islámico.

4. Los dos poderes serían "diversos", o diferentes, a poderes anteriores. Ambos cambian de ser un poder político a ser un poder religioso. La Roma pagana era política, en tanto que la Roma papal era política y religiosa. Egipto, bajo los ptolomeos, era político. Pero el islam es, a la vez, enérgicamente político y religioso. El mundo antiguo no separaba los gobiernos en esferas religiosas y políticas. El líder solía ser el sacerdote principal de la religión nacional. Pero Roma papal y el islam enfatizaron los aspectos religiosos mucho más de lo que lo hicieron los gobiernos antiguos. Se centraron principalmente en la conquista

religiosa.

5. Ellos son caracterizados como "hablando grandes cosas", o blasfemias. Incluso es aplicable el término anticristo. El término griego traducido como "anticristo" significa o bien "en lugar de Cristo" o "en contra de Cristo". El papado alega estar gobernando en lugar de Cristo. El islam niega la divinidad de Cristo.

6. Ellos "quebrantarían a los santos". Durante las Cruzadas y la Inquisición, el papado asesinó a musulmanes, judíos, y cristianos por igual, quienes no creían como ellos. El islam asesinó a cristianos, judíos, y musulmanes que no creían como ellos, aunque a veces ambos podían ser muy tolerantes (como ocurrió especialmente en la España islámica).

7. A ellos "el dragón le dio … su trono", o la capital del Imperio Romano. El Imperio Romano tenía dos capitales. El emperador Constantino mudó la capital de la ciudad de Roma a Constantinopla. Después de ser dejada, la ciudad de Roma se volvió el centro del poder papal. Constantinopla devino más tarde Estambúl, capital del Califato Turco Otomano Islámico o Califato Turco por muchos siglos. El papado recibió una capital del Imperio Romano y el islam la otra.

Algunos han visto alusiones al islam en Apocalipsis 9:1-12: "El quinto ángel tocó la trompeta, y vi una estrella que cayó del cielo a la tierra; y se le dio la llave del pozo del abismo". Dos interpretaciones podrían tener sentido aquí. Una es que la estrella era Mahoma, empezando como un verdadero profeta de Dios y luego alejándose. El otro enfoque es hacia el que más me inclino: el ángel que cayó del cielo es Satanás.

Tanto la bestia que encontramos en Apocalipsis, como el poder que algunos creen puede ser el islam, vienen desde el "pozo del abismo". El pozo del abismo es definido como un lugar sin vida, una área desolada y abismal. Los comentaristas bíblicos que creen que Mahoma tiene un rol en Apocalipsis 9, ven el pozo del abismo como la Península Árabe, la que parecía sin vida.

Pero Satanás es el que trae destrucción desde cualquier bestia. El versículo 2 dice: "Y abrió el pozo del abismo, y subió humo del pozo como humo de un gran horno; y se oscureció el sol y el aire por el humo del pozo".

El humo representa a menudo los juicios de Dios, y creo que ésa es la aplicación aquí, porque para cuando llegamos a los versículos 20 y 21, el humo, sin lugar a dudas, está demostrando que era el juicio divino: "y se oscureció el sol y el aire por el humo del pozo. Y del humo salieron langostas sobre la tierra; y se les dio poder, como tienen poder los escorpiones de la tierra. Y se les mandó que no dañasen a la hierba de la tierra, ni a cosa verde alguna, ni a ningún árbol, sino solamente a los hombres que no tuviesen el sello de Dios en sus frentes" (versículos 2-4).

Cuando hablamos del "sello de Dios", descubrimos que significaba tener la Palabra de Dios en nuestra mente después de que tomamos la decisión de seguir a Dios, un concepto que se remonta, por lo menos, hasta Deuteronomio 11:18. El nuevo pacto en Jeremías 31:31-33 describe lo mismo.

No piense que el sello de Dios está relacionado solamente con la gente del fin del tiempo. Se ha aplicado a Su pueblo durante mucho, mucho tiempo. Desde el principio hasta el fin de la historia, diferentes individuos han aceptado a Dios y tomado la decisión de seguirle. Al final del tiempo, el mismo sello de Dios está en las frentes de las personas, y Él los protege de las plagas por venir.

Dos Han Pasado, Uno Todavía por Venir

Lo que acabamos de describir era el primero de tres "ayes" descritos en Apocalipsis 9. "El primer ay pasó; he aquí, vienen aún dos ayes después de esto" (versículo 12). Algunos han interpretado los tres ayes como tres fases históricas.[7] El primer ay fue la fase árabe, el tiempo en que Mahoma conquistó la península arábiga. A medida que el islam continuó expandiéndose, absorbió Egipto, Palestina, África Septentrional y partes de Turquía. Aunque los ejércitos islámicos trataron de tomar Constantinopla, no pudieron. Así que, en los primeros 150 años de conflicto, eso fue todo lo que el islam fue capaz de conquistar.

"Y les fue dado, no que los matasen, sino que los atormentasen cinco meses". Aquellos que sostienen esta posición ven los cinco meses de días proféticos como 150 años.

He aquí otro aspecto del primer ay. Apocalipsis 9:3 habla de langostas. Las langostas del desierto salen del desierto de Arabia Saudita y se extienden por todo el norte de África cuando el viento sopla de este a

7 Véase el artículo en la revista Ministry, de junio de 1944, que relaciona las perspectivas de varios comentarios bíblicos desde 1100 hasta los 1930s, en el Apéndice.

oeste—o, si el viento va de suroeste a noreste, arrastra en esa dirección a las langostas. Un mapa de la extensión de la langosta del desierto muestra que, básicamente, es la misma área cubierta por la fase árabe del islam.

En los versículos 13-17 viene el segundo ay. "El sexto ángel tocó la trompeta, y oí una voz de entre los cuatro cuernos del altar de oro que estaba delante de Dios, diciendo al sexto ángel que tenía la trompeta: Desata a los cuatro ángeles que están atados junto al gran río Eufrates. Y fueron desatados los cuatro ángeles que estaban preparados para la hora, día, mes y año, a fin de matar a la tercera parte de los hombres. Y el número de los ejércitos de los jinetes era doscientos millones. Yo oí su número. Así vi en visión los caballos y a sus jinetes, los cuales tenían corazas de fuego, de zafiro y de azufre. Y las cabezas de los caballos eran como cabezas de leones; y de su boca salían fuego, humo y azufre".

Muchos comentarios antiguos consideran este grupo como representante de los turcos.[8] Los turcos salieron de lo que ahora es Rusia, avanzaron descendiendo por Persia, aceptaron el islam, se extendieron a lo largo del área de los ríos Tigris y Éufrates, atravesaron los pasos de montaña de la región, y llegaron al área llamada ahora Turquía, y cuando lo hicieron, trajeron una nueva fase de la conquista islámica. Tomando Constantinopla, se abrieron paso hacia arriba, a Europa. Para ese entonces, habían puesto mucha presión sobre el cristianismo occidental.

En última instancia, el empujón otomano permitió que la Reforma pudiera echar raíces, porque gran parte de la cristiandad estaba absorta en cómo tratar de retener la línea contra los turcos islámicos. Durante ese período de tiempo, Martin Lutero y otros reformadores empezaron a proclamar "la Biblia y sólo la Biblia", y el papado no pudo tratar con ellos inmediatamente, debido a la amenaza de los turcos. ¿Por qué Dios permitiría las invasiones islámicas? Creo que Él usó al islam para revitalizar el cristianismo. Le dio una oportunidad a la Reforma para desarrollarse y extenderse.

Note algo interesante en el versículo 20: "Y los otros hombres que no fueron muertos con estas plagas, ni aun así se arrepintieron de las obras de sus manos, ni dejaron de adorar a los demonios, y a las imágenes de oro, de plata, de bronce, de piedra y de madera, las cuales no pueden ver, ni oír, ni andar". Tanto el cristianismo occidental como el oriental usaban, cada vez más, imágenes y estatuas en sus iglesias y en su adoración, una práctica que irritaba a Mahoma y a sus seguidores.

---

8 Ibid.

Durante la más temprana fase árabe, Mahoma y su pueblo habían dejado en paz a aquellos cristianos que eran serios sobre seguir a la Biblia sola, pero de aquellos que parecían adorar estatuas, el suegro de Mahoma, Abu Bakr, dijo que debían "partir sus cráneos".[9]

Algunos ven esto como Dios intentando usar al islam para traer al cristianismo de regreso a la verdad, pero estos no lo hicieron. Versículo 21: "y no se arrepintieron de sus homicidios, ni de sus hechicerías, ni de su fornicación, ni de sus hurtos". ¿Qué usó Dios como símbolo de su caída espiritual? Los llamó una ramera, una prostituta, justo como lo hizo con el Israel del Antiguo Testamento. Como con el cristianismo, cuando el Israel del Antiguo Testamento adoró ídolos, Dios envió a los hijos de oriente ("primos" abrahámicos, descendientes de Ismael, de Esau, y de Lot) para castigar a Israel.

Como Daniel 11 tiene tres conflictos, así también en Apocalipsis hay tres ayes. Nuevamente, sugiero que Dios estaba usando al islam como un llamado a despertar, para traer a su Israel cristiano del Nuevo Testamento de regreso a Su Palabra. Creo que el mismo patrón se repetirá en el tiempo del fin—el islam será una herramienta en las manos de Dios para confrontar al mundo con Su Palabra.

9 Edward Gibbon. The Decline and Fall of the Roman Empire (New York: Random House. 1932) vol. 5. p. 286.

Capítulo 8

La Guerra Santa del Tiempo del Fin

Los Tres Conflictos

La versión King James traduce Daniel 11:29 más fielmente al original que las versiones en español, diciendo: "En el tiempo señalado él regresará, y vendrá hacia el sur; pero no será como la primera, ni como la postrera" (En la RVR60 se traduce como: "Al tiempo señalado volverá al sur; mas no será la postrera venida como la primera", lo que da a entender que habría sólo dos venidas, cuando en realidad el texto original se refiere a tres venidas: la primera, la postrera, y luego la que se está anunciando, la de en medio). Este versículo describe el segundo más importante conflicto entre el cristianismo y el islam. El rey del norte se ha dirigido al sur para un segundo asalto, pero no será como el "primero", ni tampoco como el "postrero".

De esta afirmación, podemos llegar a la conclusión de que tienen lugar tres períodos generales de conflicto entre los reyes del sur y del norte en Daniel 11:23-45. En Daniel 11:40 los primeros dos conflictos han pasado, y el tercero empieza. Esto me lleva a la conclusión de que veremos un tercer y final conflicto entre el islam y el cristianismo.

Además, sugiere todavía otra semejanza entre los reyes del norte y del sur. Una herida mortal sería sanada, de acuerdo con Apocalipsis 13:3. El papado fue herido en 1798, pero eventualmente recuperó su poder. ¿Y el islam? ¿También atravesó un período en que tuvo gran fuerza, la perdió, y la recuperó otra vez?

Un día, decidí representar gráficamente la curva de poder del papado, como la llamé. Ascendió a la prominencia en 538 d.C., aumentó en influencia durante siglos, alcanzó un cenit, y luego, después de 1260 años de poder, vio su poder terminado en 1798. En 1929, el papado empezó a cobrar auge otra vez, y de acuerdo con la Biblia, crecerá en fuerza hasta que Jesús lo destruya en el final mismo.

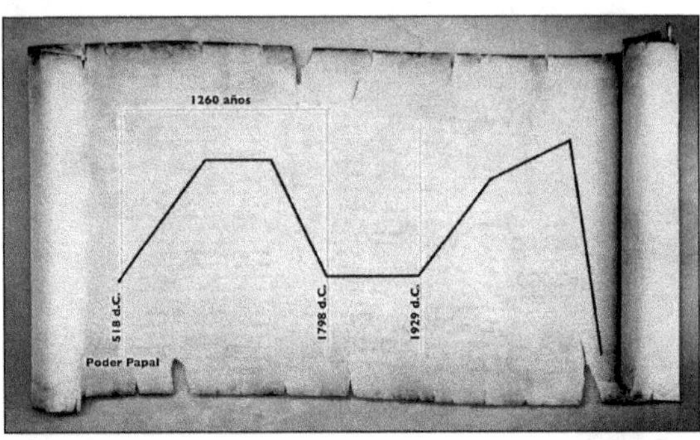

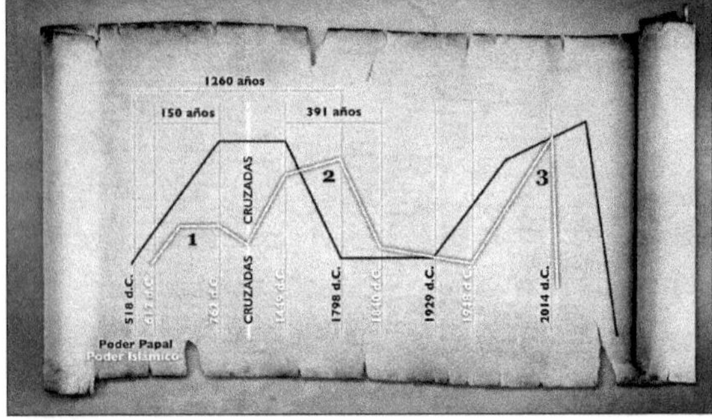

Entonces pensé en qué encontraría si trazaba la curva de poder del islam sobre la del papado. He aquí lo que obtuve:

¡Vaya! Si son casi idénticas. Si consideramos Apocalipsis 9 como retratando el papel del islam, e interpretamos un día por un año (como sugerimos antes), entonces 150 años se extenderían desde el 612 d.C. (alrededor del período en que sus seguidores creen que Mahoma empezó a recibir revelaciones) hasta 762. Empezando en 1449 d.C., tenemos los 391 años del segundo ay como el período del imperio turco, y eso nos trae a 1840 y al cambio en el Imperio Otomano. Desde mediados de los 1800s hasta mediados de los 1900s, el islam no tuvo mucho poder para nada.

No fue sino hasta los 1920's que la Hermandad Musulmana se formó en Egipto. La mayoría de los musulmanes radicales trazan sus raíces hasta la Hermandad.

En 1948, los países islámicos adquirieron un enemigo común, Israel. Ese enemigo común unió a las naciones islámicas, y en lugar de pelearse tanto unas contra otras, se volverían ahora contra Israel. Aproximadamente al mismo tiempo, muchos de esos países empezaron a ganar dólares del petróleo, así que ahora tenían financiación para su guerra. En los 1960s, apareció la nueva herramienta del terrorismo. El islam radical, o islamistas, habían empezado a crecer en poder.

Aquí en el gráfico están el conflicto temprano (con las Cruzadas), el medio (con el Imperio Otomano), y el postrero en Daniel 11. El tercero es el que ocurre "en el tiempo del fin"—el período en el que vivimos.

En la primera edición de este libro, dije que creía que podía esperarse una tercera guerra santa entre el islam y el cristianismo. Tres años después, la tercera y última "guerra santa" ha comenzado. Miremos a la descripción de Daniel 11:40-43 de este conflicto tercero y final.

Una Guerra Difícil y Rápida

"Pero al cabo del tiempo el rey del sur [islam] contenderá con él [el papado y su alianza]; y el rey del norte [el papado] se levantará contra él [islam] como una tempestad, con carros y gente de a caballo, y muchas naves; y [el papado] entrará por las tierras, e inundará, y pasará. Entrará [el papado] a la tierra gloriosa, y muchas provincias caerán; mas éstas escaparán de su mano [del papado]: Edom y Moab, y la mayoría de los hijos de Amón.

"Extenderá [el papado] su mano contra las tierras, y no escapará el país de Egipto. Y se apoderará [el papado] de los tesoros de oro y plata, y de todas las cosas preciosas de Egipto; y los de Libia y de Etiopía le seguirán [al papado]".

En esta descripción de rápida destrucción que presenta Daniel, [el papado] su ejército "inundará, y pasará. Entrará [el rey del norte, la alianza papal] a la tierra gloriosa, y muchas provincias caerán". Fíjese que esta fuerza entra en Israel. Como mencioné en el capítulo 6, eso quiere decir que la soberanía de la nación israelí se verá comprometida, ya sea por las fuerzas cristianas o, más probablemente, porque las fuerzas cristianas estarán "salvando" a Israel del islam radical. Muchos países caerán—no sólo un par de ellos, sino muchos. Todo el Medio Oriente estará en agitación.

El abrumador ataque desde el norte provoca una desintegración del islam en tres partes:

1. Aquellos que se libran del rey del norte
2. Aquellos que son derrocados por el rey del norte
3. Aquellos que seguirán al rey del norte

Miraremos primero los puntos 2 y 3, dejando el primer punto para el final, porque son las buenas nuevas.

Egipto y Muchos Países Derrocados

En este tercer y final conflicto del "tiempo del fin", la Biblia dice que Egipto y muchos países serán derrocados. Recuerde que el rey del norte, el rey del sur, e Israel, son geopolíticos y religiosos. Para ser consecuentes, debemos esperar que Egipto sea también geopolítico y religioso. Esto significa que yo espero que la nación geopolítica de Egipto se radicalice y sea derrocada. Adicionalmente, también espero que la aplicación religiosa sea el derrocamiento o la destrucción del islam radical y de los partidarios del califato en todo el mundo, en el fin del tiempo.

Libia y Etiopía seguirán al rey del norte. Otra vez, esto debe ser geopolítico y religioso. Estoy seguro que los países o las áreas de las antiguas Libia y Etiopía decidirán seguir al cristianismo liderado por el sistema papal, ante la alternativa de enfrentar su propia destrucción. Al mismo tiempo, espero que el islam moderado o secular siga al cristianismo papal, diciendo básicamente "No nos maten—a nosotros tampoco nos gusta el islam radical".

Ya no es más una cuestión de si esta guerra santa final podría ocurrir o no. Creo que ya ha comenzado.

Comienza la Guerra Santa Final

Por primera vez desde el Imperio Otamano, tenemos ahora un califato funcional, y por primera vez desde el imperio otomano, el papado ha llamado a la acción militar contra el califato. Debido a que el conflicto otomano fue el segundo conflicto entre el islam y el cristianismo en Daniel 11, la reanudación de las hostilidades sería el comienzo del tercer y final conflicto entre el islam y el cristianismo.

Aquí les muestro cuándo y cómo comenzó el conflicto final. El 29 de junio de 2014, se declaró el Califato Islámico (el Estado Islámico). He aquí cómo el *London Telegraph* reportó sobre ello: "Abu Bakr al-Baghdadi, el autoproclamado líder del 'Estado Islámico', que se extiende a través de Irak y Siria, ha jurado liderar la conquista de Roma, llamando a los musulmanes a inmigrar a su nueva tierra a luchar bajo su estandarte alrededor del mundo".[1]

Fíjese que, en el primer día de existencia del Califato Islámico, dijeron que atacarían Roma y conquistarían el mundo. Daniel 11 dijo que el rey del sur atacaría al rey del norte. ¡Esto se ajusta perfectamente! Durante las siguientes cinco semanas, el Estado Islámico conquistó rápidamente

1 The Telegraph, 1 de julio de 2014.

un área inmensa de Siria e Irak, matando a miles de cristianos, yazidis, y musulmanes, que no se unieron con ellos.

El 7 de agosto de 2014 el papa pidió acción. "El papa Francisco apeló el jueves a los líderes del mundo a ayudar a terminar la crisis en el norte de Irak, después de que un rápido avance de militantes radicales del Estado Islámico forzó a miles de residentes del pueblo cristiano más grande de Irak a huir de sus casas. Su Santidad lanzó una urgente apelación a la comunidad internacional a tomar acción para terminar la tragedia humanitaria ahora en marcha".[2]

Durante los siguientes días, quedó claro, por las declaraciones de diplomáticos papales, que éste era un llamado a la acción militar. "Haciendo referencia a la acción militar, el arzobispo Giorgio Lingua, el nuncio del Vaticano para Irak, le dijo a Radio Vaticano: 'Esto es algo que tuvo que hacerse, de lo contrario [el Estado Islámico] no podría ser detenido. Tal llamado prácticamente carece de precedentes para un representante papal en los tiempos modernos, pero nuestra era es una era extraordinaria, y el Estado Islámico no está interesado en una mesa de negociaciones. Todo lo contrario, el Estado Islámico está empeñado en el genocidio y la barbarie, exterminando despiadadamente a todo el que se les oponga'".[3]

Declaración del enviado papal a las Naciones Unidas: "El embajador de la Santa Sede para las Naciones Unidas, Silvano Tomasi, este fin de semana apoyó los ataques aéreos de los EE. UU. que tuvieron por objetivo interrumpir el avance de los militaristas del Estado Islámico suní (EI), llamando a la "intervención ahora, antes de que sea demasiado tarde. La acción militar podría ser necesaria", dijo.

Mientras que el Vaticano desaprobó vocalmente la campaña que los EE. UU. lideraron en Irak en 2003, y los planes para los ataques aéreos sobre Siria en el 2013, temiendo que ambas podrían hacer empeorar la situación para los cristianos en el terreno, el temor a la limpieza étnica por los islamistas ha forzado un cambio de política".[4]

Note que no hay ninguna duda de que el papa estaba pidiendo acción militar. Recuerde que en Daniel 11, el rey del sur (el islam) ataca al norte (el cristianismo liderado por el papado) y el rey del norte contraataca con acción militar. Ésto es exactamente el orden de eventos que vimos en 2014.

---

2 Reuters, "Francis calls for action as Iraqi Christians forced to flee." 7 de agosto de 2014.

3 Catholic Online, "Chaldean Patriarch calls for Armed Response to defends Christians from Genocide", 11 de agosto de 2014.

4 Breitbart News, "Vatican's Approval of Iraq Strikes a Rare Exception to Peace Policy." 13 de agosto de 2014.

No sólo hubo allí un llamado a la acción, hubo acción real. Sólo un día después de que el papa pidiera la acción militar, los EE. UU. empezaron a bombardear al Califato Islámico. Antes, en este libro, dije que los EE. UU. se volverían el ejecutor militar para el papado. Incluso el Estado Islámico reconoce ahora que esto es cierto, luego del llamado papal a la acción.

"Jihadi John dijo: 'A Obama, el perro de Roma. Hoy estamos masacrando a los soldados de Bashar, y mañana estaremos masacrando a sus soldados, y con el permiso de Alá, romperemos esta cruzada final y última, y pronto el Estado Islámico, como dijo su marioneta David Cameron, empezará a masacrar a su pueblo en sus calles'".[5]

Así que el Estado Islámico llama a los EE. UU. el perro de Roma. Esto tiene sentido. El papado ordenó atacar, y exactamente igual que un perro guardián, los EE. UU. atacaron.

Dos semanas después del llamado del papa a la acción militar, el Estado Islámico empezó a filmar la descapitación de rehenes y publicar las filmaciones en YouTube. Todo esto era una parte del plan del Estado Islámico de enfadar al mundo para inducirlos a atacar al Estado Islámico.

Después de que el territorio del Estado Islámico fue blanco del ataque, disminuyó la velocidad de su expansión y empezó a perder territorio. Internacionalmente, sin embargo, empezaron a extenderse, con muchos grupos radicales islamistas jurando lealtad al Estado Islámico. Estos grupos incluían a Boko Haram de Nigeria, Al Shabaab de África Oriental, y muchos otros grupos islamistas.

Con el Estado Islámico bajo asedio militar, el califa llamó a realizar ataques terroristas alrededor del mundo. "Abu Bakr al-Baghdadi, el líder del grupo extremista ISIS (Daesh), llamó a sus partidarios a 'entrar en erupción volcanes de la yihad' en un mensaje de audio aparentemente nuevo".[6] Desde entonces, los seguidores del Estado Islámico han desatado el terrorismo alrededor del mundo. Hemos sufrido grandes ataques terroristas, muy publicitados, en Francia, Bélgica, y los EE. UU. También han ocurrido ataques mucho más grandes en África, Asia, y el Medio Oriente, que la prensa occidental ha ignorado en su mayor parte.

Durante todo el tiempo de esta actividad, el papado ha estado creciendo en poder. Fue debido a la ira contra el islam violento que el mundo cristiano siguió al llamado papal a la acción militar en la época de las

---

5 London Telegraph, "US Army Veteran Peter Kassig 'Murdered by Isil,'" 17 de noviembre de 2014.

6 NBC News, "ISIS Leader al-Baghdadi: 'Erupt Volcanoes of Jihad,'" 13 de noviembre de 2014.

cruzadas. Fue debido a la ira contra el islam violento que siguió al papado otra vez, en tiempos del Imperio Otomano.

Las siguientes citas de noticias mostrarán que lo mismo está ocurriendo hoy. "El ex presidente israelí Shimon Peres ha dicho que el papa Francisco es más poderoso que las Naciones Unidas, en lo que se refiere a propugnar la paz. Mientras visitaba el Vaticano hoy más temprano, el Sr. Peres le pidió al papa Francisco que dirigiera un paralelo de las Naciones Unidas, llamado 'Religiones Unidas' para contrarrestar el extremismo religioso en el mundo hoy.

Peres dijo que las Naciones Unidas y sus encargados del mantenimiento de la paz no tienen la fuerza o la eficacia de ninguna de las homilías del papa, que pueden reunir a medio millón de personas, y eso tan sólo en la Plaza de San Pedro. 'Por eso, dado que las Naciones Unidas ya han hecho todo lo que podían, lo que necesitamos es una organización de Religiones Unidas', dijo el Sr. Peres, como 'la mejor manera de contrarrestar a estos terroristas que matan en el nombre de su fe. Lo que necesitamos es una autoridad moral incuestionable que diga bien alto: "No. Dios no quiere esto y no lo permite,"' añadió.[7]

El problema es que, históricamente, el cristianismo liderado por el sistema papal ha sido responsable de las muertes de millones de cristianos, judíos, y musulmanes que no estuvieron de acuerdo con sus enseñanzas. Esto es pedirle al zorro que proteja el gallinero. El poder papal continúa creciendo. "Pero astuta y metódicamente, con el toque de un maestro de espectáculos, el sacerdote jesuita argentino de 78 años y voz suave, nombrado Jorge Mario Bergoglio—Papa Francisco—mostró el jueves que está en camino de volverse el presidente del planeta"...[8]

Proféticamente, estamos ahora en las primeras etapas de la "tempestad" de Daniel 11. Incluso los reportajes dan la sensación de una tempestad, como éste del *New York Post*: "Éstos son desarrollos sin precedentes, apartándose tanto de la norma y ocurriendo tan rápido que las consecuencias se están acumulando más rápido de lo que pueden comprenderse. Las alianzas construidas durante décadas son hechas añicos en un relativo relámpago, invitando a la agresión y al conflicto interminable. La mezcla tóxica de fanatismo islámico y proliferación nuclear podría provocar una conflagración mundial".[9]

---

7 Catholic Herald, 'Shimon Peres: Francis is More Powerful Peace Advocate than UN, " 4 de septiembre de 2014.

8 Huffington Post, "Pope Francis Wants to be President of the World, " 24 de septiembre de 2015.

9 New York Post, "Obama's Race to Chaos, " 28 de marzo de 2015.

Esto es precisamente lo que quieren los islamistas. "El califato trata de unir docenas de facciones del Talibán paquistaní y afgano en una única legión del terror. Incluye una historia nunca antes vista del Estado Islámico, detalles que desalientan futuros planes de lucha, insta a al-Qaeda a unirse al grupo y dice que el líder del Estado Islámico debe ser reconocido como el único gobernante de los mil millones de musulmanes del mundo bajo un imperio religioso llamado un califato. 'Acepte el hecho de que este califato sobrevivirá y prosperará hasta que conquiste el mundo entero y decapite a cada persona que se rebele contra Alá', declara un documento de reclutamiento del Estado Islámico. 'Ésta es la amarga verdad, tráguesela'".[10]

Muchos profesores cristianos de profecía han dicho que Rusia es el rey del norte. Sin embargo, Rusia no ha atacado a Israel desde el norte desde la caída del imperio romano, así que no puede ser el rey del norte de Daniel 11. Más bien, Rusia es una parte del cristianismo liderado por el sistema papal/rey del norte. Rusia sería una parte de ese mundo que sigue a la Bestia, el cristianismo papal. Esto se está volviendo claro ahora.

Por años, Rusia ha tenido sus propios desafíos con el terrorismo islámico radical. Putin, el líder de Rusia, se ha considerado a sí mismo el protector del cristianismo ortodoxo en el Medio Oriente. Considere estos hechos que muestran que Rusia está luchando ahora contra el islam radical en cooperación con el papado.

"En un endoso inusitadamente franco de acción militar, el máximo diplomático del Vaticano en las Naciones Unidas en Ginebra ha llamado a que una fuerza internacional coordinada detenga al 'llamado Estado Islámico' en Siria e Irak. Dijo que la declaración conjunta se originó con Rusia, que tradicionalmente se ve como protectora de los cristianos ortodoxos en el Medio Oriente", [11]

Cuando Rusia entró en la guerra en Siria contra el islam radical, FrontPage Mag publicó una historia titulada "Rusia Declara 'Guerra Santa' Contra el Estado Islámico, Mientras Obama se Alinea con el Asesino de Cristianos 'Luchadores por la Libertad'". Expresa: "El jefe de Relaciones Exteriores de la Iglesia, el metropolitano Hilarión ... le pidió a Putin que hiciera de la protección de los cristianos una de las directivas de la política exterior en el futuro. 'Así será, no tenga duda", contestó Putin".[12] Así que

10 USA Today, "Islamic State Recruitment Document Seeks to Provoke 'End of the World," 28 de julio de 2015.

11 Crux Now, "Vatican Backs Military Force to Stop ISIS 'Genocide," 13 de marzo de 2015.

12 FRONTPAGE MAG, "Russia Declares 'Holy War' on Islamic State While Obama Sides with Christian Murdering 'Freedom Fighters," 7 de octubre de 2015.

Rusia es ahora una parte del cristianismo papal, la alianza del rey del norte.

En tanto que la amenaza del terrorismo está causando miedo y cólera, la inmigración islámica a occidente también está causando miedo e ira adicionales. “No pienso que esta ola pueda parar”, dijo Sonja Licht, del Centro Internacional para la Transición Democrática. “El norte global debe estar preparado porque el sur global está en movimiento, todo el sur global. Esto no es un problema sólo para Europa, sino para todo el mundo”.[13] Esta combinación de amenaza terrorista e inmigración masiva está causando un rápido aumento en el poder de la extrema derecha y un sentimiento anti-islámico en el mundo cristiano.

Luego vino la campaña presidencial de los EE.UU. en el 2016, y Donald Trump. Durante la campaña dijo: “El punto es que ellos [los islamistas radicales] quieren hacer mucho daño. Tenemos que eliminarlos. Tenemos que eliminarlos sumamente rápido y violentamente, si es necesario... Tenemos que destruir la marca de la jihad”.[14] Esto suena como la tempestad de Daniel 11:40. Él ganó la elección y dijo esto en su ceremonia de toma de posesión: “Reforzaremos las viejas alianzas y formaremos otras nuevas–y uniremos el mundo civilizado contra el Terrorismo Islámico Radical, al que erradicaremos totalmente de la faz de la Tierra”.[15] Esto es lo que sugiere Daniel 11, que el islam radical es arrasado, mientras que los musulmanes moderados siguen al cristianismo liderado por el papa y los EE.UU. contra los radicales. ¡Creo que estamos viendo cumplirse la profecía en nuestros tiempos!

Entonces, el presidente Trump empezó a cumplir sus promesas. Ordenó el bombardeo creciente sobre el Estado Islámico, y empezó a desarrollar una coalición del islam moderado que ayudara a eliminar a los islamistas radicales. Su primer viaje como presidente fuera de los EE.UU. fue a Arabia Saudita (de donde proviene el rey del sur), Jerusalén (atrapada en el medio), y al Vaticano (de donde proviene el rey del norte). Dijo, “La visita a Arabia Saudita incluirá una ‘reunión verdaderamente histórica, en Arabia Saudita, con líderes de todo el mundo musulmán. Empezaremos a construir un nuevo fundamento de cooperación y apoyo con nuestros aliados musulmanes, para combatir el extremismo, el terrorismo y la violencia”.[16]

---

13 New York Times, “A Mass Migration Crisis, and it May Get Worse”. 31 de octubre de 2015.

14 Fox News, “Hannity, Trump Town Hall”. 18 de Agosto de 2016.

15 Discurso Inaugural de Trump, 20 de enero de 2017.

16 Politico, “Trump to Visit the Vatican on First Foreign Trip as President”, 4 de mayo de 2017

Esta reunión resultó en una relación entre Trump y el Príncipe de la Corona saudita. Muestra el éxito de Trump en desarrollar una coalición de musulmanes moderados contra los islamistas radicales. El Príncipe de la Corona identifica claramente quienes son los radicales. "El poderoso Príncipe de la Corona Saudita, Mohammed bin Salman, ha descrito a Turquía como parte de un 'triángulo del mal', junto con Irán y grupos intransigentes de islamistas… El príncipe saudita también acusó a Turquía de tratar de restablecer el Califato Islámico, abolido hace casi un siglo cuando el Imperio Otomano colapsó".[17] Profundiza en el tema en otra entrevista. "En este triángulo, están tratando de promocionar la idea de que nuestro deber, como musulmanes, es restablecer el califato, … que la gloria del islam está en construir un imperio a la fuerza… Ya no tenemos el deber de luchar para difundir el islam. Pero en el triángulo del mal, quieren manipular a los musulmanes, decirles que su deber como musulmanes requiere el establecimiento de un imperio musulmán… Creo que los palestinos y los israelíes tienen el derecho de tener su propia tierra. Pero debemos tener un acuerdo de paz para garantizar la estabilidad para todos, y tener relaciones normales".[18]

Trump luego cambia de lugar la embajada norteamericana a Jerusalén, enfadando a los islamistas radicales, porque ellos quieren tomar Jerusalén como la capital mundial del califato. En cierto modo, el reconocimiento, por parte de Trump, de Jerusalén como capital de Israel, y su plan de paz, están provocando que los radicales se identifiquen a sí mismos, de manera que él y los musulmanes moderados sepan a quién erradicar.

Entonces, los musulmanes moderados, que están en contra de los radicales que apoyan al califato, quienes tienen todos sus raíces en la hermandad musulmana, en realidad hicieron una alianza con el papa. La publicación *Atlantic Monthly* lo explica en un artículo subtitulado "El significado de la visita histórica del papa a los Emiratos Árabes Unidos". "Lo que ha cambiado, en resumen, es el doble surgimiento de la Hermandad Musulmana y del Estado Islámico. El siguiente análisis es igualmente aplicable a los Emiratos y a Arabia Saudita… Enfrentando desafíos directos, los Estados del Golfo calcularon que ya no podían apaciguar a los islamistas, y que en vez de ello, deben aplastarlos. Eso es precisamente lo que han hecho, tanto en los E.A.U. como en Arabia Saudita… Las autoridades institucionales del islam, y las autoridades políticas con las

17 Jerusalem Post, "Saudi Prince Says Turkey Part of 'Triangle of Evil'", 7 de marzo de 2018

18 The Atlantic, Saudi Crown Prince: Iran's Supreme Leader 'Makes Hitler Look Good'", 2 de mayo de 2018

que están alineadas, acaban de comprarse un aliado institucional, si no uno teológico. Si la alianza mantiene a raya a los bárbaros teológicos es otra cuestión".[19]

Hay varias maneras en que los islamistas podrían provocar al cristianismo papal a una guerra santa incluso más intensa. La primera sería instigar ataques terroristas más frecuentes y/o más grandes en el mundo occidental. La segunda sería usar un dispositivo nuclear de algún tipo en un ataque terrorista. Los EE. UU. convocaron a una cumbre internacional para tratar con este riesgo en específico. Forbes dijo: "Al frente y al centro estaban las potenciales amenazas nucleares terroristas, no sorprendente dado el ataque de la semana anterior en Bruselas, y la vigilancia sobre los científicos e instalaciones nucleares terroristas".[20]

La tercera manera en que los islamistas podrían empujar al mundo a una guerra santa total sería asesinar al papa, y ellos esperan hacerlo. "Lo que ha sido declarado por el autodenominado Estado Islámico es claro— ellos quieren matar al papa. Las amenazas contra el papa son creíbles ... El papa se había vuelto un objetivo hablando contra las violaciones de derechos humanos cometidas contra cristianos en Siria e Irak, así como por su aprobación de los intentos por los EE. UU. de tratar de hacer retroceder a Isil". [21] Esta amenaza también fue aludida por Donald Trump en la campaña presidencial de los Estados Unidos: "Si y cuando el Vaticano sea atacado por ISIS, lo que como todos conocen, es el trofeo supremo de ISIS ..."[22]

Aunque me he centrado en la amenaza del Estado Islámico suní, los islamistas chiítas de Irán también podrían atacar al mundo occidental y lanzarse a una guerra santa. Los islamistas chiítas continúan amenazando con la expansión militar y el desarrollo de armas nucleares, amenazando todo el tiempo con barrer a Israel del mapa. El peor escenario de todos sería que los islamistas suní y chiítas se unieran para luchar contra Israel y el cristianismo papal. Ya están hablando de tratar de recuperar Jerusalén.

"El líder iraní llamó a todos los musulmanes a apoyar la lucha palestina contra Israel. Khamenei calificó a los estados árabes dispuestos a considerar el plan bajo una luz positiva–como los Emiratos Árabes Unidos,

---

19 The Atlantic Monthly, "The Vatican and the Gulf Have a Common Enemy", 6 de febrero de 2019

20 Forbes, "Fallout from the Nuclear Security Summit," 3 de abril de 2016.

21 London Telegraph, "ISIL Want to Assassinate the Pope, Says Iraq's Ambassador to Vatican," 16 de septiembre de 2014.

22 New York Times, "Donald Trump Calls the Pope's Criticism Disgraceful," 18 de febrero de 2016.

Arabia Saudita, Egipto y otros–de traicioneros e incompetentes".[23] Un sermón en la mezquita Al - Aqsa sobre el monte del templo en Jerusalén no deja duda: "Puede verse a Siam diciéndole a la multitud entusiasta que tres profecías serán pronto cumplidas: que el califato, correctamente guiado, será establecido, que Jerusalén será liberada y establecida como su capital, y que el Islam alcanzará la dominación mundial".[24]

En el momento de esta revisión, veo el "tiempo del fin", o el tercero y final conflicto entre el islam y el cristianismo, ya en sus primeras etapas. Estoy esperando a que se intensifique y se vuelva realmente una guerra santa de ambas partes. El islam radical será derrotado, el islam moderado seguirá al cristianismo papal, y habrá un grupo de musulmanes que se una con un grupo de verdaderos cristianos para compartir, con el mundo, el mensaje final de advertencia, en la oportunidad evangelística más grande de todos los tiempos. También creo que, al mismo tiempo, estaremos sufriendo desastres naturales y enfermedades que, combinados, advertirán a aquellos que quieran escuchar del pronto regreso de Jesús. Esto se basa en las palabras de Jesús enunciadas en Mateo 24:7.

¡Las Buenas Nuevas!

Ahora miremos a las *buenas* nuevas. Edom, Moab, y Amón se escapan del rey del norte en el tercer conflicto, como registra Daniel 11:40-43. La palabra hebrea traducida como *escape* también está en Daniel 12:1, pero es traducida como *libertado.* Ésos que son libertados en Daniel 12:1 serán seguidores de Cristo que están escritos en el libro.

Apocalipsis 13:8 informa que "adoraron [a la bestia] todos los moradores de la tierra cuyos nombres no estaban escritos en el libro de la vida del Cordero". Como Edom, Moab, y Amón no siguen al rey del norte, entonces deben ser seguidores de Cristo. La prueba adicional proviene de Hebreos 2:3, 4: "¿cómo escaparemos nosotros, si descuidamos una salvación tan grande? La cual, habiendo sido anunciada primeramente por el Señor, nos fue confirmada por los que oyeron…".

Con respecto al tiempo del regreso de Cristo, encontramos lo siguiente en 1 Tesalonicenses 5:2, 3: "Porque vosotros sabéis perfectamente que el día del Señor vendrá así como ladrón en la noche; que cuando digan: Paz y seguridad, entonces vendrá sobre ellos destrucción repentina, como los dolores a la mujer encinta, y no escaparán".

---

23 Jerusalem Post, "Khamenei Calls for Palestinian Jihad on Israel after Trump Peace Plan", 5 de febrero de 2020.

24 Jerusalem Post, Al-Aqsa Preacher: Jerusalem will soon be capital of Global Caliphate", 20 de enero de 2020.

Repetidamente, la Biblia dice que aquellos que sobreviven al regreso de Cristo son aquellos que confían en Jesús, y así yo interpreto el "escaparán" en Daniel 11:41 como haciendo referencia a aquellos que confían en Jesús. Los grupos enumerados como "escapando" de esta tercera guerra santa—Edom, Moab, y los grandes de Amón—eran llamados los "de oriente" en tiempos bíblicos (Isaías 11:14). Estaban emparentados con Abraham a través de Lot, Esaú, e Ismael. ¿Podría ser cualquiera de ellos pueblo del Libro, o cristianos creyentes en la Biblia?

Antes de la época de David, Dios usó a los pueblos de oriente para castigar a Israel por su idolatría y desobediencia. Durante el reinado de David, su territorio formó parte del reino davídico. De una manera similar, después de usar al islam para castigar al Israel moderno (los cristianos), Dios rescata a esos musulmanes que se niegan a seguir al papado y aceptan a Jesús en su lugar, y los incluye como una parte del reino "davídico" restaurado de Jesús.

Mientras que las Escrituras se concentran en la bendición dada a Isaac, no debemos olvidar que Dios también bendijo a Ismael (Génesis 21:13, 18). Si los gentiles pueden ser hijos de Abraham al ser injertados, ¿por qué no podría una persona musulmana volverse un "hijo de Abraham", también a través de la fe en Jesús?

Hoy, dentro del islam, hay un creciente movimiento de personas que aceptan a Jesucristo como su Salvador. ¡Hay cientos de miles de ellos! Creen en Él como su juez, y creen que Él vuelve para rescatarlos. A decir verdad, están dispuestos a morir por Él y a confiarle sus vidas. Creo que, entre los musulmanes, este grupo que cree en Jesús es el "Edom, Moab, y los hijos de Amón" en Daniel 11.

Muchos de éstos han tenido sueños o visiones de Issa (Jesús), y Él les dice que confíen en Él para su salvación y que sigan el Libro (Biblia). En Joel 2:28-32 dice: "Y después de esto derramaré mi Espíritu sobre toda carne, y profetizarán vuestros hijos y vuestras hijas; vuestros ancianos soñarán sueños, y vuestros jóvenes verán visiones … antes que venga el día grande y espantoso de Jehová. Y todo aquel que invocare el nombre de Jehová será salvo; porque en el monte de Sion y en Jerusalén habrá salvación".

En una manera similar, Apocalipsis retrata un grupo de personas que salen del rey del norte/cristianismo papal, que realmente siguen a Jesús y la Biblia. Apocalipsis 18:4 dice: "Y oí otra voz del cielo, que decía: Salid de ella [Babilonia o cristianismo papal], pueblo mío, para que no seáis partícipes de sus pecados, ni recibáis parte de sus plagas".

Considere una cosa más sobre aquellos que escapan. Daniel 12:1 nos dice: "en aquel tiempo será libertado tu pueblo, todos los que se hallen escritos en el libro". De acuerdo con Apocalipsis 17:8: "y los moradores de la tierra, aquellos cuyos nombres no están escritos desde la fundación del mundo en el libro de la vida, ... viendo la bestia". Todo el mundo sigue a la bestia, excepto aquellos que están incluidos en el libro de la vida.

Acabamos de aprender que cuando la bestia poder, el rey del norte, barra al islam con su contraataque, un grupo desde adentro del islam escapará. En Apocalipsis, nosotros o seguimos al Cordero, o seguimos a la bestia. Los que escapan de la bestia deben estar siguiendo al Cordero. Eso se aplica a los musulmanes tanto como a cualquiera otra persona. Los cristianos no deben mirar con altanería a las personas islámicas. Debemos compartir a Jesús con ellos—debemos amarles, no odiarles. Si hiciéramos eso en ambos lados, realmente podríamos hacer mucho bien y podríamos guiar a muchos a que se vuelvan nuestros hermanos y hermanas en Cristo.

El gran problema es que Satanás, el poder del fondo del abismo, ha agitado a las mayorías de ambos lados, y está causando estragos en el mundo. El pueblo de Dios queda atrapado en medio, entre los reyes del norte y del sur. Su pueblo siempre se encontrará en esa posición y a menudo será golpeado desde ambos lados en la lucha espiritual mundial.

Mientras el Humo se Levanta

El papado y sus aliados (posiblemente la OTAN) eventualmente derrotarán al islam, y eso deja al papado y a los Estados Unidos al control.

Lo que entiendo del islam es que Dios lo usará como un contrapeso contra los problemas del cristianismo. El enfrentamiento entre los varios poderes llevará a las personas dentro del islam a un punto de decisión. ¿Se irán con los radicales? ¿Escogerán el ejemplo del islam secular y respaldarán al papado? ¿O aceptarán a Jesucristo y lo seguirán realmente?

De manera similar, aquellos dentro del mundo cristiano tendrán que decidir si se unirán con aquellos que siguen al papado, u obedecerán la Palabra de Dios en la Biblia. En ese momento, un pequeño grupo de personas tanto del cristianismo como del islam se unirá, uno que es fiel a

Jesucristo. Atrapados entre el norte y el sur, sufrirán el abuso de ambos lados en el tiempo del fin.

¡Éste será el momento de la oportunidad evangélica más grande de todos los tiempos! El islam radical habrá desaparecido y el islam moderado está siguiendo al rey del norte (fingiendo ser cristiano) mientras el cristianismo papal está tratando de consolidarse. Por un poco de tiempo, no habrá nadie que detenga a los fieles creyentes de ambos lados que decidan seguir a Jesús y Su Palabra, la Biblia.

Y oí otra voz del cielo, que decía: Salid de ella, pueblo mío, para que no seáis partícipes de sus pecados, ni recibáis parte de sus plagas. ¿Está usted listo para ponerse al lado de Jesús, cuando todos los demás estén siguiendo un engaño?

En el próximo capítulo examinaremos el período subsiguiente a esta tercera y final guerra santa.

(Para los paralelos entre el Islam radical y la politica izquierda radical revisa el Apendice C.)

CAPÍTULO 9

Nuevas Del Oriente Y La Marca De La Bestia

Noticias del Oriente

Daniel 11:44, 45 describe los momentos finales del poder/ bestia, el cuerno pequeño—el rey del norte. ¿Qué hace éste en el último pedacito de tiempo? Cuando los ejércitos están a punto de perder, de manera típica sus comandantes usan todo lo que les queda en un último esfuerzo. Eso es lo que intentan Satanás y sus seguidores.

"Pero noticias del oriente y del norte lo atemorizarán, y saldrá con gran ira para destruir y matar a muchos. Y plantará las tiendas de su palacio entre los mares y el monte glorioso y santo; mas llegará a su fin, y no tendrá quien le ayude" (Daniel 11:44, 45).

¿Cuáles son las noticias del oriente? La Biblia anuncia las noticias del oriente. Primero vamos a Ezequiel 43:1-9 y una voz desde el cielo: "Me llevó luego a la puerta, a la puerta que mira hacia el oriente; y he aquí la gloria del Dios de Israel, que venía del oriente; y su sonido era como el sonido de muchas aguas, y la tierra resplandecía a causa de su gloria" (versículos 1, 2).

Hasta ahora, las nuevas del este son la gloria de Dios y Su poderosa voz. "Y me alzó el Espíritu y me llevó al atrio interior; y he aquí que la gloria de Jehová llenó la casa. Y oí uno que me hablaba desde la casa; y un varón estaba junto a mí, y me dijo: Hijo de hombre, este es el lugar de mi trono, el lugar donde posaré las plantas de mis pies, en el cual habitaré entre los hijos de Israel para siempre.

"y nunca más profanará la casa de Israel mi santo nombre, ni ellos ni sus reyes, con sus fornicaciones, ni con los cuerpos muertos de sus reyes en sus lugares altos. Porque poniendo ellos su umbral junto a mi umbral, y su contrafuerte junto a mi contrafuerte, mediando sólo una pared entre mí y ellos, han contaminado mi santo nombre con sus abominaciones que hicieron; por tanto, los consumí en mi furor. Ahora arrojarán lejos de mí sus fornicaciones, y los cuerpos muertos de sus reyes, y habitaré en medio de ellos para siempre" (versículos 5-9).

Las noticias son que Dios viene y ya se ha hartado de los pecados de Su pueblo. Quiere librarse de las abominaciones, para poder venir sin destruir a Su pueblo.

Considere que en Apocalipsis 7:2, 3 el sellamiento llega desde el oriente. Los mensajes de Dios siguen viniendo desde el oriente. "Vi también a otro ángel que subía de donde sale el sol, y tenía el sello del Dios vivo; y clamó a gran voz a los cuatro ángeles, a quienes se les había dado el poder de hacer daño a la tierra y al mar, diciendo: No hagáis daño a la tierra, ni al mar, ni a los árboles, hasta que hayamos sellado en sus frentes a los siervos de nuestro Dios".

Justo antes del final del tiempo, el ángel terminará su ministerio de sellamiento. Aquellos que están sellados han hecho su decisión de seguir a Dios y a su Palabra— la Biblia—en todo lo que hacen. Eso implica librarse de las abominaciones, de los pecados de rebelión y desobediencia. Y el mensaje viene desde el oriente. Se corresponde con el llamado que encontramos en Ezequiel a limpiar las abominaciones.

¿Y la dirección del regreso de Jesús? Mateo 24:27 informa: "Porque como el relámpago que sale del oriente y se muestra hasta el occidente, así será también la venida del Hijo del Hombre". El regreso de Jesús a la Tierra será visto como viniendo desde el oriente. ¿Qué noticias del este podrían ser mejores que un mensaje para "limpiar tus abominaciones, ponte a cuenta con Dios, porque Jesús viene"? ¡Estas son grandes noticias para un cristiano!

Apocalipsis 18:1-8 es la descripción que Juan da de ese mensaje del oriente, y es una repetición de Apocalipsis 14. Esta es la última advertencia, dada al mundo, a alistarse para la aparición de Jesús. El poderoso mensaje llena la tierra con luz y gloria. Pero no es un mensaje nuevo. Frecuentemente, Dios lo ha presentado a lo largo del tiempo. Sin embargo, esta vez el cielo lo repite con gran poder, señalado por toda la Tierra siendo iluminada por la gloria del ángel.

Libérese de las Abominaciones

"Después de esto vi a otro ángel descender del cielo con gran poder; y la tierra fue alumbrada con su gloria. Y clamó con voz potente, diciendo: Ha caído, ha caído la gran Babilonia, y se ha hecho habitación de demonios y guarida de todo espíritu inmundo, y albergue de toda ave inmunda y aborrecible. Porque todas las naciones han bebido del vino del furor de su fornicación; y los reyes de la tierra han fornicado con ella, y los mercaderes de la tierra se han enriquecido de la potencia de sus deleites.

"Y oí otra voz del cielo, que decía: Salid de ella, pueblo mío, para que no seáis partícipes de sus pecados, ni recibáis parte de sus plagas" (Apocalipsis 18:1-4).

Las plagas golpean justo antes del mismo fin, así que este mensaje también ocurre inmediatamente antes del Segundo Advenimiento. Las plagas atacan al rey del norte/cuerno pequeño (la bestia, el poder anticristiano) y lo destruyen. Así que, en la cronología de Daniel 11, estas noticias viniendo del oriente suceden poco antes de las plagas, pero después de la tercera guerra con el islam. Dios quiere que sus seguidores huyan de la bestia/poder y se libren de ella.

"Porque sus pecados han llegado hasta el cielo, y Dios se ha acordado de sus maldades. Dadle a ella como ella os ha dado, y pagadle doble según sus obras; en el cáliz en que ella preparó bebida, preparadle a ella el doble. Cuanto ella se ha glorificado y ha vivido en deleites, tanto dadle de tormento y llanto; porque dice en su corazón: Yo estoy sentada como reina, y no soy viuda, y no veré llanto; por lo cual en un solo día vendrán sus plagas; muerte, llanto y hambre, y será quemada con fuego; porque poderoso es Dios el Señor, que la juzga" (versículos 5-8).

Justo antes de la destrucción del rey del norte, o la bestia y sus aliados, Dios envía su mensaje final de advertencia: deshánganse de las abominaciones y sepárense de ellas. Justo antes de las plagas, el mensaje declara: "Salid de Babilonia, la falsa iglesia, y no tenga nada que ver con ella".

Ya antes he dicho que creo que incontables personas dentro de la Iglesia Católica (o de cualquier entidad que la respalde) son verdaderamente cristianas. De acuerdo con este versículo, allí no es el lugar donde Dios quiere que permanezcan. En realidad, Él quiere que ellos se pronuncien abiertamente y sigan su Palabra. El Señor quiere que usted y yo seamos serios sobre honrar Su Palabra, y ser verdaderos cristianos. Aquellos que no lo hagan, terminarán siguiendo a la bestia directamente hacia las plagas—y eso sería fatal. Pero aquellos que confían en Dios son sellados, y pasarán la eternidad con Jesús. ¡Y eso será estupendo!

Noticias del Norte

En Ezequiel 44:4-6 encontramos una advertencia, y un juicio, contra la abominación. Hace eco al fuerte pregón acerca del que leímos en Apocalipsis 18, y que era una repetición de Apocalipsis 14.

"Y me llevó hacia la puerta del norte por delante de la casa; y miré, y he aquí la gloria de Jehová había llenado la casa de Jehová; y me postré sobre mi rostro. Y me dijo Jehová: Hijo de hombre, pon atención, y mira con tus ojos, y oye con tus oídos todo lo que yo hablo contigo sobre todas las ordenanzas de la casa de Jehová, y todas sus leyes; y pon atención a las entradas de la casa, y a todas las salidas del santuario.

"Y dirás a los rebeldes, a la casa de Israel: Así ha dicho Jehová el Señor: Basta ya de todas vuestras abominaciones, oh casa de Israel" (versículos 4-6).

Esto no se aplica sólo al Israel del Antiguo Testamento. Recuerde que el Nuevo Testamento llama israelita a cualquiera que siga a Jesucristo. Dios le está diciendo a Israel—al Israel del Nuevo Testamento—"Estoy cansado de tus abominaciones. Líbrate de ellas, o estarás en problemas". Elimine las falsas enseñanzas, y siga la Biblia, y la Biblia solamente.

Satanás es un usurpador, porque Dios es el verdadero rey del norte. El norte fue siempre Su dirección cósmica. Mire lo que dice Isaías 14:

"¡Cómo caíste del cielo, oh Lucero, hijo de la mañana! Cortado fuiste por tierra, tú que debilitabas a las naciones. Tú que decías en tu corazón: Subiré al cielo; en lo alto, junto a las estrellas de Dios, levantaré mi trono, y en el monte del testimonio me sentaré, a los lados del norte; sobre las alturas de las nubes subiré, y seré semejante al Altísimo. Mas tú derribado eres hasta el Seol, a los lados del abismo" (versículos 12-15).

Las nuevas del oriente (la dirección por donde viene Jesús) son todos los mensajes que nos ordenan deshacernos de las abominaciones, o pecados. Las nuevas del norte, del verdadero rey del norte, es el mensaje de que Jesús es justo, que Satanás está equivocado, y que es tiempo de deshacerse de cualquier cosa que se interponga entre nosotros y Dios.

Una Pelea Furiosa

Las noticias sacan a la luz las oscuras verdades sobre el diablo y los poderes bestiales. ¿Cuál cree usted que será la respuesta de Satanás? Ya hemos leído en Daniel 11:44, 45 que tratará de aniquilar a todos los que pueda. Como Apocalipsis 12:12 lo describe: "porque el diablo ha descendido a vosotros con gran ira, sabiendo que tiene poco tiempo". Cuando Satanás se de cuenta de que finalmente se le ha acabado el tiempo, su equipo hará su último esfuerzo, su declaración final. Lucharán furiosamente para erradicar al pueblo de Dios.

Apocalipsis 13:11-17 describe la devastación cometida por esa segunda bestia, que ya vimos que era los Estados Unidos. "Después vi otra bestia que subía de la tierra; y tenía dos cuernos semejantes a los de un cordero, pero hablaba como dragón. Y ejerce toda la autoridad de la primera bestia en presencia de ella, y hace que la tierra y los moradores de ella adoren a la primera bestia, cuya herida mortal fue sanada.

"También hace grandes señales, de tal manera que aun hace descender fuego del cielo a la tierra delante de los hombres. Y engaña a los moradores de la tierra con las señales que se le ha permitido hacer en presencia de la bestia, mandando a los moradores de la tierra que le hagan imagen a la bestia que tiene la herida de espada, y vivió. Y se le permitió infundir aliento a la imagen de la bestia, para que la imagen hablase e hiciese matar a todo el que no la adorase. Y hacía que a todos, pequeños y grandes, ricos y pobres, libres y esclavos, se les pusiese una marca en la mano derecha, o en la frente; y que ninguno pudiese comprar ni vender, sino el que tuviese la marca o el nombre de la bestia, o el número de su nombre".

Daniel 11 muestra al rey del norte como el que autoriza la destrucción. El libro de Apocalipsis muestra cómo ese poder recibe su autoridad de la bestia, y le niega a la gente la oportunidad de comprar o vender. Si a usted no se le permite comprar o vender, eso le va a destruir económicamente.

La bestia de Daniel destruye o aniquila o mata, y la bestia de Apocalipsis no permite comprar ni vender, y mata si usted no se pasa a su lado. Así que el sello o marca de la bestia es puesto sobre aquellos que le siguen. Tanto Daniel como Apocalipsis presentan la misma idea, desde perspectivas ligeramente diferentes.

He aquí la elección que todas las personas enfrentan en ese momento. A corto plazo, usted podrá ir con la bestia y reconocer su autoridad, de manera que evitará la persecución, pero termina perdido para siempre. La otra alternativa es que usted acepte el sello de Dios, y aunque a corto plazo podría ser perseguido o incluso morir, usted va a terminar viviendo para siempre. Todos van a estar en apuros, de una manera o la otra. Pero usted tiene que elegir.

¿Va a preferir estar en aprietos con los seres humanos o con Dios? Yo he tomado mi decisión, y espero permanecer fiel a esa decisión. Prefiero enfrentar la ira de la humanidad caída, que la de Dios. ¿Por qué? Porque Él da algunas advertencias extremas acerca de seguir a la bestia/poder.

Una Advertencia Sobre la Marca

"Otro ángel le siguió, diciendo: Ha caído, ha caído Babilonia, la gran ciudad, porque ha hecho beber a todas las naciones del vino del furor de su fornicación. Y el tercer ángel los siguió, diciendo a gran voz: Si alguno adora a la bestia y a su imagen, y recibe la marca en su frente o en su mano, él también beberá del vino de la ira de Dios, que ha sido vaciado puro en el cáliz de su ira;

"y será atormentado con fuego y azufre delante de los santos ángeles y del Cordero; y el humo de su tormento sube por los siglos de los siglos. Y no tienen reposo de día ni de noche los que adoran a la bestia y a su imagen, ni nadie que reciba la marca de su nombre" (Apocalipsis 14:8-11).

El libro de Apocalipsis habla de un sello y una marca. Usted quiere la señal de Dios—el sello—no la señal de la bestia, la marca. ¿Querría recibir la marca alguna persona cuerda? Dios es muy enfático con esa advertencia. El pueblo sellado está siguiendo a Jesús, porque lo ama. "Aquí está la paciencia de los santos, los que guardan los mandamientos de Dios y la fe de Jesús", dice el versículo 12.

La presión va en aumento en Apocalipsis 18:1-5. "Después de esto vi a otro ángel descender del cielo con gran poder; y la tierra fue alumbrada con su gloria. Y clamó con voz potente, diciendo: Ha caído, ha caído la gran Babilonia, y se ha hecho habitación de demonios y guarida de todo espíritu inmundo, y albergue de toda ave inmunda y aborrecible. Porque todas las naciones han bebido del vino del furor de su fornicación; y los reyes de la tierra han fornicado con ella, y los mercaderes de la tierra se han enriquecido de la potencia de sus deleites.

"Y oí otra voz del cielo, que decía: Salid de ella, pueblo mío, para que no seáis partícipes de sus pecados, ni recibáis parte de sus plagas; porque sus pecados han llegado hasta el cielo, y Dios se ha acordado de sus maldades".

El libro de Apocalipsis sigue un patrón más cíclico que cronológico, así que encontramos las plagas descritas primero en Apocalipsis 16:2: "Fue el primero [ángel], y derramó su copa sobre la tierra, y vino una úlcera maligna y pestilente sobre los hombres que tenían la marca de la bestia, y que adoraban su imagen".

Aquellos a quienes afectará la plaga son los que tienen la marca de la bestia. La marca es mucho más que un número. Esta muestra a qué poder usted está adorando. ¿Está usted, en última instancia, adorando a Dios, o está adorando las tradiciones humanas, y por lo tanto, adorando en efecto a Satanás?

La Señal de Adoración

En el capítulo sobre Israel en la profecía bíblica, llegamos a la conclusión de que la adoración al verdadero Dios era el sello que mostraba que el Israel de la fe—aquellos que confían en Jesucristo—son herederos de Abraham. Encontramos ese grupo de personas descritas en Apocalipsis 7:1-3 y 9.

"Después de esto vi a cuatro ángeles en pie sobre los cuatro ángulos de la tierra, que detenían los cuatro vientos de la tierra, para que no soplase viento alguno sobre la tierra, ni sobre el mar, ni sobre ningún árbol. Vi también a otro ángel que subía de donde sale el sol, y tenía el sello del Dios vivo; y clamó a gran voz a los cuatro ángeles, a quienes se les había dado el poder de hacer daño a la tierra y al mar, diciendo: No hagáis daño a la tierra, ni al mar, ni a los árboles, hasta que hayamos sellado en sus frentes a los siervos de nuestro Dios" (versículos 1 -3).

"Después de esto miré, y he aquí una gran multitud, la cual nadie podía contar, de todas naciones y tribus y pueblos y lenguas, que estaban delante del trono y en la presencia del Cordero, vestidos de ropas blancas, y con palmas en las manos" (versículo 9).

Aquí vemos al pueblo de Dios, Su verdadero Israel, en el tiempo del fin. Ellos son quienes sobreviven a la gran tribulación. Pero no son puros por sus propias obras. Más bien, son perdonados porque Jesús murió para salvarlos de sus pecados. Por consiguiente, son salvos al ser lavados por la sangre de Jesús.

En Deuteronomio 11:18, Dios insta a su pueblo a que mantengan Sus palabras en su mente, como si fueran un frontal en sus frentes. Algunos de los judíos en realidad cuelgan un pequeño fragmento de las Escrituras en una caja de cuero sobre su frente, entre los ojos, pero eso no es lo que Dios quiso decir. Estaba hablando sobre hacernos llevar su Palabra en nuestra mente, y vivir de acuerdo con ella. En el tiempo del fin, el pueblo de Dios estará guardando todos Sus mandamientos en su mente y corazón, y estarán siguiendo la fe de Jesús.

De igual manera, el nuevo pacto que encontramos en Jeremías 31:31-33 era la ley de Dios que estaba siendo escrita en nuestros corazones y nuestras mentes. Recuerde que el nuevo pacto aparece en el Antiguo Testamento, y trata sobre la adoración. Adoramos al Dios Creador, quien es Juez de todos, o adoramos a la bestia, y en última instancia, a Satanás, quien se esconde detrás de la bestia. Entonces, el sello de Dios o la marca de la bestia, en última instancia, demostrarán a cuál está adorando usted.

Poco después del tercer conflicto con el islam radical, y su destrucción, veremos un enfrentamiento sobre cuán serios somos acerca de la Palabra de Dios. Del lado de Dios están los que adoran a Aquel que hizo los cielos y la tierra, adoran en espíritu y en verdad, guardan los mandamientos de Dios, y tienen la fe de Jesús, tienen el sello sobre sus frentes, y tienen el nombre del Padre en sus frentes.

Del lado de la bestia están aquellos que adoran a la bestia y a la imagen de la bestia, se adhieren a los mandamientos y a las tradiciones de los hombres, siguen las enseñanzas de Babilonia, y tienen la marca de la bestia y el nombre de la bestia en sus frentes. En este enfrentamiento, cada persona escogerá un lado.

Por lo tanto, el nuevo pacto, en Jeremías 31, y en Apocalipsis, habla de lo mismo: El pueblo de Dios que observa Sus mandamientos y tiene la fe de Jesús. De forma semejante, 1 Juan 5:3 declara: "Pues este es el amor a Dios, que guardemos sus mandamientos; y sus mandamientos no son gravosos". Éste no es un texto del Antiguo Testamento, sino uno del Nuevo Testamento.

La Señal del Sábado

Ezequiel 20:12 identifica la señal de que somos de Dios y que Él es nuestro: "Y les di también mis sábados que fuesen por señal entre mí y ellos, para que supiesen que yo [soy] el SEÑOR que los santifico" (NRV2000). Él dijo que su señal o marca es el Sábado.

Vimos antes que el rey del norte cambió el día de descanso del Sábado para el domingo, y que el rey del sur estableció su día principal de reunión pública y adoración en viernes. Satanás está falsificando el Sábado en ambos lados. Note las palabras que Dios anuncia en Éxodo 31:13: "Y tú hablarás a los hijos de Israel, diciendo: Con todo eso vosotros guardaréis mis sábados, porque es señal entre mí y vosotros por vuestras edades, para que sepáis que yo [soy] el SEÑOR que os santifico" (NRV2000).

Algunos afirman que observando el Sábado tratamos de santificarnos a nosotros mismos, pero lo cierto es exactamente lo opuesto. Dios dijo que guardar el Sábado era un recordatorio de que es Él quien nos santifica. Es interesante cómo los seres humanos interpretan esto tan retorcidamente.

En tiempos remotos, una forma de sello era un anillo grabado para sellar. El signatario de un acuerdo presionaría el anillo en cera o arcilla para autentificar un documento. El sello de un rey mostraría el nombre de la persona, su título, y su territorio. Si usted mira la Ley de Dios—los Diez Mandamientos—descubrirá que sólo uno de los mandamientos tiene el sello de Dios en él.

Léalo en Éxodo 20:8-11: "Acuérdate del día de reposo [Sábado] para santificarlo. Seis días trabajarás, y harás toda tu obra; mas el séptimo día es reposo [Sábado] para Jehová tu Dios". Este mandamiento identifica quién es Dios: "No hagas en él obra alguna, tú, ni tu hijo, ni tu hija, ni tu siervo, ni tu criada, ni tu bestia, ni tu extranjero que está dentro de tus puertas. Porque en seis días hizo Jehová los cielos y la tierra, el mar, y todas las cosas que en ellos hay, y reposó en el séptimo día; por tanto, Jehová bendijo el día de reposo y lo santificó". ¿Cuál es el territorio de Dios? Él es el Creador de todo, y tiene "Jehová tu Dios" como título. Y el Señor bendijo el día Sábado y lo santificó. Allí tiene usted Su sello, en el cuarto mandamiento.

Solamente uno de los mandamientos comienza con la palabra "Acuérdate". Si usted tuviera niños, y les estuviera dando instrucciones, y usted querría que ellos las siguieran cuidadosamente, y le preocupa que se olviden de una de ellas, usted pondría la palabra "acuérdate" en frente de aquel que usted creía que podrían olvidar. ¿No es interesante que el único mandamiento del que Dios ordenó acordarse, sea, a decir verdad, el mandamiento que la mayor parte del mundo ha olvidado?

Apocalipsis 12:17: "Entonces el dragón se llenó de ira contra la mujer; y se fue a hacer guerra contra el resto de la descendencia de ella, los que guardan los mandamientos de Dios y tienen el testimonio de Jesucristo".

¿Contra qué especialmente apunta Satanás al final? Contra el séptimo día Sábado. Es el mandamiento del que Dios dijo que es Su señal. Es Su sello puesto dentro de la totalidad de los mandamientos.

El pueblo de la fe de Dios queda atrapado en el medio, como mismo la tierra de Israel está atrapada en el medio. El rey del norte cambió el día de reposo del sábado para el domingo, el rey del sur lo cambió para el viernes, y el pueblo de Dios—Su verdadero Israel—como honra Su Palabra, adorará en el séptimo día Sábado, que está en medio de los dos días espurios. Nuevamente, el pueblo de Dios queda atrapado en el medio. "Aquí está la paciencia de los santos, los que guardan los mandamientos de Dios y la fe de Jesús" (Apocalipsis 14:12).

El pueblo de Dios tiene que ser paciente mientras está atrapado en el medio. Tiene que aferrarse a Jesús, aunque las cosas se pongan difíciles por un tiempo.

Cuando Apocalipsis 14 advierte sobre no recibir la marca de la bestia, declara que el pueblo de Satanás recibe la marca, mientras que los seguidores de Dios guardan los mandamientos. También dice: "Temed a Dios, y dadle gloria, porque la hora de su juicio ha llegado; y adorad a aquel que hizo el cielo y la tierra, el mar y las fuentes de las aguas" (versículo 7).

¿Le parece familiar esa última oración? ¡Es una cita de Éxodo 20, el cuarto mandamiento! He aquí otra vez el sello de Dios. Cuando el apóstol Juan cita el Antiguo Testamento, lo hace siempre por una razón, y lo cita muchas veces. Quiere que en su mente despierte este pensamiento: "¡Oh! El cuarto mandamiento es un asunto real. El pueblo de Dios guarda sus mandamientos, y el cuarto mandamiento, el sello de Dios, es un punto importante".

El Estatus del Sábado

En el principio, Dios creó la tierra, y luego descansó en el séptimo día, y bendijo y santificó ese día (ver Génesis 2:2, 3). Cuando sacó a Israel de Egipto, hizo que cayera maná seis días a la semana, pero en el séptimo día, el Sábado, no caía. Dios puso Su aprobación sobre el séptimo día Sábado al principio del mundo, y nunca lo ha cambiado.

Las personas me preguntan: "Si el Sábado es el sello de Dios, ¿no lo cambió para el domingo en el Nuevo Testamento?" Recuerde, varios catecismos afirman que la iglesia católica romana tenía la autoridad para cambiar el día de adoración. Pero eso no es lo que presenta el Nuevo Testamento.

Por ejemplo: "Cuando salieron ellos de la sinagoga de los judíos, los gentiles les rogaron que el siguiente sábado les hablaran de estas cosas" (Hechos 13:42, RV95). Muchos años después de que Jesús muriera y ascendiera al cielo, ¿en qué día de la semana se reunió el apóstol Pablo con judíos y gentiles? En el séptimo día, el sábado. Si el sábado hubiera cambiado para el domingo después que Jesús murió, entonces la iglesia del Nuevo Testamento habría estado al tanto de eso. Pero se reunieron en el séptimo día sábado.

¿Qué ocurrió la semana siguiente? "Y despedida la congregación, muchos de los judíos y de los prosélitos piadosos siguieron a Pablo y a Bernabé, quienes hablándoles los persuadían a que perseveraran en la gracia de Dios. El siguiente sábado se juntó casi toda la ciudad para oír la palabra de Dios" (versículos 43, 44, RV95).

Pablo y Bernabé no les dijeron a los gentiles: "Vuelvan el domingo. Nos reuniremos con los judíos el próximo sábado, y nos reuniremos con los gentiles cristianos el domingo". No, se reunieron todos otra vez en el séptimo día sábado.

Éste no fue un acontecimiento aislado. "Y discutía en la sinagoga todos los sábados, y persuadía a judíos y a griegos" (Hechos 18:4). Pablo se reunía con las personas "todos los sábados". Siete versículos después, el versículo 11 comenta: "Y se detuvo allí un año y seis meses, enseñándoles la palabra de Dios". Encontrarse cada sábado, durante año y medio, sugiere que era la práctica normal de Pablo con los judíos y los gentiles. No encontramos ninguna alteración del sábado en el Nuevo Testamento.

La pista más importante para el estatus del sábado proviene del ejemplo mismo de Cristo, mientras vivió en la Tierra. Todo lo que tenemos que hacer es ir a la práctica de Jesús, para determinar si el sábado es todavía el séptimo día de la semana, o no. Es muy, muy fácil. Él adoraba todas las semanas en el sábado (ver Lucas 4:16), por eso, en Su tiempo, puso Su sello de aprobación sobre el séptimo día.

Algo de la confusión sobre el Sábado proviene de los días que rodearon la muerte de Jesús. En el momento de su muerte, el miembro del concilio judío, José de Arimatea, "fue a Pilato, y pidió el cuerpo de Jesús. Y quitándolo, lo envolvió en una sábana, y lo puso en un sepulcro abierto en una peña, en el cual aún no se había puesto a nadie" (Lucas 23:52, 53). Él retiró el cuerpo porque Jesús acababa de morir en la cruz, en viernes.

"Era día de la preparación, y estaba para comenzar el día de reposo [sábado]. Y las mujeres que habían venido con él desde Galilea, siguieron también, y vieron el sepulcro, y cómo fue puesto su cuerpo. Y vueltas, prepararon especias aromáticas y ungüentos; y descansaron el día de reposo [sábado], conforme al mandamiento.

"El primer día de la semana, muy de mañana, vinieron al sepulcro, trayendo las especias aromáticas que habían preparado, y algunas otras mujeres con ellas. Y hallaron removida la piedra del sepulcro" (Lucas 23:54- 24:2).

La piedra ya no sellaba la tumba, porque Jesús ya no estaba adentro. Había resucitado.

Lucas no era judío de nacimiento. Era un médico gentil (no judío), un hombre educado. Si Jesús hubiera cambiado el día de reposo para el domingo, esta hubiera sido una oportunidad estupenda para que el autor del evangelio señalara que el séptimo día sábado era el día que los judíos observaban como santo, pero que los cristianos no tendrían que hacerlo más. Pero Lucas no dice tal cosa, ni tampoco los otros escritores del Nuevo Testamento. En lugar de eso, Lucas anuncia que Jesús murió en el día de preparación, el día que, hoy, la mayoría de las personas llaman Viernes Santo. Y luego llegó el Sábado.

La palabra es Sábado en español. ¿Cómo el español recibió el nombre "Sábado" para el séptimo día? Más de 100 idiomas diferentes tienen alguna forma del término "Sabbath" (día de reposo) para el nombre del séptimo día de la semana. ¿Es un accidente? No lo creo.

Jesús resucitó en el primer día de la semana, hoy comúnmente llamado Domingo de Pascua. Lucas no dice nada sobre un cambio del Sábado hacia ese día. ¡En realidad, su relato prueba que el Sábado es el día entre el Viernes Santo y el Domingo de Resurrección, el sábado día de reposo!

Los judíos no han perdido de vista al séptimo día de la semana, y todavía dicen que es el sábado. Tampoco Dios ha decretado, desde tiempos de Jesús, transferir el día santo de Dios. Podemos estar seguros que el sábado es el séptimo día bíblico, que es la señal de que somos de Dios, y de que Él es nuestro, y que nos santifica.

Como se dijo antes, algunas personas argumentan que si usted honra el séptimo día Sábado, usted está tratando de llegar al cielo por obras. Pero la Biblia dice que es una señal de santificación—que en realidad es Dios el que nos hace santos. "Porque en cierto lugar dijo así del séptimo día: Y reposó Dios de todas sus obras en el séptimo día" (Hebreos 4:4).

"Por tanto, queda un reposo para el pueblo de Dios. Porque el que ha entrado en su reposo, también ha reposado de sus obras, como Dios de las suyas" (versículos 9, 10). Observar el sábado es una señal de que detenemos nuestras propias obras, y confiamos en las obras de Dios.

En la Creación, Dios hizo el mundo, y luego descansó en el séptimo día. Cuando Jesús vino a salvarnos y a rehacernos, murió en el sexto día, descansó en la tumba el Sábado, y luego empezó a trabajar por nosotros otra vez, en el primer día de la semana. Así que, tanto el Sábado en la Creación, como el Sábado en nuestra redención, Él descansó. El resto de los sábados son ahora un símbolo del sacrificio completado de Jesucristo. ¡No lo hacemos por nosotros mismos! Él lo hace por nosotros.

El Sábado no es una señal de las obras, más bien, de la justificación por la fe, y descanso en Sus obras. Probablemente, algunas personas han tratado de abrirse camino al cielo observando el Sábado, pero han distorsionado lo que la Biblia dice. La Biblia dice que el Sábado es una representación de confiar en Dios para nuestra salvación.

Afirmaciones Falsas

El violento conflicto en la Tierra tiene solamente dos bandos. El lado de Dios adora a Aquel que hizo los cielos y la tierra. Serios respecto a todos los mandamientos de Dios, incluyendo el cuarto, siguen la fe de Jesús, tienen el sello de Dios en sus frentes, y han sido perdonados y limpiados por Dios.

Entonces, en el conflicto, está el lado de la bestia. Como describe Daniel 11, el rey del norte "ataca al pacto de Dios", la ley. En Daniel 7:25, el cuerno pequeño pretende cambiar los tiempos y las leyes, un acto que, finalmente, se vuelve la marca de la bestia, y su alegato de autoridad sobre las Escrituras. Repetidamente, el papado ha presentado esto como símbolo de su poder y soberanía religiosos.

"El papa es de tan grande autoridad y poder, que puede modificar, declarar, o interpretar incluso las leyes divinas. El papa puede modificar la ley divina, ya que su poder no es de hombre sino de Dios, y actúa como vicegerente de Dios en la Tierra, con el más amplio poder para atar y desatar a sus ovejas".

"¿Cuál es el tercer mandamiento? Acuérdate de guardar santo el día de reposo. ¿Cuál es el día de reposo? El sábado es el día de reposo. ¿Por qué observamos el domingo en lugar del sábado? Observamos el domingo en lugar del sábado porque la Iglesia Católica traspasó la solemnidad del sábado para el domingo".

La iglesia afirma que hizo eso en el Concilio de Laodicea, en 360 d.C. Esa realmente no era la época de Jesús, ¿o sí? Note la siguiente cita de un boletín de la iglesia católica romana.

"Quizás la cosa más audaz, el cambio más revolucionario que la iglesia hizo alguna vez, ocurrió en el primer siglo. El día santo, el día de reposo, fue cambiado del sábado para el domingo. 'El Día del Señor' (dies Dominica) fue elegido, no por alguna instrucción encontrada en las Escrituras, sino por el sentido de la iglesia de su propio poder. El día de la resurrección, el día de Pentecostés, 50 días después, cayó en el primer día de la semana. Así que éste sería el nuevo día de reposo. Las personas que creen que las Escrituras deben ser la autoridad única, debieran, de manera lógica, volverse adventistas del Séptimo Día, y observar el sábado como santo".

Aquí, un sacerdote católico romano está diciendo que, si usted quiere seguir la Biblia solamente, usted debe guardar el día de reposo Sábado. Coincido totalmente con el autor. Una y otra vez, la Iglesia Católica ha hecho tales afirmaciones. No lo hacen a escondidas. La iglesia afirma tener el derecho de cambiar la Palabra de Dios. Debo añadir que hay muchos grupos de cristianos observadores del sábado, además de los adventistas del Séptimo Día.

El The Catholic Record dice francamente: "La iglesia está por encima de la Biblia; y esta transferencia de la observancia del sábado día de reposo para el domingo, es la prueba de ese hecho".

A finales de los 1930s, John O'Brien escribió un libro llamado The Faith of Millions. En el libro, hizo esta observación: "Pero como el sábado, no el domingo, es [el día] especificado en la Biblia, ¿no es curioso que los no católicos, que profesan tomar su religión directamente de la Biblia, y no de la iglesia, observen el domingo en lugar del sábado?

"Sí, por supuesto, es inconsecuente; pero este cambio fue hecho aproximadamente 15 siglos antes de que el protestantismo hubiera nacido... Han seguido la tradición, aunque esta se basa en la autoridad de la Iglesia Católica, y no en un texto explícito de la Biblia. Esa observancia permanece como un recordatorio de la Madre Iglesia de la que se apartaron las sectas no católicas—como un niño escapando de casa, pero llevando todavía en su bolsillo una foto de su madre, o un mechón de sus cabellos".

Cuando el islam radical ataca al papado en Daniel 11:40, y el papado y sus aliados conquistan o derrotan al islam, el papado y sus aliados están al control. Estoy sugiriendo que la adoración en domingo será la señal de lealtad a la rama papal del cristianismo. ¿Qué mejor señal mostrar, de parte de los musulmanes moderados, de su nueva lealtad para el papado y la alianza papal, que cambiar su día de adoración del viernes al domingo?

Algunos me han señalado que el islam no observa realmente el viernes como día santo. Eso es cierto. Sin embargo, el viernes es, en la práctica, el tiempo especial para el sermón y las oraciones. Los musulmanes no guardan el día completo como santo.

Pero entonces, tampoco la mayoría de los cristianos honran el domingo completo. Van al culto por una hora, y luego hacen lo que quieren. No hay mucha diferencia entre los tiempos de adoración cristiana y musulmana—

sólo están observando una hora o dos como santas, no un día completo. Guardar el primer día de la semana como santo podría ser una buena señal de lealtad a la bestia/poder. El pueblo de Dios honrará al Señor guardando santo el día completo del sábado, 24 horas, desde la puesta de sol el viernes hasta la puesta de sol el sábado por la noche.

¿La alianza papal tratará de imponer la observancia del domingo sobre el mundo? Sí. El catecismo católico más reciente fue escrito durante la época del papa Juan Pablo II. La persona a cargo de compilarlo fue el cardenal Joseph Ratzinger. El cardenal Ratzinger se convirtió en el papa Benedicto, así que este catecismo tiene autoridad en la Iglesia Católica. He aquí lo que dice: "Al respetar la libertad religiosa, y el bien común de todos, los cristianos deben buscar el reconocimiento de los domingos, y de las festividades religiosas de la iglesia, como feriados legales".

A la iglesia le gustaría tener leyes civiles para hacer cumplir sus reglas. No creo estar exagerando las cosas, cuando digo que espero que esto sea un enfrentamiento mundial entre el día de Dios y el día que la iglesia dice que quiere que las leyes hagan cumplir. En la Unión Europea, los líderes religiosos ya están trabajando para obtener su deseo. Allí, se están exigiendo las leyes dominicales.

Jesús dijo en la Biblia: "Pues en vano me honran, enseñando como doctrinas, mandamientos de hombres" (Mateo 15:9; Marcos 7:7). Así que, si usted está siguiendo las enseñanzas humanas, ¿cuán buena es su adoración? Es en vano. En última instancia, si usted está siéndole fiel a la bestia, descubrirá que está siéndole fiel al dragón, Satanás. Usted podría no estar adorando al que usted creía.

No es Una Doctrina Adventista del Séptimo Día

¿Es el séptimo día sábado una cosa sólo de los adventistas del Séptimo Día? No, encontramos muchas declaraciones de otras denominaciones sobre el día de reposo domingo siendo la marca de la bestia. El concepto no se originó entre los adventistas del Séptimo Día.

En 1657, el protestante Thomas Tillam escribió un libro titulado: The Seventh-Day Sabbath Sought out and celebrated. Or, The Saints last Design upon the man of sin, with their advance of Gods first institution to its primitive perfection, being a clear discovery of that black character in the head of the little Horn, Dan. 7.25. The Change of Times & Laws. With the Christians glorious Conquest over that mark of the Beast, and recovery of the long-slighted seventh day, to its ancient [sic] glory, wherein Mr. Aspinwal, may receive full answer to his late piece against the SABBATH.

(El Séptimo Día Sábado Buscado y celebrado. O, El último Designio de los Santos sobre el hombre de pecado, con su avance de la primera institución de Dios a su perfección primitiva, siendo un descubrimiento claro de ese carácter negro en la cabeza del cuerno pequeño, Dan. 7.25. El cambio de los tiempos y las leyes. Con los cristianos gloriosa Conquista sobre esa marca de la bestia, y recuperación del largamente descuidado séptimo día, a su antigua [sic] gloria, en que el Sr. Aspinwal, podría recibir una respuesta completa a su último artículo contra el SÁBADO).

En la misma portada, Tillam describe al cuerno pequeño en Daniel 7, y el cambio de los tiempos y las leyes. La pretensión del papado no es, por lo tanto, un descubrimiento nuevo. Es una pretensión que el papado ha tenido por mucho tiempo. Con la conquista gloriosa del cristiano sobre la marca de la bestia presentada justo sobre la portada del libro, Tillam identificó la observancia del domingo como la marca de la bestia, en 1657 (Usted puede encontrarlo en mi sitio web www.islamandchristianity.org).

¿Recuerda que dije que regresaría muchas veces a los reformadores? Éste es otro ejemplo. ¿Qué recibieron los reformadores por imprimir mensajes como este? Muchos de ellos sufrieron la muerte por lo que dijeron. Las personas podían ser asesinadas, lo mismo por el islam, que por el papado (no importaba mucho), pero, en realidad, usted tenía mejores oportunidades de supervivencia con el islam que con el papado, si usted predicaba estas ideas.

La moneda del Vaticano, representada aquí, muestra a una mujer sosteniendo una copa. Saliendo de la copa hay un sol. La Iglesia Católica dice que tomó como nuevo día de adoración uno que el mundo pagano consideraba como el día del sol. Artistas de la iglesia pusieron halos alrededor de las cabezas de los santos, lo que era la imagen metafórica del disco solar, familiar para aquellos que veneraban al sol. Los cristianos emplearon la parafernalia del culto de Mitras, una religión que incluía elementos de adoración al sol.

¿Recuerda la moneda de Constantino, cuando hizo la mezcla entre el cristianismo y el Imperio Romano pagano? Tenía una imagen del dios sol, y el sol, al que añadió una cruz que simbolizaba la mezcla entre los dos. Pero las Escrituras consideran la adoración al sol como una abominación (ver Ezequiel 8:15-18). ¿Qué dijo Apocalipsis 18? Librarnos de las abominaciones y separarnos de ellas, para que no seáis copartícipes de sus plagas. Es un importante mensaje a recordar, teniendo en cuenta Ezequiel 20:12: "Y les di también mis días de reposo [sábado], para que fuesen por señal entre mí y ellos, para que supiesen que yo soy Jehová que los santifico".

El Verdadero Espíritu

La ley de Dios es una prueba de amor y lealtad. Jesús dijo, "Si me amáis, guardad mis mandamientos" (Juan 14:15). No dijo que guardáramos los mandamientos para que podamos ser lo suficientemente buenos para ir al cielo, no. Él dijo: "Si me amas, guarda mis mandamientos". Siguió hablando: "Y yo rogaré al Padre, y os dará otro Consolador, para que esté con vosotros para siempre" (versículo 16). El requisito esencial para recibir el verdadero Espíritu Santo era amar a Jesús, y honrar sus mandamientos.

"El Espíritu de verdad, al cual el mundo no puede recibir, porque no le ve, ni le conoce; pero vosotros le conocéis, porque mora con vosotros, y estará en vosotros" (versículo 17). Fíjese que la bestia tenía una falsificación del Espíritu Santo: el fuego que descendía del cielo, que obraba señales y milagros, y engañó al mundo entero. Las Escrituras llaman a la segunda bestia en Apocalipsis 13, "el falso profeta", porque tiene el espíritu equivocado. Ese poder tiene sus propias tradiciones—leyes humanas. Si usted las sigue, recibirá el falso espíritu. Pero si usted obedece la ley de Dios, porque usted lo ama, usted recibe el verdadero Espíritu. Tanto el sábado, como el Espíritu, están relacionados en las Escrituras como el sello de Dios.

¿Y las personas que, sin saberlo, adoran en el día erróneo? "Pero Dios, habiendo pasado por alto los tiempos de esta ignorancia, ahora manda a todos los hombres en todo lugar, que se arrepientan; por cuanto ha establecido un día en el cual juzgará al mundo con justicia, por aquel varón a quien designó, dando fe a todos con haberle levantado de los muertos" (Hechos 17:30, 31).

Jesús, Aquel levantado de los muertos, es el juez. Dios toma en cuenta la ignorancia (la versión King James dice que Dios le guiña el ojo), así que esas personas que no lo comprenden, Él las perdona. El contexto de Hechos 17 es que Dios estaba pasando por alto la adoración de los gentiles a los ídolos, cuando no comprendían que estaba mal hacerlo, aunque estaban violando uno de Sus mandamientos.

La Biblia explica que, si usted quebranta uno, usted los ha infringido todos (Santiago 2:10-12). Entonces, no importa cuál mandamiento quebrantamos. Pero cuando desobedecemos el mandamiento por ignorancia, Dios comprende el por qué. Si le amamos, y Lo estamos siguiendo de acuerdo con lo que conocemos, Él aceptará eso—pero Él no quiere que permanezcamos en la ignorancia. Quiere que vengamos a Él, y comprendamos la verdad antes del juicio—antes del fin.

"Y entonces se manifestará aquel inicuo, a quien el Señor matará con el espíritu de su boca, y destruirá con el resplandor de su venida; inicuo cuyo advenimiento es por obra de Satanás, con gran poder y señales y prodigios mentirosos, y con todo engaño de iniquidad para los que se pierden, por cuanto no recibieron el amor de la verdad para ser salvos. Por esto Dios les envía un poder engañoso, para que crean la mentira, a fin de que sean condenados todos los que no creyeron a la verdad, sino que se complacieron en la injusticia" (2 Tesalonicenses 2:8-12).

¿Qué está diciendo Dios aquí? Al final, cada uno de nosotros estará siguiendo su Palabra porque amamos hacerlo—o si no lo hacemos, estaremos camino a la destrucción. Si decidimos ser voluntariamente ignorantes, habremos decidido ser arrastrados al engaño y a condenación. Las Escrituras dan una fuerte advertencia—una advertencia de vida o muerte. La pregunta sencilla es: ¿A quién decidimos seguir, a Dios, o a las tradiciones humanas?

A veces, la gente me dice que a Dios no le importará si no guardo el mandamiento del sábado. Sin embargo, considere lo que Jesús dijo, justo después de decir "Si me amáis, guardad mis mandamientos". En el versículo 24 dice: "El que no me ama, no guarda mis palabras". Nuestras acciones muestran si realmente lo estamos amando y siguiendo. Si sabemos qué dice la Biblia, y no lo hacemos, eso muestra que valoramos a alguien o a algo más que a Dios.

Apocalipsis 18:4 y 5 nos dice dónde debemos estar realmente: "Y oí otra voz del cielo, que decía: Salid de ella, pueblo mío, para que no seáis partícipes de sus pecados, ni recibáis parte de sus plagas; porque sus pecados han llegado hasta el cielo, y Dios se ha acordado de sus maldades". Antes de la destrucción final, lo animo a separarse de todo lo que no es bíblico.

Rodeado por Apoyo

A medida que usted se acerque más al regreso de Jesús, necesitará una hermandad de apoyo, o una familia eclesiástica que lo ayude a permanecer fiel a la Palabra de Dios. "Y considerémonos unos a otros para estimularnos al amor y a las buenas obras; no dejando de congregarnos, como algunos tienen por costumbre, sino exhortándonos; y tanto más, cuanto veis que aquel día se acerca" (Hebreos 10:24, 25).

¿Usted quiere pertenecer a una sociedad que resta importancia a las enseñanzas bíblicas, y enfatiza, en su lugar, tradiciones humanas? ¡Cuidado con eso! Usted necesita rodearse de aquellos que lo animarán a seguir toda la Palabra de Dios, y no sólo parte de ella. Y no continúe en el pecado conocido, el intencionado. "Porque si pecáremos voluntariamente después de haber recibido el conocimiento de la verdad, ya no queda más sacrificio por los pecados" (versículo 26).

En el tercero y final conflicto, el islam se dividirá en tres caminos. El islam radical será destruido, el islam moderado seguirá al cristianismo papal, y un grupo de musulmanes tomará su postura al lado de los cristianos que estarán siguiendo realmente a Dios y a la Biblia, no a las tradiciones humanas.

Juntos, participarán en la más grande oportunidad evangélica de todos los tiempos. Esto se conoce como las noticias del oriente y del norte en Daniel 11, y como el clamor con voz potente en Apocalipsis 18. Como Satanás estará atacando al pueblo de Dios que guarda los mandamientos, el Sábado será la señal de que estas personas están siguiendo realmente a Dios, no al sistema papal que afirmó haber cambiado el día de adoración al domingo.

Como antes, esto también se corresponde con el mapa. Los cristianos que permanecen firmes estarán trayendo el mensaje desde el norte, y desde Edom, mientras que Moab y Amón, los musulmanes que respaldan a Jesús y a la Biblia, están al oriente de Jerusalén.

La humanidad se dividirá entre aquellos leales a Dios, y aquellos que se alinean con la humanidad caída. Aquellos que siguen al dragón, y aquellos que siguen a Jesucristo. ¿Qué lado escoge usted? Sus acciones hablan más alto que sus palabras. Tal amor por Dios—para obedecer Sus mandamientos—no es gravoso. Elija bien, porque es justo después de esto que el rey del norte—el cuerno pequeño, el hombre de pecado, la bestia—será destruido. Usted no quiere perecer con él. Le animo a seguir a Dios. Siga Su Palabra—toda ella.

Capítulo 10

Cuando Miguel se Levanta

Comienza El Rescate

Hemos visto cómo Satanás ha estado trabajando en el mundo, y cómo el pueblo de Dios se encuentra atrapado entre los reyes del norte y del sur. Al final de Daniel 11, el rey del sur llega a su fin. El rey del norte—la bestia/poder papal—reclama toda autoridad, y cuando su poder es desafiado, destruirá y aniquilará a muchos. La marca de la bestia—un criterio que le permitirá a las personas comprar o vender—entra en juego, y las personas enfrentarán la muerte, a menos que tengan la marca.

Finalmente, Dios aniquila a la bestia/poder—el rey del norte. Cuando pasamos más allá de los últimos momentos del rey del norte-bestia/poder, comenzamos a ver, en Daniel 12, el rescate y la recompensa del pueblo de Dios. Conozco el alivio y el júbilo de ser rescatado. Mi grupo de ocho, y yo, fuimos rescatados una vez por un guardia forestal, después de haber sido arrastrados en una crecida, a temperaturas casi glaciales.

Sin embargo, esto es nada, comparado a ver a Jesús cuando viene a la Tierra a rescatar a su pueblo. Daniel 12 presenta cómo ocurrirá: "En aquel tiempo se levantará Miguel" (Daniel 12:1). Daniel 10, 11, y 12 mencionan repetidamente a Miguel, el príncipe del pacto, el gran príncipe.

Martín Lutero, y los reformadores, así como la iglesia temprana, enseñaron que Miguel era Jesucristo, y coincido con ellos. El Dr. Frances N. Lee, profesor emérito de teología sistemática e historia de la iglesia, en el Queensland Presbyterian Theological Seminary, dice: "La opinión pre-medieval dominante era que [Jesús] la Segunda Persona del Dios Triuno Mismo es 'El Ángel del Señor'. [Miguel] Esta opinión tradicional mayoritaria, de la Iglesia Temprana, fue redescubierta por la Reforma Protestante, y fue destacada también por Calvino, y después por Matthew Henry, Haevernick, Keil, etcétera".[1] ¿Cómo sabemos que esto es cierto?

El nombre Miguel significa "uno quien es como Dios", pero ¿significa eso que Miguel es Dios? Las Escrituras también llaman a Miguel "el arcángel" (Judas 9), pero un "arcángel" no tiene por qué ser un ser creado. Más bien, Él es comandante de los ángeles.

Cuando Josué estaba en las afueras del campamento israelita, se encontró con alguien que dijo que era el comandante del ejército del Señor (vea Josué 5). Josué se postró y lo adoró, y el Ser aceptó su adoración. Anteriormente, el Ángel del Señor se había encontrado con Moisés en la zarza en llamas. Moisés preguntó: "¿Quién eres?" Y Dios dijo desde el arbusto "Yo Soy" (ver Éxodo 3).

Lea estos pasajes cuidadosamente. Tanto en hebreo como en griego, la palabra traducida como "ángel" tiene un significado dual—y aquí no significa un ser creado, sino más bien mensaje o mensajero de Dios. Note cómo Oseas 12 iguala al Ángel del Señor con Dios. "y con su poder [Jacob] venció al ángel. Venció al ángel, y prevaleció; ... Mas Jehová es Dios de los ejércitos; Jehová es su nombre".

Sabemos que Dios fue el que hizo el pacto con la nación de Israel, pero Jueces 2:1 dice que el Ángel del Señor fue el que hizo el pacto con Israel. Juan Calvino, en las notas sobre Daniel 12:1, en la Biblia de Ginebra, dijo que Miguel es Jesucristo. Martín Lutero era lúcido en su creencia de que Jesús era, en este caso, llamado un ángel, y coincido con Lutero.

Miguel el Arcángel es Jesucristo, el Hijo de Dios, la segunda persona de la Trinidad, el que siempre ha sido Dios. Si creemos que Miguel el Arcángel, el gran príncipe, es Jesucristo, entonces vemos a Jesús en Daniel 11 y 12. Como de costumbre, fue el papado quien cambió las enseñanzas de la iglesia primitiva. El papa Gregorio el Grande, quien murió en 604 d.C., fue el primero en introducir, a la iglesia, la enseñanza de que Miguel no era Jesús.[2]

---

1 Véase www.dr-fnlee.org/docs/witaotl/witaotl.pdf.
2 Ibid.

"Y será tiempo de angustia, cual nunca fue desde que hubo gente hasta entonces; pero en aquel tiempo será libertado tu pueblo, todos los que se hallen escritos en el libro" (Daniel 12:1). Dios envió 10 plagas cuando liberó de Egipto al antiguo Israel. Ese fue un tiempo de gran angustia—pero debido a las plagas, el pueblo de Dios fue liberado. El libro de Apocalipsis describe el tiempo de angustia, o tribulación, cerca del fin del mundo, e igual involucra plagas.

Versículo 2: "Y muchos de los que duermen en el polvo de la tierra serán despertados, unos para vida eterna, y otros para vergüenza y confusión perpetua". Jesús viene a la Tierra, y resucita a aquellos que murieron confiando en él. "Los entendidos resplandecerán como el resplandor del firmamento; y los que enseñan la justicia a la multitud, como las estrellas a perpetua eternidad" (versículo 3). Después de ser rescatados ¡el pueblo de Dios vive y reina con Él para siempre!

"Pero tú, Daniel, cierra las palabras y sella el libro hasta el tiempo del fin. Muchos correrán de aquí para allá, y la ciencia se aumentará" (versículo 4). Hemos visto que el último enfrentamiento es entre los reyes del norte y del sur. Esta, sin embargo, es una profecía que sería comprendida solamente en el tiempo del fin. En nuestros días, todas las piezas deben estar encajando, y podemos empezar a interpretar la profecía.

Cuando ocurran los versículos 40 y siguientes (y ellos se han estado desarrollando durante los últimos años), llega el conocimiento. ¿Alguna vez ha tratado de explicar dos cosas que están ocurriendo al mismo tiempo? Como realmente usted sólo puede explicar una a la vez, al final se encontrará diciendo: "Esto ocurre, pero entonces esta otra cosa ocurre al mismo tiempo".

He mostrado antes cómo Daniel 11:1 hasta 12:3 es secuencial, pero encontramos una excepción en el último versículo del capítulo 11 y el primer versículo de Daniel 12. Mientras los estudiaba, llegué a la conclusión que Daniel 12:1 se superpone con Daniel 11:45. Por eso es que Daniel comienza el capítulo 12 diciendo: "En aquel tiempo". El último segmento era el versículo 45, que es el período después del tercer conflicto islam versus cristianismo. Al mismo tiempo, Dios empieza a liberar a Su pueblo, y el rescate comienza con Miguel levantándose.

Como usted puede ver en la tabla más abajo, en el momento de las noticias desde el oriente, el rey del norte sale para aniquilar a tantos como sea posible, y entonces él mismo es destruido en los versículos 44 y 45.

Apenas Miguel se levanta, experimentamos el tiempo de angustia—la tribulación y las plagas.

Apocalipsis 16 relaciona la destrucción de la bestia/poder (el cuerno pequeño, el rey del norte) con los eventos justo al final de las plagas. En Daniel 11:45, el rey del norte llega a su fin. Apocalipsis nos dice que esto ocurre en la conclusión de las plagas, así que, el que Miguel se levante, ocurre justo antes de que el rey del norte deje de existir, en el versículo 45. He dicho todo el tiempo que la profecía de Daniel 11 es secuencial, y lo es, excepto por esos eventos que suceden simultáneamente, y como tal, son señalados por Daniel mismo.

11:44, 45	Daniel	12:1, 2
Superposición "En aquel tiempo"		
-Noticias/Cólera		
(Apo. 13:18)		
	Miguel, "Jesús" se levanta -	
	(Dan. 7 y 8)	
	Angustia - Trib. /Plagas -	
	(Apo. 16 y 19:11-21)	
-Fin del rey del norte		
(Apo. 19; 2 Tes. 2)		
	Jesús viene/libera-	

Por Qué Miguel se Levanta

¿Por qué Daniel 12:1 dice que Miguel se "levanta"? Piense en las profecías. ¿En algún momento anterior Jesús se sentó? Si Él se sentó antes, entonces sabemos cuándo Él empezó algo. Ahora, cuando Él se levanta, sabemos que lo que fuera que Él había comenzado, ahora ha sido completado.

Considere algunas razones por las que usted podría ponerse de pie. Usted se pondría de pie cuando terminó de cenar, o si estuviera disgustado acerca de algo. En este caso, creo que Jesús ha terminado con algo *Y* está disgustado.

Al final de Daniel 11, el pueblo de Dios encara su aniquilación, a manos del rey del norte. Jesús se levanta para ponerle un fin a eso, y rescatar a Su pueblo. Jesús, aparentemente, hizo algo similar en el apedreamiento de Esteban, en Hechos 7:56,[3] que marcó el fin de las 70 semanas para la

3 Esteban dijo: "He aquí, veo los cielos abiertos, y al Hijo del Hombre que está a la diestra de Dios" (Hechos 7:56).

nación de Israel. Al final del tiempo del juicio, Jesús se levanta por Su pueblo.

Ahora, regresamos a Daniel 7, que nos ayuda a ver qué ha estado ocurriendo desde que Jesús regresó al cielo. La bestia/poder está en la Tierra, haciendo lo que la profecía predijo. "Después de esto miraba yo en las visiones de la noche, y he aquí la cuarta bestia, espantosa y terrible y en gran manera fuerte, la cual tenía unos dientes grandes de hierro; devoraba y desmenuzaba, y las sobras hollaba con sus pies, y era muy diferente de todas las bestias que vi antes de ella, y tenía diez cuernos" (versículo 7).

El aspecto pagano de Roma estaba a punto de transformarse en una forma religiosa, el papado. Versículo 8: "Mientras yo contemplaba los cuernos, he aquí que otro cuerno pequeño salía entre ellos, y delante de él fueron arrancados tres cuernos de los primeros; y he aquí que este cuerno tenía ojos como de hombre, y una boca que hablaba grandes cosas".

Hemos escuchado antes del cuerno pequeño y sus pomposas palabras. Mientras él está pronunciando sus palabras blasfemas, y pensando que realmente es algo que no es, leemos el versículo 9: "Estuve mirando hasta que fueron puestos tronos, y se sentó un Anciano de días". La bestia/cuerno pequeño piensa que es alguien muy especial, pero mientras está pensando eso, algo está pasando en el cielo, y no es de buen augurio para la bestia/cuerno pequeño. Alguien se está sentando. Pero, ¿quién es?

El Anciano de Días es Dios el Padre. Su "vestido era blanco como la nieve, y el pelo de su cabeza como lana limpia; su trono llama de fuego, y las ruedas del mismo, fuego ardiente … millares de millares le servían, y millones de millones asistían delante de él; el Juez se sentó, y los libros fueron abiertos" (Daniel 7:9, 10). El cuerno pequeño está a punto de ser juzgado.

"Los libros fueron abiertos" se refiere a esa clase de libro del juicio mencionado en Daniel 12:1, que habla de aquellos registrados en el libro. Igual, en Apocalipsis es el libro del Cordero el que Dios consultará para hacer el juicio.

Note que mientras esto está sucediendo en el cielo, la bestia/poder todavía está en la Tierra haciendo sus obras malvadas. "Yo entonces miraba a causa del sonido de las grandes palabras que hablaba el cuerno" (versículo 11). No sabe que sus días están contados. La bestia/poder está siendo juzgada y hallada falta, igual que el rey de Babilonia, al final del imperio babilónico. Entonces "miraba hasta que mataron a la bestia, y su cuerpo fue destrozado y entregado para ser quemado en el fuego" (versículo 11). Ésa es la misma descripción que encontramos al final de Daniel 11.

"Habían también quitado a las otras bestias su dominio, pero les había sido prolongada la vida hasta cierto tiempo" (versículo 12). Cada una de las bestias anteriores, cuando su poder terminó, continuó en alguna forma. Todavía hoy tenemos a Grecia, Babilonia en la forma de Irak, y Persia como Irán. Ellos todavía existían en cierta forma después del final de sus reinos proféticos. Pero cuando el poder de la bestia/cuerno pequeño termine, dejará de existir totalmente. Para el cuerno pequeño, cuando haya acabado, todo habrá acabado totalmente.

Verso 13: "Miraba yo en la visión de la noche, y he aquí con las nubes del cielo venía uno como un hijo de hombre, que vino hasta el Anciano de días, y le hicieron acercarse delante de él". Jesús entra en la cámara del juicio para encontrarse con el Padre, y Él llega sobre nubes. ¡Esto me dice que la sala del tribunal celestial es inmensa! Millones de ángeles están de pie adentro. La sala es dispuesta, Jesús llega, se sienta en el trono del juicio, y se une a la sesión judicial.

"Y le fue dado dominio, gloria y reino, para que todos los pueblos, naciones y lenguas le sirvieran; su dominio es dominio eterno, que nunca pasará, y su reino uno que no será destruido" (versículo 14). Jesús, el Rey de reyes, recibe Su reino en el cielo, antes de venir a reclamarlo en la Tierra.

Daniel 7:26, 27 repite la secuencia, para su explicación y énfasis. "Pero se sentará el Juez, y le quitarán [al cuerno pequeño] su dominio para que sea destruido y arruinado hasta el fin, y que el reino, y el dominio y la majestad de los reinos debajo de todo el cielo, sea dado al pueblo de los santos del Altísimo, cuyo reino es reino eterno, y todos los dominios le servirán y obedecerán".

He aquí el pueblo a quien Jesús libera cuando se levanta. Cuando Jesús viene, Él presenta el reino a su pueblo. No lo ha dado aún, porque no todo el mundo en la Tierra está sirviendo y obedeciendo a Dios. A decir verdad, la mayoría de las personas no lo están haciendo.

En un momento en particular, entonces, un juicio fue organizado, o "establecido", en el cielo. Cerca del tiempo del fin, tendrá lugar en el cielo, mientras que, simultáneamente, la bestia está causando estragos en la Tierra. Estoy sugiriendo que, como Daniel 12:1 indica, cuando el juicio concluye, Jesús se levanta. Viene para rescatar a Su pueblo, y traerles el dominio y el poder que acaba de recibir de Su Padre.

Cuando eso ocurre, todo acaba para el cuerno pequeño, porque su destrucción sigue rápidamente. No sabemos su tiempo exacto, pero acompaña a la última posición del cuerno pequeño (como aprendemos de Daniel 7 y de detalles adicionales en Daniel 8).

Destrucción del Cuerno Pequeño

Daniel 8 revela el camino y el comportamiento del poder/cuerno pequeño desde su comienzo hasta los días finales de su destrucción. Este pasaje debe corresponderse al escenario de Daniel 11. "Y de uno de ellos salió un cuerno pequeño, que creció mucho al sur, y al oriente, y hacia la tierra gloriosa" (Daniel 8:9).

Algunas personas argumentan que uno de los reyes seléucidas, Antíoco Epífanes IV, es el poder/cuerno pequeño. Sin embargo, el reino de Antíoco se redujo durante su reinado, y no creció, como se describe en los versículos, así que él no puede ser el cuerno pequeño.

"Y [el cuerno pequeño] se engrandeció hasta el ejército del cielo; y parte del ejército y de las estrellas echó por tierra, y las pisoteó. Aun se engrandeció contra el príncipe de los ejércitos" (versículos 10 y 11). El príncipe de los ejércitos es Jesús, el comandante de ejército que aceptó la adoración de Josué (Josué 5:14).

"Y por él [el cuerno pequeño] fue quitado el continuo sacrificio" (Daniel 8:11). El sacrificio de Jesús, que está disponible para nosotros todos los días, fue subvertido por la enseñanza de que un pecador debe ir a la Iglesia Católica para ser perdonado. El papado afirma controlar quién es un santo en el cielo—quién lo logra y quién no. Asevera que tiene autoridad sobre los poderes del cielo. "y echó por tierra la verdad, e hizo cuanto quiso, y prosperó" (versículo 12).

El Fin de los 2300 Días

"Entonces oí a un santo que hablaba; y otro de los santos preguntó a aquel que hablaba: ¿Hasta cuándo durará la visión del continuo sacrificio, y la prevaricación asoladora entregando el santuario y el ejército para ser pisoteados?

"Y él dijo: Hasta dos mil trescientas tardes y mañanas [tardes y mañanas en el hebreo, significando que es una de esas situaciones simbólicas, no uno de los términos para días normales]; luego el santuario será purificado.

"Y aconteció que mientras yo Daniel consideraba la visión y procuraba comprenderla, he aquí se puso delante de mí uno con apariencia de hombre. Y oí una voz de hombre entre las riberas del Ulai, que gritó y dijo: Gabriel, enseña a éste la visión. Vino luego cerca de donde yo estaba; y con su venida me asombré, y me postré sobre mi rostro. Pero él me dijo: Entiende, hijo de hombre, porque la visión es para el tiempo del fin" (Daniel 8:13-17).

Al final de Daniel 8, el profeta se ha enfermado literalmente, porque no comprende qué significan los 2300 días. Ha escuchado una profecía de tiempo sin un punto de comienzo, y desesperadamente trata de entender qué significa.

También está pensando en otra profecía de tiempo, dada cuando era joven, diciendo que los israelitas exiliados permanecerían en la cautividad babilónica durante 70 años. Al final de los 70 años podrían regresar a Jerusalén. Ahora Daniel es un anciano, y sabe que es tiempo de regresar. Pero escucha algo sobre 2300 días y luego el santuario siendo purificado. ¿Significa esto que habrán de pasar 2300 días/años para que los israelitas recuperen su Templo? Ese pensamiento lo sobrecoge.

En Daniel 9:24, y siguientes, recibe una respuesta. "Entiende, pues, la orden, y entiende la visión", anuncia un ángel. Tranquilizará al profeta, asegurándole que la profecía de 70 años se cumplirá como fue prometido, y le dará entendimiento a Daniel, tanto sobre la profecía de las 70 semanas, como de la profecía de los 2300 días.

El ángel empieza a explicar que 70 semanas, o 490 años, habían sido designadas como el tiempo después de los 70 años en el exilio. Las 70 semanas, o 490 años, están determinadas para los israelitas, durante los que Cristo pone un alto al pecado y trae justicia eterna. El ángel fecha las 70 semanas, o 490 años, a partir del decreto que ordenaría la restauración de Jerusalén, luego de los 70 años de exilio.

Daniel acaba de recibir la clave para ambas profecías, la de las 70 semanas, y la de los 2300 días: tienen la misma fecha de inicio. La profecía de Daniel 9 fue cortada de (significando simultánea con) la más larga de Daniel 8. El punto de partida para ambas es el decreto para restaurar Jerusalén, en 457 a.C. (ver Esdras 7).

La profecía declara que después de 2300 días, o años, el santuario será purificado. ¿Qué significa eso? Para comprender la purificación del santuario, debemos leer acerca del Día de la Expiación en Levítico 16:30-33: "Porque en este día se hará expiación por vosotros, y seréis limpios de todos vuestros pecados delante de Jehová. Día de reposo es para vosotros, y afligiréis vuestras almas; es estatuto perpetuo.

"Hará la expiación el sacerdote que fuere ungido y consagrado para ser sacerdote en lugar de su padre; y se vestirá las vestiduras de lino, las vestiduras sagradas. Y hará la expiación por el santuario santo, y el tabernáculo de reunión; también hará expiación por el altar, por los sacerdotes y por todo el pueblo de la congregación".

En el antiguo Israel, el Día de Expiación era un tiempo de juicio. Era un día en el que todos los pecados confesados eran limpiados, y borrados del registro. El Día de Expiación era un día al año, en el que el sumo sacerdote hacía una expiación purificadora, no sólo por el pecado de una persona, sino por todo el pueblo, y por el templo, o santuario, mismo. Era un símbolo de cómo opera la salvación. Aunque en ese entonces los sacerdotes ofrecían sacrificios animales, el sacrificio realmente señalaba a Jesús. El sumo sacerdote también es Jesús. Esto muestra cómo Jesús nos limpia del pecado.

En cualquier otro día del año, cuando un israelita había pecado, se acercaba a la puerta del santuario con un animal de sacrificio. Colocaba sus manos sobre el animal y confesaba sus pecados, entonces el cordero (u otro animal), que representaba a Jesús, moría por el pecado, y la persona era perdonada a través de la sangre del sacrificio. El sacrificio simbolizaba a Jesucristo muriendo en la cruz.

La sangre del sacrificio simbolizaba los pecados, siendo traídos a Dios para que Él tratara con ellos en el cielo, donde Jesús es nuestro sumo sacerdote. Para comprender mejor cómo funciona esto, lea el libro de Hebreos. Todo ese libro es sobre Jesús actuando como nuestro sumo sacerdote en el templo celestial. El templo terrenal era solamente una copia del modelo celestial que Dios mostró a Moisés (ver Éxodo 25). Moisés vio la realidad divina, y cuando construyó el tabernáculo, construyó una representación del objeto real en el cielo.

El registro individual de los pecados del israelita había sido puesto sobre el animal sacrificial, y transferido al santuario. La culpabilidad del pecado era llevada al santuario y depositada en el lugar santo, donde el humo, que simbolizaba las oraciones, entraba en el Lugar Santísimo, tomando así el registro del pecado— la culpa del pecado—y guardándolo allí para que Dios tratara con él. El israelita, en la entrada, se alejaba libre y perdonado, porque el pecado era ahora problema de Dios, no suyo. Por fe, el israelita era perdonado.

En el Día anual de la Expiación, el sumo sacerdote entraba en el lugar santo, la segunda habitación del tabernáculo. Tomaba todos los pecados del año, y los ponía sobre una macho cabrío llamado simbólicamente el "chivo expiatorio". Ese acto purificaba de pecado el tabernáculo, y lo hacía limpio otra vez. Alguien sacaba al chivo expiatorio del campamento israelita, bien lejos, con el propósito de que nunca pudiera regresar. Esto simbolizaba el perdón de Dios por el pecado, y la purificación del templo de todo pecado. Dios retuvo ese pecado, y todo los otros que Le presentaron, hasta que Jesucristo mismo tratara con él, como nuestro sacrificio y sumo sacerdote.

Modelo del Santuario Celestial
Éxodo 25:9 y Hebreos 8:1, 2

Cuando Jesús murió, resucitó, y regresó al cielo, Él dijo que iba a sentarse a la diestra del Padre. Arriba, en la ilustración del santuario, fíjese en la mesa del pan de la proposición: dos pilas de pan, seis piezas de pan por pila.

Sugiero que la mesa del pan de la proposición representa el trono de Dios. Después de todo, Jesús dijo: "Si ustedes me han visto, han visto al Padre" (ver Juan 14:9). Hay dos pilas de pan, y ellos están sentados, lado a lado, en el trono, un símbolo adecuado de la sala del trono en el cielo. Apocalipsis 4 describe a Jesús en una habitación en el santuario, y Él está con el Padre en el trono.

Pero, ¿qué habitación es esa? Delante del trono hay un candelabro de siete brazos (versículo 5). Eso nos dice que Él está en la habitación exterior del santuario. He aquí el Padre y el Hijo, sentados juntos, y aquí está el Espíritu Santo, simbolizado por el fuego. En el día de la expiación—el día del juicio—ellos entran al Lugar Santísimo, al trono de la misericordia, o trono del juicio. En Daniel 7, el Anciano de Días, el Padre, se sienta, mostrando que la Trinidad ha avanzado a la próxima fase del ministerio de la salvación. Y Jesús se reúne con Él.

El sumo sacerdote entraba en el lugar santísimo solamente en el Día de la Expiación, el día de la purificación. La profecía dada a Daniel decía: "Hasta dos mil trescientas tardes y mañanas; luego el santuario será purificado" (Daniel 8:14). Esto demuestra que el tiempo especial de purificación empieza, en el santuario celestial, cuando el Padre y el Hijo se sientan. Y recuerde, esto ocurre mientras el cuerno pequeño todavía está activo en la Tierra.

La profecía de las 70 semanas comenzó en 457 a. C.: 457 (la fecha del decreto para reconstruir Jerusalén en Esdras 7) + 70 semanas = 34 d.C., y 457 + 69 semanas = 27 d.C. Este último cálculo nos trae desde el decreto para reconstruir Jerusalén, en 457 a.C., hasta el bautismo de Jesús, en 27 d.C. Jesús fue "cortado" a mitad de la última semana (31 d.C.). El fin del período de tiempo para la exclusividad de la nación judía fue el 34 d.C. Eso explica los 490 años dados en la profecía.[4]

¿Y el período de 2300 días, que antes vimos que comenzaba al mismo tiempo? Si añadimos 2300 días (años) a 457 a.C., esto nos trae hasta 1844 d.C. ¿Qué se supone que debía ocurrir en 1844? ¿Sería algo que tendría lugar en la Tierra ese año? No, porque la profecía dice que la purificación tiene lugar en la sala de juicio celestial/el Lugar Santísimo, mientras el cuerno pequeño todavía está activo en la Tierra. El cuerno pequeño continúa corriendo de un lado a otro, ejerciendo su poder durante el juicio, así que el juicio no está ocurriendo en la Tierra.

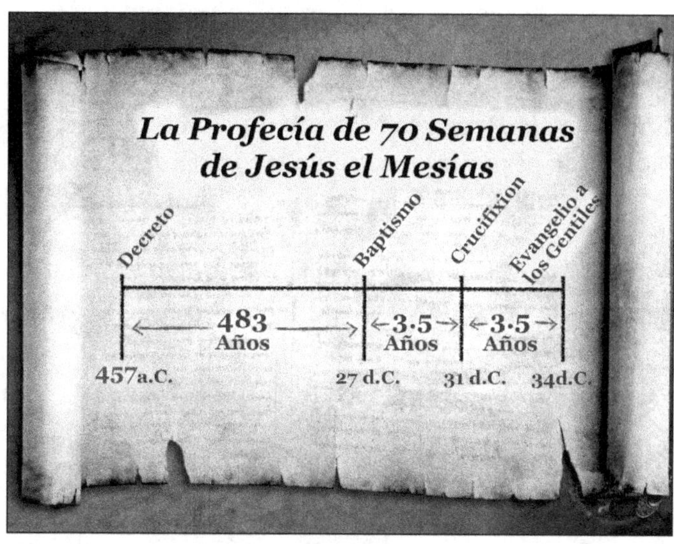

Usted recuerda que, cuando Jesús murió, el velo del templo terrenal, que protegía el Lugar Santísimo, se rasgó en dos de arriba abajo. Debido a Su muerte, los sacrificios de animales en la Tierra dejaron de tener significado—ya no eran necesarios.

Por esto, sabemos que la profecía de Daniel de los 2300 días apunta a un sacrificio divino. Jesús murió por nosotros como el Cordero de Dios, y está sirviendo ahora como sacerdote y sacrificio en el cielo. Es Su sangre la que limpia nuestros pecados, y Él está ministrándola, o aplicándola, por nosotros, en el santuario celestial.

Cuando Jesús dejó esta Tierra, les dijo a los judíos: "He aquí vuestra casa os es dejada desierta" (Mateo 23:38). En Daniel 9:27 se nos dice que el templo estaría desolado hasta la "consumación", y creo que la consumación es el momento en que Jesús regresa por Su pueblo. Hasta donde a Dios concierne, Él no honrará más sacrificios ofrecidos en un templo terrenal. ¡Para nosotros, ofrecer tales sacrificios sería blasfemia, porque

4 Vea el capítulo 1 de este libro para una descripción detallada de las 70 semanas.

implicaría negar que Jesucristo fue el sacrificio! Sin embargo, sería en el mejor interés de Satanás alegar algo falso como tal sacrificio.

No sé si alguna vez habrá otro Templo en Jerusalén, como algunos están esperando. Pero si se construye, nunca será templo de Dios, porque Él dijo que iba a dejarlo desolado hasta la consumación. Aunque la Cúpula de la Roca y la Mezquita de Omar ocupen el sitio del primer templo, desde el punto de vista de las Escrituras, está desolado.

De acuerdo con Daniel 8:17, la profecía que empieza con el decreto de reconstruir Jerusalén después del exilio, se extenderá hasta "el tiempo del fin". Mire lo que ocurre cuando representamos juntos, gráficamente, el poder del papado y el poder del islam. Lo llamo su curva de poder político.

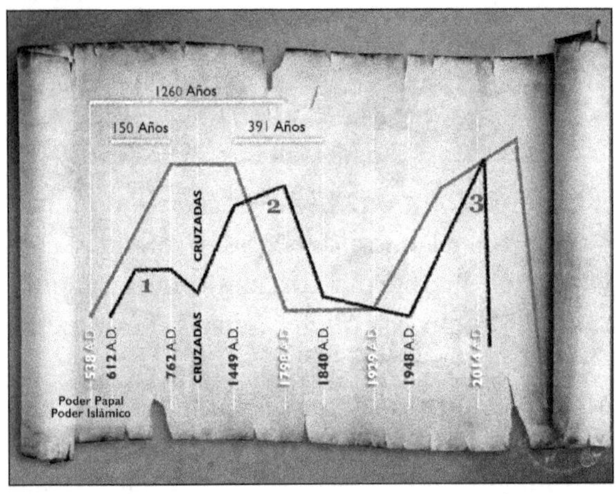

En Daniel 7 y 8, el cuerno pequeño actúa con poder, tanto antes, como durante el juicio. En la gráfica de la curva de poder político, el juicio comienza justo en el valle entre el segundo conflicto, y el tercer y final conflicto, en o durante el tiempo del fin. El juicio empieza, y el cuerno pequeño/poder rey del norte recupera su poder, y causa estragos, mientras simultáneamente el juicio tiene lugar en el cielo.

Cuando Jesús vino al Anciano de Días, no fue en esta Tierra. Fue a donde el Padre estaba—la siguiente parte de ese santuario celestial.

Sin embargo, piense en todo lo que surgió en la Tierra durante este período de tiempo. Esta era vio el surgimiento del comunismo, la teoría de la evolución, el mormonismo, e incontables otros movimientos. Uno en particular, llamado el movimiento millerita, predicó que Jesús regresaría a la Tierra en 1844, el fin natural de la profecía de los 2300 años. Pero no estaban solos. ¡Sir Isaac Newton, un científico fascinado con la escatología, también lo creía! Los reformadores también enseñaron que podría ocurrir algo, relacionado con los últimos días, a mediados de los 1800s.

¿Cómo malinterpretaron los milleritas, y otros, la relación entre Daniel 8 y el segundo advenimiento de Jesús? Vieron, en Daniel 7:13, a Jesús viniendo con nubes al Anciano de Días, y supusieron que, debido a que Cristo llegará con nubes cuando regrese a la Tierra, ese versículo debía señalar al Segundo Advenimiento. Ellos no vieron el detalle, en Daniel 7 y 8, que Él estaba yendo hacia el Anciano de Días en las nubes, no a la Tierra. El poder cuerno pequeño todavía estaba haciendo activamente sus actividades en la Tierra. Y así, los milleritas, y otros antes que ellos, malinterpretaron la identificación de la profecía.

Los milleritas eran historicistas, lo que quiere decir que creían que la profecía estaba en proceso de cumplimiento desde el tiempo en que fue escrita, hasta el extremo final de la era. Estaban siguiendo los métodos de los reformadores. Desafortunadamente, pronto los protestantes empezaron a considerar una manera diferente de ver la profecía, y se cambiaron al futurismo, el que cree que todo, o la mayor parte de la profecía, apunta a un cumplimiento al final del tiempo, con muy poco que se pueda aplicar ahora—y así, ignoraron al historicismo.

Sin embargo, para ser un historicista, usted no necesita seguir lo que los milleritas enseñaban en 1844 sobre el Segundo Advenimiento. Usted puede creer que Jesús realmente empezó el juicio en el cielo, en ese entonces.

Podemos ver, entonces, que de acuerdo con Daniel 7 y 8, el juicio en el cielo, y el tiempo del fin, comenzaron en 1844, al final de los 2300 años, cuando la corte se sentó para juzgar a la bestia/cuerno pequeño, y purificar de pecado el santuario. El juicio, y el "tiempo del fin", concluyen cuando Jesús se levanta, en Daniel 12.

Tenemos una fecha de inicio, 1844, que inaugura el tiempo del fin, y tenemos una fecha de terminación, una fecha que nadie conoce, cuando Jesús se levanta y finalmente rescata a Su pueblo, trayéndoles el reino y el poder. Ésa es exactamente la razón del juicio, según Daniel 7.

Ahora, necesitamos ver si podemos encontrar reflejado lo mismo en el Nuevo Testamento. ¿Hay en éste alguna evidencia de un juicio teniendo lugar antes del segundo advenimiento de Jesús? Considere Apocalipsis 14:6, 7:

"Vi volar por en medio del cielo a otro ángel, que tenía el evangelio eterno para predicarlo a los moradores de la tierra, a toda nación, tribu, lengua y pueblo, diciendo a gran voz: Temed a Dios, y dadle gloria, porque la hora de su juicio ha llegado; y adorad a aquel que hizo el cielo y la tierra, el mar y las fuentes de las aguas".

Claramente, hay un momento en la Tierra cuando el juicio de Jesús ya está en marcha antes que Él regrese. "Otro ángel le siguió, diciendo: Ha caído, ha caído Babilonia, la gran ciudad, porque ha hecho beber a todas las naciones del vino del furor de su fornicación" (versículo 8).

¿Cuál es el resultado del juicio en el cielo? Tal como en Daniel 7 y 8, trata con el cuerno pequeño/la bestia/el papado, aquí simbolizado por Babilonia. "Y el tercer ángel los siguió, diciendo a gran voz: Si alguno adora a la bestia y a su imagen, y recibe la marca en su frente o en su mano, él también beberá del vino de la ira de Dios" (versículos 9 y 10).

Eso es lo que el juicio involucra—pronunciar e implementar el veredicto divino contra la bestia, y contra aquellos que la siguieron. Sí vemos lo mismo en el Nuevo Testamento.

¿Quién es el juez? Otra vez en el Nuevo Testamento, Juan 5:22, 27 dice: "Porque el Padre a nadie juzga, sino que todo el juicio dio al Hijo … por cuanto es el Hijo del Hombre". En última instancia, el juez es Jesús. Entrando en la presencia del Anciano de Días, se une al tribunal, y el Padre le deja a Él juzgar.

Hechos 17:30, 31 lo confirma: "Pero Dios, habiendo pasado por alto los tiempos de esta ignorancia, ahora manda a todos los hombres en todo lugar, que se arrepientan; por cuanto ha establecido un día en el cual juzgará al mundo con justicia, por aquel varón a quien designó".

Otra vez, ¿quién es el juez? Jesús. Y otra vez dice que Él ha señalado un día en el que juzgará al mundo. Daniel 8:14 nos dice cuándo comenzará el juicio, que inicia el escenario del "tiempo del fin". Después de ese tiempo, tanto el islam como el papado comienzan su escalada de regreso, desde su pérdida de poder político. Ellos creen que les está yendo realmente bien, pero el juicio anuncia que sus días están contados.

Al final de aquellos días, cuando el juicio en el cielo va acabando, sale el último mensaje del oriente: "Salid de ella, pueblo mío" (Apocalipsis 18:4)—huid de Babilonia, huyan de la bestia/rey del norte/poder. Satanás sabe que su tiempo se está acabando, y trata de aniquilar a todos lo que él pueda, porque se da cuenta de que el juicio está casi concluido.

Si Dios es nuestro juez en la investigación divina, entonces ¿quién trata de enjuiciarnos? Apocalipsis 12:10 dice: "Entonces oí una gran voz en el cielo, que decía: Ahora ha venido la salvación, el poder, y el reino de nuestro Dios, y la autoridad de su Cristo; porque ha sido lanzado fuera el acusador de nuestros hermanos [llamado el diablo y Satanás en el versículo 9], el que los acusaba delante de nuestro Dios día y noche". Satanás es el denunciante. Nos tienta a pecar, y luego le recuerda a Dios que la paga del pecado es la muerte.

En cada caso de la corte, el acusado se encuentra a sí mismo de pie, frente al juez, aguardando el veredicto. Pero tenemos buenas nuevas.

Como acusado iremos, o bien nosotros, o Jesús, cuando nuestros casos se presenten. Tendremos que escoger cuál de los dos irá a juicio.

"Porque es necesario que todos nosotros comparezcamos ante el tribunal de Cristo, para que cada uno reciba según lo que haya hecho mientras estaba en el cuerpo, sea bueno o sea malo" (2 Corintios 5:10). No somos salvos por nuestras obras, pero el versículo nos dice que seremos juzgados de acuerdo con nuestros actos. Si tenemos un pecado en nuestro registro, la corte celestial no será algo bueno para nosotros, a menos que… y aquí otra vez están las buenas nuevas. Pero antes de que lleguemos a eso, tenemos que centrarnos en la realidad de que todos enfrentaremos el juicio.

He escuchado decir que, si usted es creyente en Cristo, usted no está bajo el juicio. Pero eso no es lo que el apóstol Pedro dijo. "Porque es tiempo de que el juicio comience por la casa de Dios" (1 Pedro 4:17). La casa de Dios es su Israel, el pueblo de la fe del Antiguo y del Nuevo Testamento, así que el juicio empieza por los creyentes. Pero eso es algo bueno, si usted realmente lo comprende.

Como el juicio "primero comienza por nosotros, ¿cuál será el fin de aquellos que no obedecen al evangelio de Dios? Y: Si el justo con dificultad se salva, ¿En dónde aparecerá el impío y el pecador? De modo que los que padecen según la voluntad de Dios, encomienden sus almas al fiel Creador, y hagan el bien" (versículo 19). Dios será fiel para ayudarte a pasar el juicio.

Romanos 8:1: "Ahora, pues, ninguna condenación hay para los que están en Cristo Jesús, los que no andan conforme a la carne, sino conforme al Espíritu". Aunque el pueblo de Dios pasará primero por el juicio, no se hallará condenado. La frase "en Cristo" es muy importante. ¿Recuerda en Apocalipsis a las personas salvas que están vistiendo una bata blanca? Jesús nos ofrece Su justicia cuando pedimos perdón, y nos limpia y nos da Su justicia. Su vida/registro cubre nuestra vida/registro cuando le pedimos que tome nuestro lugar. Ya no es más yo, sino Cristo que vive en mí, como Pablo lo expresa.

Así que esa es la clave. Le pedimos a Jesús que tome el control de nuestras vidas, y entonces ya no es más nosotros, sino Cristo, que vive en nosotros. Cuando nuestro caso es presentado ante la corte en el juicio, no es nuestro registro, sino el Suyo el que aparece allí. Mientras le dejemos tomar nuestro caso, ¡nosotros ganamos! Ahora podemos empezar a ver cómo la corte funciona a nuestro favor. Ésas son realmente buenas nuevas.

Finalmente, ¿quién es el abogado defensor en la sala de un tribunal? "Hijitos míos, estas cosas os escribo para que no pequéis; y si alguno hubiere pecado, abogado tenemos para con el Padre, a Jesucristo el justo" (1 Juan 2:1). Este abogado es un abogado defensor, y el nuestro es Jesucristo mismo.

Examinemos la alineación en la sala del tribunal celestial. El juez es Jesús, el denunciante es Satanás, el acusado o soy yo, o es Jesús, y el abogado defensor es Jesús, si lo dejo tomar mi caso.

¿Qué clase de ley opera en la corte divina? El Nuevo Testamento nos dice claramente que son los Diez Mandamientos. "Porque cualquiera que guardare toda la ley, pero ofendiere en un punto, se hace culpable de todos. Porque el que dijo: No cometerás adulterio, también ha dicho: No matarás. Ahora bien, si no cometes adulterio, pero matas, ya te has hecho transgresor de la ley. Así hablad, y así haced, como los que habéis de ser juzgados por la ley de la libertad" (Santiago 2:10-12).

Juan 14:15-17 nos recuerda: "Si me amáis, guardad mis mandamientos. Y yo rogaré al Padre, y os dará otro Consolador, para que esté con vosotros para siempre: el Espíritu de verdad". Los mandamientos mencionados aquí son los Diez Mandamientos—no matarás, no cometerás adulterio. En otras palabras, todos ellos. Ése es el cimiento. Así que sabemos qué ley estará siendo aplicada en la corte celestial.

¿Son verdaderamente los Diez Mandamientos una ley de libertad? Sí. Imagine como sería la vida si todos siguieran los Diez Mandamientos. El hecho de que ellos no lo hagan, no significa que usted no está en libertad de creerse todo lo que le digan. Tampoco está en libertad de recorrer sin peligro cualquier calle a cualquier hora del día o de la noche. Las personas no siguen la ley de Dios. Si lo hicieran, usted podría ir sin peligro a cualquier calle en cualquier momento, creer en todo lo que le dicen, y no necesitaría una llave ni un llavín. Eso sería el cielo.

Y usted puede estar seguro que las leyes de Dios serán practicadas en el cielo. Su pueblo obedecerá cada uno de ellos, incluyendo el mandamiento del Sábado. "Y de mes en mes, y de día de reposo [Sábado] en día de reposo [Sábado], vendrán todos a adorar delante de mí, dijo Jehová" (Isaías 66:23).

En el cielo nuevo y la Tierra nueva, el mandamiento del Sábado se seguirá aplicando. Si alguien no estuviera siguiendo la ley de Dios en el cielo, usted todavía necesitaría cerraduras, y no podría creer en todo lo que escucha.

Recompensa o castigo es el resultado del juicio. Jesús dijo: "He aquí yo vengo pronto, y mi galardón conmigo, para recompensar a cada uno según sea su obra" (Apocalipsis 22:12). ¡Allí está otra vez! ¡Asegúrese de estar confiando en Cristo, para que pueda ser recompensado por las obras de Él, en lugar de las suyas!

Hebreos 10:26, 27 nos dice: "Porque si pecáremos voluntariamente después de haber recibido el conocimiento de la verdad, ya no queda más sacrificio por los pecados, sino una horrenda expectación de juicio, y de hervor de fuego que ha de devorar a los adversarios".

¿Recuerda el Día de la Expiación? Si más temprano en el año, un israelita había ofrecido un sacrificio por un pecado, y después no se preocupaba más por Dios ni Su ley, en el Día de la Expiación su culpabilidad volvería a él. Si usted acepta a Jesucristo como su Señor y Salvador, pero deliberadamente se niega a seguir a Dios y a parte de Su ley, y continúa viviendo en pecado, su culpabilidad seguirá todavía con usted.

Hebreos dice que, si pido perdón, y luego después, tercamente, continúo en pecado deliberado, pierdo mi perdón, el sacrificio por mis pecados. Jesús no se encargará del pecado intencionado. Se encargará del pecado por ignorancia, como se ve en el sacrificio continuo ofrecido por aquellos que no sabían que estaban pecando, pero Él no puede pasar por alto el pecado deliberado persistente en el juicio. Cada persona recibirá ya sea recompensa, o castigo: recompensa si están confiando y obedeciendo a Jesús, castigo si se niegan deliberadamente a confiar en Él y a obedecerle. La realidad es que, cuando Jesús recompensa a Su pueblo, los está recompensando por Su (de Jesús) vida perfecta en lugar de la nuestra, y nos está recompensando por todo el bien que el Espíritu Santo ha hecho a través de nosotros. La recompensa es el resultado de Jesús que reemplaza nuestro pecaminoso registro con Su registro perfecto.

Termina El Juicio

Ahora mismo, el juicio todavía está en marcha en el cielo. De acuerdo con la profecía de 2300 días, el juicio en el cielo comenzó en 1844, y no termina hasta justo antes de las plagas. ¿Cómo sé que termina entonces? Daniel 12 nos dice que, inmediatamente antes del tiempo de angustia, Miguel se levanta. El libro de Apocalipsis presenta los mismos eventos. Mire Apocalipsis 14:7; 22:11; 15:8; y 16.

"Porque la hora de su juicio ha llegado" (Apocalipsis 14:7). El juicio se ha estado desenvolviendo en el cielo, y luego Apocalipsis 22:10, 11 describe cómo el proceso llega a un final. "No selles las palabras de la profecía de este libro, porque el tiempo está cerca. El que es injusto, sea injusto todavía; y el que es inmundo, sea inmundo todavía; y el que es justo, practique la justicia todavía; y el que es santo, santifíquese todavía".

Se emite un decreto desde el cielo, anunciando que el juicio ha concluido. Ya, cada persona se ha decidido. Ya hecha la elección final de todas las personas, Jesús se levanta.

¿Cuándo ocurre esa decisión de terminar el juicio? No es durante el tiempo de las noticias del oriente, porque el fuerte pregón urge: "Salid de ella, pueblo mío". Durante el período del fuerte pregón, Dios todavía está ofreciendo perdón y purificación a todo aquel que lo quiera, así que el fin del juicio ocurre después de ese punto.

En Apocalipsis 15:8 descubrimos "Y el templo se llenó de humo por la gloria de Dios, y por su poder; y nadie podía entrar en el templo hasta que se hubiesen cumplido las siete plagas de los siete ángeles".

Ahora mismo, nuestro perdón está teniendo lugar en el santuario celestial, el templo en el cielo. Cuando principien las plagas, ya no podremos venir más a Jesús para pedirle por nuestra salvación. ¿Por qué no? Porque Jesús ya habrá terminado Su trabajo allí. Se habrá levantado, porque ya se han tomado todas las decisiones, y su ministerio está consumado. Esto ocurre justo antes de las plagas en Apocalipsis 15:8.

Sabemos que el juicio ha terminado en el cielo justo antes de las plagas, porque Apocalipsis 16 dice que las plagas son vertidas sobre aquellos que tienen la marca de la bestia, y nadie cambia su mente durante el tiempo de las plagas o después. En lugar de confesar sus pecados, el perdido maldice a Dios. Durante las plagas, tanto el justo como el impío permanecen como eran antes.

Por extraño que pueda parecer, este hecho es realmente una buena noticia para nosotros. Si soy un pecador, y lo soy, soy uno perdonado. Cuando mi caso va al tribunal en el cielo, Jesús es el juez. Satanás hace una acusación contra mí. En este momento tengo una elección. Puedo defenderme a mí mismo y a mi registro, o puedo decir: "Jesús, ¿pondrías Tu registro en lugar del mío?" Ya no es más yo, sino Cristo en mí. Yo le digo: "Jesús, Usted está a cargo". Y ahora el registro de Cristo es el sometido a juicio. ¿Cuántos pecados tiene Jesús en Su registro? ¡Ninguno! ¡Voy a estar bien!

Pero se pone aún mejor. El abogado defensor es Jesús. ¿Cómo usted se sentiría al entrar en un tribunal, si su abogado defensor fuera también el juez? Todo estaría a su favor. Usted no va a encontrar un jurado en desacuerdo allí—porque no hay jurado. El juez gobierna absoluto en este tribunal.

¿Qué ocurre si decido representarme a mismo, y presentar mi propio caso? En esa situación, Jesús todavía es el juez. Satanás me culpa, y tiene unos argumentos fuertes en contra mía. Tengo que ser el abogado defensor, y defenderme a mismo, porque he rechazado a Jesucristo. La ley son los Diez Mandamientos, y dicen que soy culpable. ¡Y la paga del pecado es la muerte! El resultado para mí es el castigo.

La persona que acepta a Jesucristo como su abogado, y le permite ser El acusado, sale del juicio sentenciado a vivir eternamente con Jesús. ¡Adoro el juicio! Me libera de Satanás, y me libera de la bestia/rey del norte/cuerno pequeño, que ahora mismo cree que está gobernando el mundo. Como creo que voy a ser sentenciado a vivir con Jesús para siempre, ¡estoy dispuesto a aceptar ese veredicto!

Por lo tanto, el juicio no es algo malo. Son buenas nuevas para todos aquellos cuyos nombres estén escritos en el libro de la vida del Cordero. Todos los que continúan amando y sirviendo a Jesucristo, y le guarden lealtad, tienen su nombre incluido en el libro de la vida del Cordero.

Es importante notar que el juicio tiene un período de tiempo definido. Dos veces, el Nuevo Testamento nos dice que se fijó una fecha para el comienzo del juicio, y la profecía que dice la fecha aparece en Daniel 8. El fin de los 2300 años, desde el decreto de reconstruir Jerusalén, nos trae a 1844, y esa fecha inicia el tiempo del fin. De acuerdo con esa profecía, el juicio se extenderá hasta inmediatamente antes de las plagas. Ese es el momento cuando Jesús se levanta. El humo de la presencia de Dios llena el santuario celestial, y el justo y el impío han hecho su elección final y permanente de qué serán por siempre. Jesús ha estado esperando hasta el mismo último momento, esperando una oportunidad de limpiar tu registro y el mío.

Entonces, cuando se levanta, Él no está diciendo arbitrariamente, "¡Se acabó el tiempo!" Dio cada mensaje de advertencia que pudo, y dejó que el mundo se metiera en problemas de toda clase, para darle tiempo a las personas para decidir, y finalmente, las últimas personas han tomado su decisión. Entonces puede declarar, "¡Ya está! No tiene sentido seguir esperando—¡Consumado es! Me estoy levantando, y vengo para rescatar a Mi pueblo".

Capítulo 11

El Peor Tiempo de Angustia

Vimos, en el capítulo anterior, que se reúne un tribunal en el cielo, y que la corte está en sesión. Cuando Miguel se levanta, justo antes del tiempo de prueba, el juicio ha terminado. El templo celestial es el lugar en el que Jesucristo ha estado obrando nuestra salvación, y cuando Él haya terminado allí, declara: "el que es justo, sea justo todavía; y el injusto, sea injusto todavía" (ver Apocalipsis 22:11). ¡Está hecho! Todos hemos tomado nuestra decisión, de una manera o de otra.

"Después de estas cosas miré, y he aquí fue abierto en el cielo el templo del tabernáculo del testimonio; y del templo salieron los siete ángeles que tenían las siete plagas ... Y uno de los cuatro seres vivientes dio a los siete ángeles siete copas de oro, llenas de la ira de Dios, que vive por los siglos de los siglos. Y el templo se llenó de humo por la gloria de Dios, y por su poder; y nadie podía entrar en el templo hasta que se hubiesen cumplido las siete plagas de los siete ángeles" (Apocalipsis 15:5-8).

Las plagas empiezan a caer. Cuando lo hacen, nadie cambia ya de lado. El impío sólo se vuelve más enojado con Dios, a quien se niega a seguir, y el pueblo de Dios se oculta cada vez más profundamente, y le espera.

El tiempo de las plagas es paralelo al tiempo de prueba que refiere Daniel, y será peor que ninguna otra cosa que el mundo haya experimentado.

Una vez haya concluido, podremos mirar atrás y ver que fue el período más terrible en la historia de la Tierra.

Daniel 12:1 lo describe como "tiempo de angustia, cual nunca fue", pero a ese tiempo le sigue el rescate. Es parte del proceso de Dios para rescatar a Su pueblo. "En aquel tiempo se levantará Miguel, el gran príncipe que está de parte de los hijos de tu pueblo; y será tiempo de angustia, cual nunca fue desde que hubo gente hasta entonces; pero en aquel tiempo será libertado tu pueblo, todos los que se hallen escritos en el libro".

Tengo toda la intención de ser encontrado en el libro de Dios. ¿Usted no?

En varios lugares la Biblia habla del tiempo de prueba, y los consideraremos en este capítulo. Tenemos que ver cómo la Biblia arroja luz sobre este tumultuoso período.

Éxodo y Apocalipsis hablan ambos de plagas, seguidas por un rescate. Cuando el pueblo de Dios estaba en Egipto, 10 plagas cayeron sucesivamente sobre los egipcios, y luego vino el rescate. El libro de Apocalipsis presenta una serie de siete plagas, y luego un rescate.

En Éxodo 5:5, Moisés convoca a los israelitas a adorar a Dios, y a descansar. El Faraón protesta: "¡Los hace descansar de su trabajo!" Como esclavos, habían sido forzados a trabajar siete días a la semana. El faraón no les permitiría rehuir del trabajo. Cuando Moisés asumió el liderazgo de Israel, los llevó de regreso al "modo de descanso", de regreso a un ciclo sabático. En Apocalipsis, Dios convoca a las personas a adorar al Creador: "adorad a aquel que hizo el cielo y la tierra, el mar y las fuentes de las aguas" (Apocalipsis 14:7). Ésa es una cita del mandamiento del Sábado. Así que tenemos un llamado a adorar y descansar tanto en el Éxodo como en Apocalipsis.

Dios enseña a Moisés: "Entra a la presencia de Faraón y dile: ... Deja ir a mi pueblo, para que me sirva" (Éxodo 8:1). Dios llamó a Su pueblo a salir de Egipto. En Apocalipsis 14 y 18:4 llama a Su pueblo a salir de Babilonia. "Salid de ella, pueblo mío, para que no seáis partícipes de sus pecados, ni recibáis parte de sus plagas" (Apocalipsis 18:4). La llamada a salir de Babilonia es exactamente como la llamada a salir de Egipto. ¿Ve usted las semejanzas?

He aquí otro paralelo. En Éxodo 11:4-7 encontramos una "advertencia de muerte" antes del rescate. Apocalipsis 14:9-11 también tiene una "advertencia de muerte" antes del rescate. Ambas advertencias no eran para el pueblo de Dios, más bien era para aquellos que se les opusieron.

Éxodo 11 dice: "Dijo, pues, Moisés: Jehová ha dicho así: A la medianoche yo saldré por en medio de Egipto, y morirá todo primogénito en tierra de Egipto ... Pero contra todos los hijos de Israel, desde el hombre hasta la bestia, ni un perro moverá su lengua, para que sepáis que Jehová hace diferencia entre los egipcios y los israelitas" (versículos 4-7).

De forma semejante, encontramos una advertencia de muerte en el rescate en Apocalipsis 14: "Y el tercer ángel los siguió, diciendo a gran voz: Si alguno adora a la bestia y a su imagen, y recibe la marca en su frente o en su mano, él también beberá del vino de la ira de Dios, que ha sido vaciado puro en el cáliz de su ira; y será atormentado con fuego y azufre delante de los santos ángeles y del Cordero" (versículos 9 y 10).

Los primogénitos en Egipto fallecieron, y en el tiempo del fin, cualquiera que tenga la marca de la bestia enfrentará, de igual manera, una pena de muerte, o peor—el castigo de fuego y azufre.

Las últimas siete plagas en Egipto apuntaron a personas especiales, y las siete plagas en Apocalipsis también se centran en personas específicas. Mientras las primeras tres plagas egipcias podrían haber afectado tanto a los israelitas como a los egipcios, durante las últimas siete plagas, solamente sufrieron los egipcios, no los israelitas.

Por ejemplo, Éxodo 8:22 anuncia: "Y aquel día yo apartaré la tierra de Gosén, en la cual habita mi pueblo, para que ninguna clase de moscas haya en ella". La diferenciación era con el propósito de que los egipcios reconocieran que el Señor era el Dios de Israel. Cuando Moisés pronunció una sentencia de muerte, esta golpearía solamente a los egipcios, para que comprendieran que los israelitas estaban siguiendo al Señor Dios.

Encontramos un paralelo similar con las siete últimas plagas de Apocalipsis. Apocalipsis 16:2 retrata la primera plaga: "Fue el primero, y derramó su copa sobre la tierra, y vino una úlcera maligna y pestilente sobre los hombres que tenían la marca de la bestia, y que adoraban su imagen". Apunta a aquellos que tenían la marca de la bestia. Si usted quiere librarse de las plagas, no siga a la bestia ni reciba su marca.

En el Salmo 91, el salmista David escribió sobre el pueblo de Dios atravesando este tiempo muy difícil. Él señala que veremos el resultado de lo que le sucede a los impíos, pero las plagas no nos afligirán.

"El que habita al abrigo del Altísimo morará bajo la sombra del Omnipotente. Diré yo a Jehová: Esperanza mía, y castillo mío; mi Dios, en quien confiaré. ... Caerán a tu lado mil, y diez mil a tu diestra; mas a ti no llegará. Ciertamente con tus ojos mirarás y verás la recompensa de los impíos. Porque has puesto a Jehová, que es mi esperanza, al Altísimo por tu habitación, no te sobrevendrá mal, ni plaga tocará tu morada. Pues a sus ángeles mandará acerca de ti que te guarden en todos tus caminos" (versículos 1-11).

Muchos han enseñado que Dios, en este momento, retiraría de la Tierra a Su pueblo, porque seguramente no podrían quedarse aquí para que no sufran las plagas. Hal Lindsey enseñó esto en su libro *The Late, Great Planet Earth*, años atrás.

Sin embargo, la cuestión importante es: ¿estaba el pueblo de Dios viviendo en Egipto durante el tiempo de las plagas? Sí. ¿Sufrieron las últimas siete de esas plagas? No, ¡porque Dios tiene buena puntería! De igual manera, en el tiempo del fin, en el libro de Apocalipsis, Dios tiene buena puntería. Apunta solamente a aquellos que tienen la marca de la bestia. El Salmo 91 nos dice que el pueblo de Dios, su Israel de la fe, verá los resultados de las plagas, pero las plagas no estarán cerca de ellos.

¿Qué nos dice esto? Que Dios tiene una puntería perfecta, y que no quitará a Su pueblo de este mundo antes de las plagas. Según el modelo de las plagas en Egipto, las plagas del tiempo del fin, en el terrible tiempo de angustia, son parte del entramado para liberar al pueblo de Dios. Son aspectos del proceso de liberación.

¿Y las condiciones que el pueblo de Dios soportará mientras atraviesan este período? No será fácil para ellos. Jeremías 30:7 habla del "tiempo de angustia para Jacob". Recuerde, alguien que tiene fe en Jesús es un heredero de Abraham, y es, por lo tanto, parte del Israel de la fe. Si usted pertenece al Israel de Dios, entonces usted es un hijo de Jacob. Jeremías 30:5-7 describe la experiencia que sufrirá Su pueblo.

"Porque así ha dicho Jehová: Hemos oído voz de temblor; de espanto, y no de paz. Inquirid ahora, y mirad si el varón da a luz; porque he visto que todo hombre tenía las manos sobre sus lomos, como mujer que está de parto, y se han vuelto pálidos todos los rostros. ¡Ah, cuán grande es aquel día! Tanto, que no hay otro semejante a él; tiempo de angustia para Jacob; pero de ella será librado".

Jeremías explica que, después del período de angustia, Dios salvará o liberará a Su pueblo. ¿Adivine qué ocurre justo después de la tribulación en Daniel 11? ¡El pueblo de Dios es liberado! Jeremías 30 continúa explicando.

"En aquel día, dice Jehová de los ejércitos, yo quebraré su yugo de tu cuello, y romperé tus coyundas, y extranjeros no lo volverán más a poner en servidumbre, sino que servirán a Jehová su Dios y a David su rey, a quien yo les levantaré" (versículos 8 y 9).

¿Quién es "David su rey", a quien Dios levanta para nosotros? Jesucristo, el hijo de David. ¿Por qué el pueblo de Dios tiene que atravesar tan terrible tiempo de angustia? Dos razones: Una, el rey del norte está furioso, y trata de destruir a cualquiera que se rehúse a recibir su marca. Si la gente está tratando de matarle, ¿sería esto para usted sólo un poquito estresante? El pueblo de Satanás está tratando de aniquilar al pueblo de Dios. Igual que Egipto fue difícil para los israelitas, el pueblo de Dios experimenta un período difícil, justo antes del rescate.

Una segunda razón por la que el pueblo de Dios sufre el tiempo de angustia, son las preguntas que plantea. Una vez que las plagas empiezan a ser derramadas, y usted se da cuenta de que todo ha sido determinado en el cielo, una de las primeras preguntas que vendrá a mi mente (y apuesto que a la suya también) es: "¿Tengo claras todas mis cuentas con Dios?"

Para entonces será demasiado tarde para cambiar. Es crucial que confesemos nuestros pecados ahora, y que confiemos en Jesús para recibir ahora el perdón. También tenemos que practicar el poner nuestra seguridad en Dios, y no en nosotros mismos. En ese entonces, el pueblo de Dios estará dependiendo totalmente del Espíritu Santo.

Lo que es muy interesante es que, durante este tiempo, el pueblo de Dios estará lleno del Espíritu, y viviendo por su poder, y saben que es vital hacerlo. Por otro lado, el pueblo de Satanás ha rechazado totalmente al Espíritu. Los dos grupos se han vuelto polos opuestos.

Note que el pueblo de Dios no está por su cuenta en este momento. Pero, en vez de limpiarlos de pecado, Jesús ahora los está preservando limpios del pecado por el Espíritu que mora en ellos, porque Él ha terminado el juicio en el cielo.

Apocalipsis 16:1 declara: "Oí una gran voz que decía desde el templo a los siete ángeles: Id y derramad sobre la tierra las siete copas de la ira de Dios". Echemos un vistazo a las diferentes plagas. Cada una ataca a algún aspecto diferente de la bestia/poder, a la falsa adoración.

La primera plaga aparece descrita en el versículo 2: "Fue el primero, y derramó su copa sobre la tierra, y vino una úlcera maligna y pestilente sobre los hombres que tenían la marca de la bestia, y que adoraban su imagen".

Ya hemos pasado más allá del tiempo de las "noticias del oriente y del norte". El rey del norte ya se ha airado e infligido muerte y destrucción sobre aquellos que se le están resistiendo. Repentinamente, a aquellos que siguen a la bestia les empiezan a aparecer llagas pestilentes y horribles por todo el cuerpo. No sabemos en este momento si es una plaga mundial de llagas, pero hacia el final de las plagas, las personas todavía seguirán sufriendo de ellas.

La segunda plaga es como sigue: "El segundo ángel derramó su copa sobre el mar, y éste se convirtió en sangre como de muerto; y murió todo ser vivo que había en el mar" (versículo 3). Suponga que, estando usted en la playa un día, las olas cambian, de ser aguas claras a ser agua ensangrentada, y comienza a apestar, mientras usted ve peces muertos flotando en la superficie. Eso atraería la atención de la gente, ¿no?

El versículo 4 describe la tercera plaga: "El tercer ángel derramó su copa sobre los ríos, y sobre las fuentes de las aguas, y se convirtieron en sangre". Alguien abre el grifo en la mañana, para beber un poco de agua, y en vez de agua, su vaso se llena de sangre.

Fíjese en los versículos 5 al 7: "Y oí al ángel de las aguas, que decía: Justo eres tú, oh Señor, el que eres y que eras, el Santo, porque has juzgado estas cosas. Por cuanto derramaron la sangre de los santos y de los profetas, también tú les has dado a beber sangre; pues lo merecen. También oí a otro, que desde el altar decía: Ciertamente, Señor Dios Todopoderoso, tus juicios son verdaderos y justos".

"¡Ustedes han estado asesinando a Mi pueblo, derramando su sangre!" les recuerda Dios. En el pasado, el rey del norte/poder/bestia, el papado, fue un poder perseguidor durante más de 1000 años. En el tiempo del fin, la bestia es, otra vez, una agencia perseguidora. Dios dice: "¿Tienes sed de sangre? Pues bien, bebe sangre. Recibe lo que tanto quieres. ¿Dices que saldrás para derramar la sangre de Mi pueblo? Bebe un poco de sangre". Y los ángeles dicen: "Dios, eso es justo".

¿Acaso cambian su mente, la gente que tienen la marca de la bestia, cuando las plagas golpean? No, en lo absoluto. Jesús ya lo ha anunciado: "Que el justo sea justo todavía, y el impío sea impío todavía" (ver Apocalipsis 22:11). Jesús ya se ha levantado del trono del juicio, y el caso de todo el mundo ya se ha decidido.

La cuarta plaga es, a saber: "El cuarto ángel derramó su copa sobre el sol, al cual fue dado quemar a los hombres con fuego. Y los hombres se quemaron con el gran calor, y blasfemaron el nombre de Dios, que tiene poder sobre estas plagas, y no se arrepintieron para darle gloria" (versículos 8 y 9). Esta cuarta plaga hace que el sol queme al pueblo de la bestia.

Recuerde, durante este tiempo el pueblo de la bestia estará imponiendo una pena de muerte sobre cualquiera que no adore en domingo, el "día del sol". Dios dice: "¿Usted quiere el sol? Está bien, aumentaré el calor. ¡Le daré un poco más de sol!"

La quinta plaga: "El quinto ángel derramó su copa sobre el trono de la bestia". ¿Dónde está el trono de la bestia? Puede ser el Vaticano. Recuerde, sin embargo, que en Daniel 11, al final, antes de la destrucción de la bestia, ella se traslada a la "tierra gloriosa" y establece las tiendas de su cuartel central allí. Así que su trono podría estar situado en Israel, o en el Vaticano. No estoy seguro de cuál será.

"El quinto ángel derramó su copa sobre el trono de la bestia; y su reino se cubrió de tinieblas" (versículo 10). El pueblo se ha estado quejando: "¡Estamos hartos de este sol que quema!" Dios dice: "Está bien, no más sol". Y esto indica dónde está el problema. Oscuridad espiritual es lo que el papado le ha dado al mundo. Ahora Dios envuelve en oscuridad ese lugar, dondequiera que esté su cuartel central.

"Y mordían de dolor sus lenguas, y blasfemaron contra el Dios del cielo por sus dolores y por sus úlceras, y no se arrepintieron de sus obras" (versículo 11). Todavía tienen sus llagas aquí, durante la quinta plaga. No sé cuánto tiempo durarán las plagas, pero no quiero estar sufriendo el dolor de las llagas durante ese tiempo. Preferiría ser parte del pueblo de Dios durante este período.

La sexta plaga se describe en el versículo 12: "El sexto ángel derramó su copa sobre el gran río Éufrates; y el agua de éste se secó, para que estuviese preparado el camino a los reyes del oriente".

El ejército de los Estados Unidos cruzó varias veces el río Éufrates durante las diferentes batallas en Irak. ¿Es el río Éufrates un gran desafío para una operación militar moderna? No, no lo es. Sugiero que esto probablemente es simbólico para el tiempo del fin, especialmente cuando usted considera que Babilonia se asienta sobre el río Éufrates, y Babilonia, en Apocalipsis, es un poder espiritual.

Hay antecedentes históricos para las aguas secándose en Babilonia. Note las comparaciones entre las experiencias del antiguo Israel y del Israel espiritual.

- El libro de Jeremías nos dice que Babilonia oprimió al antiguo pueblo de Dios. En Apocalipsis 17, Babilonia también persigue al pueblo de Dios.

- En Daniel 3, el antiguo pueblo de Dios fue obligado a adorar una imagen. En el fin del tiempo, el pueblo de Dios también se encontrará siendo obligado a adorar una imagen.

- En Daniel 4:30, Nabucodonosor se refiere a su imperio de Babilonia (el enemigo del pueblo de Dios) como "gran". Apocalipsis 17:5, en el tiempo del fin, llama al enemigo final del pueblo de Dios "Babilonia la grande".

- En el Antiguo Testamento, Babilonia es "la que moras entre muchas aguas" (Jeremías 51:12, 13). En Apocalipsis, en el tiempo del fin, Babilonia se "sienta sobre muchas aguas" (ver Apocalipsis 17:15, donde dice que el agua representa pueblos).
- En Isaías 44, en el Antiguo Testamento, Dios rescata a Su pueblo secando el río Éufrates. Apocalipsis 16:12 también nos dice que Dios rescatará a Su pueblo secando el río Éufrates.
- En Jeremías 51, Dios convoca a Su pueblo a salir de Babilonia. En Apocalipsis 18:4 son llamados a "salir de ella" (Babilonia) en el tiempo del fin.
- En el Antiguo Testamento, Isaías 45 llama a Ciro "Su ungido", cuando predice que él rescatará al antiguo Israel. Daniel 9 se refiere al salvador divino que vendrá, en el Nuevo Testamento, como el Mesías, el Ungido. Jesús, el Mesías, es el Salvador que también viene al final.
- En Isaías 45, ambos salvadores salen del oriente. Ciro vino desde el este en el Antiguo Testamento. En el Nuevo Testamento, Jesús viene desde el este para el rescate final.

Apocalipsis 16 continúa: "y el agua de éste se secó, para que estuviese preparado el camino a los reyes del oriente. Y vi salir de la boca del dragón, y de la boca de la bestia, y de la boca del falso profeta, tres espíritus inmundos a manera de ranas" (versículos 12 y 13).

En esta plaga en particular tenemos muchos símbolos desplegados. El dragón es un símbolo de Satanás, la bestia es el símbolo del sistema papal, y el falso profeta es los Estados Unidos en la profecía, como ya descubrimos. "Pues son espíritus de demonios, que hacen señales, y van a los reyes de la tierra en todo el mundo, para reunirlos a la batalla de aquel gran día del Dios Todopoderoso" (versículo 14).

El versículo 15 anuncia algo muy importante: "He aquí, yo *vengo como ladrón*. Bienaventurado el que vela, y guarda sus ropas, para que no ande desnudo, y vean su vergüenza". La razón por la que enfatizo "vengo como ladrón" es que vamos a hablar de la secuencia cronológica en esa afirmación.

Hoy. muchos estudiantes de profecía hablan de Jesús viniendo "como ladrón" antes del tiempo de tribulación y las plagas. Pero justo ahí, entre la sexta y la séptima plaga, es que Jesús dice que viene como un ladrón. Eso no es tiempo pasado. Significa que, en el tiempo de la sexta plaga, está a punto de venir como un ladrón. Ésta es una diferencia muy importante que necesitamos destacar.

¿Qué ocurre después? Apocalipsis 16:16 explica: "Y los reunió en el lugar que en hebreo se llama Armagedón". El pueblo de Satanás—enemigos de Dios—empieza a perder su cohesión, y Satanás tiene que reorganizar sus ejércitos, porque todos están sufriendo de esas plagas. Están empezando a cansarse de escuchar a la bestia y al dragón, y de sufrir las plagas. Ahora se juntan para una última batalla, en un lugar llamado Armagedón.

¿Ha escuchado usted la idea de que la batalla final tendrá lugar en la llanura de Megido? Lo he visitado. El sitio es algo pequeño para una muy importante batalla mundial. Apocalipsis no dice que es en la llanura o en el valle de Megido; El versículo 16 dice "Har Megiddon", lo que significa 'la Montaña de Megido'. Ésa no es la Llanura de Megido. Pero una montaña se alza justo al lado de la llanura de Megiddo, y se llama Monte Carmelo. Es allí donde tuvo lugar un enfrentamiento entre los profetas de Baal y el profeta Elías—y el Dios del cielo ganó.

¿Qué vimos en Apocalipsis 16? Que las tropas de Satanás se han reunido para un enfrentamiento con Dios. En juego está: ¿Quién es el verdadero Dios? ¿Quién es el poder real? La lucha es por el trono divino. Satanás dice: "Voy a tomar el lugar de Dios".

"Tú que decías en tu corazón: Subiré al cielo; en lo alto, junto a las estrellas de Dios, levantaré mi trono, y en el *monte del testimonio* me sentaré, … y seré semejante al Altísimo" (Isaías 14:13, 14). Es el último esfuerzo desesperado de Satanás, porque está perdiendo.

Las plagas no están yendo bien para su bando. Ésta es una batalla por el trono, justo antes de que Jesús regrese, una batalla entre la verdadera Trinidad y la falsa trinidad. Regresemos por un momento a la caída de la antigua Babilonia. Babilonia estaba ubicada sobre el río Éufrates, y el río pasaba por la ciudad, con un foso alrededor de la mayor parte de ella.

Cuando los medos y los persas sitiaron la ciudad de Babilonia, el gobernador de Babilonia decidió mostrar su desprecio hacia ellos ofreciendo un banquete. Durante el banquete, hizo que les trajeran las copas y tazones sagrados del templo de Dios en Jerusalén, para que sus invitados bebieran vino en ellas.

Repentinamente una mano incorpórea escribió sobre la pared: "MENE, MENE, TEKEL, UPARSIN" (Daniel 5:25). Nadie podía leerlo. El gobernante mandó a llamar al profeta Daniel, y Daniel interpretó la inscripción: "Pesado has sido en balanza, y fuiste hallado falto. Tu reino ha sido roto, y dado a los medos y a los persas" (véase los versículos 26-28).

Como dijo Daniel, los ejércitos de Ciro el Persa, liderados por su general Gobrias, rodearon la ciudad. Ahora, Daniel no era un tonto. Él debe haber sabido que Isaías había predicho que alguien llamado Ciro atacaría Babilonia y la conquistaría (véase Isaías 45). Como mismo Daniel conocía las profecías, nosotros también debemos conocer las profecías, o estaremos ciegos, como lo estaban las personas en Babilonia.

Daniel le dijo al rey, "tu reino ha sido roto". La tradición nos dice que Ciro desvió el río por un canal que excavó. Envió entonces a su ejército a que marchara por debajo de las puertas que estaban sobre el río, y entraron. Esa misma noche, el ejército persa marchó al palacio, y mató al gobernante de Babilonia.

La nación de Babilonia cayó debido a que se secó el río Éufrates. En el tiempo del fin, la Babilonia espiritual caerá debido a que el río Éufrates se va a secar. El pueblo que había respaldado a la falsa trinidad, empieza ahora a abandonarla. Satanás tiene que reorganizarlo todo y dar bombo y platillo a todo, otra vez, para lograr que su gente se reúna para la batalla final con Dios.

Finalmente, llegamos a la séptima y última plaga: "El séptimo ángel derramó su copa por el aire; y salió una gran voz del templo del cielo, del trono, diciendo: Hecho está. Entonces hubo relámpagos y voces y truenos, y un gran temblor de tierra, un terremoto tan grande, cual no lo hubo jamás desde que los hombres han estado sobre la tierra.

"Y la gran ciudad fue dividida en tres partes, y las ciudades de las naciones cayeron; y la gran Babilonia vino en memoria delante de Dios, para darle el cáliz del vino del ardor de su ira. Y toda isla huyó, y los montes no fueron hallados.

"Y cayó del cielo sobre los hombres un enorme granizo como del peso de un talento; y los hombres blasfemaron contra Dios por la plaga del granizo; porque su plaga fue sobremanera grande" (Apocalipsis 16:17-21).

La ira de Dios está siendo vertida como granizos que pesan 75 libras cada uno. Tales granizos caerían atravesando el techo, atravesándole a usted, y romperían el piso—si es que usted tiene la marca de la bestia. Pero si usted no tiene la marca de la bestia, se romperán en pedazos contra algo al lado suyo, y no le golpearán. No quiero tener la marca de la bestia bajo esa clase de granizada.

Creo que la séptima plaga es el comienzo del regreso de Cristo. Usted encontrará descripciones de Su regreso en Apocalipsis 6 y 19, y ambos capítulos revelan que Jesucristo mismo termina de verter la ira de Dios. ¿Qué son las plagas? La ira de Dios.

Apocalipsis 6:14, describiendo la respuesta de Dios al ruego de los mártires asesinados, nos dice: "Y el cielo se desvaneció como un pergamino que se enrolla; y todo monte y toda isla se removió de su lugar". Es parte de una descripción del Segundo Advenimiento (vea el versículo 17). Durante la séptima plaga en Apocalipsis 16, veremos también islas y montañas sacudiéndose y desapareciendo cuando Jesús está a punto de hacer Su gran aparición.

Capítulo 12

Expuesto El Falso Profeta

Imagine los ejércitos de Satanás, concentrados juntos, para luchar contra Dios. "Y los reyes de la tierra, y los grandes, los ricos, los capitanes, los poderosos" (Apocalipsis 6:15) se han reunido para la batalla, y Jesús viene para la batalla y rescata a Su pueblo. Él llega para hacer cumplir el plan de Dios.

Los ejércitos en la Tierra tienen todo el poderío militar del mundo, listo para luchar contra Jesús y Sus huestes de ángeles. Apocalipsis 19:11 lo retrata montando un caballo blanco. Puedo imaginarme a la Administración Espacial Norteamericana (NASA) recibiendo una señal de que algo no identificado se está acercando a la Tierra a través del espacio—Jesús y Sus millones de ángeles.

Puedo imaginarme a los líderes militares del mundo planeando el redireccionamiento de sus armas nucleares, ya no apuntándose los unos a los otros, sino a lo que sea ese fenómeno que se aproxima por el espacio. Si lanzaran un misil nuclear, el ángel a la cabeza sólo se reiría. Agarraría al minúsculo misil nuclear, lo giraría, y lo lanzaría de regreso a la Tierra.

De acuerdo con la Biblia, el terror se extiende entre los impíos cuando ven más de cerca a Jesús viniendo. Vea como será para ellos: "Y los reyes de la tierra, y los grandes, los ricos, los capitanes, los poderosos, y todo siervo y todo libre, se escondieron en las cuevas y entre las peñas de los montes; y decían a los montes y a las peñas: Caed sobre nosotros, y escondednos del rostro de aquel que está sentado sobre el trono, y de la ira del Cordero; porque el gran día de su ira ha llegado; ¿y quién podrá sostenerse en pie?" (Apocalipsis 6:15-17)?

¿Recuerda usted lo que está ocurriendo durante la séptima plaga, y mientras Jesús viene? Las montañas se alzan y se derrumban, y las islas son sacudidas de su lugar. La gente grita "a los montes y a las peñas: ¡Caed sobre nosotros, y escondednos!", y Dios contesta: "Reciban su deseo". Apocalipsis 19 dice que todos esos hombres poderosos, y todos los esclavos, y todos los demás, terminan muertos.

El regreso de Jesús es lo peor que el impío puede enfrentar, y es lo mejor que el pueblo de Dios puede esperar. Depende de si usted está 100% lleno del Espíritu Santo, o si no tiene nada de Él. La gente me pregunta: "Pastor, ¿el regreso de Jesús ocurrirá antes del tiempo de tribulación [el peor tiempo de angustia que ha existido], o después de la tribulación?" Usted podría estar pensando: "No sabía que había un debate sobre ese tema".

Algunas personas creen en el regreso de Jesús antes del tiempo de prueba/tribulación/angustia, y algunos creen que aparecerá después de la prueba/tribulación. Constantemente recibo preguntas sobre esto. Vamos a responderlo aquí y ahora. ¿Jesús hace su aparición antes de, durante, o después de las plagas y el tiempo de tribulación?

Los miembros de la iglesia cristiana primitiva creían que aparecería un anticristo. Pablo dijo que ya estaba comenzando en sus días. Vendría un tiempo de tribulación y plagas, pero sería de una duración indefinida. No habían fijado un tiempo para eso, y ellos no aplicaron los últimos siete años de la profecía de las 70 semanas a la tribulación, como sí hacen algunos hoy. Durante esos primeros años, los cristianos creían que estarían aquí, en la Tierra, durante las plagas y la tribulación.

El tiempo de prueba/tribulación terminará con el segundo advenimiento de Cristo durante el tiempo de la séptima plaga. En ese período es cuando Jesús regresará. Su llegada será visible para todos, tendrá lugar una resurrección de los salvos. Su venida dará inicio al milenio, los 1000 años que el pueblo de Dios estará con Él en el cielo. Muchos maestros de la iglesia primitiva enseñaron gran parte de esto durante los siglos I y II.[1]

Durante la Reforma protestante, los reformadores enseñaron casi lo mismo, pero con un cambio: Calvino, Lutero, Wesley, Wycliffe, y otros, no sólo predicaron sobre el anticristo, sino que también lo identificaron

---

1 Recomiendo que usted lea, de George Eldon Ladd, *The Blessed Hope* (Grand Rapids: Eerdmans, 1990), que detalla la historia de las enseñanzas sobre el regreso de Cristo a través de la era cristiana.

como el papado. No tenían duda alguna de que el anticristo, el cuerno pequeño/bestia/poder, era el sistema papal católico romano.

Otra vez, debemos recordar que no se trata de personas católicas, sino de la estructura papal católica romana la que es representada por el poder cuerno pequeño. "Al llamar al papa el 'anticristo', los primeros luteranos se pusieron del lado de una tradición que se remontaba hasta el siglo XI. No solamente los disidentes y herejes, sino que incluso santos habían llamado al obispo de Roma el 'anticristo', cuando querían castigar el abuso que hacía de su poder".[2]

En otras palabras, Martín Lutero estaba enseñando lo que la iglesia temprana había presentado en el pasado. Fue durante el tiempo de diálogo ecuménico, hace un par de décadas, que el papa Juan Pablo II sacó a Martín Lutero del infierno, porque un papa anterior lo había condenado a estar allí—quiero decir, si usted cree que la iglesia católica romana tiene el poder de poner a las personas dentro y fuera del infierno. Pero no creo que Martín Lutero estuviera demasiado angustiado por eso. He aquí lo que tenemos hoy.

En la cima del gráfico, usted puede ver la parte que he etiquetado A. Es el punto de vista de los historicistas, y muestra lo que he estado compartiendo con usted. Se ajusta a lo que enseñaron los reformadores, y es también lo que encuentro en Daniel 11—una presentación secuencial, paso a paso.

La Contrarreforma ocurrió entre 1560-1648 d.C., cuando la iglesia católica romana instituyó una serie de reformas en respuesta a las opiniones e influencia de los reformadores. Durante la Contrarreforma, la Iglesia Católica introdujo la interpretación llamada futurismo. Si usted

---

2 Joseph A. Burgess y Jeffrey Gros, eds., *Building Unity: Ecumenical Dialogues With Roman Catholic Participation in the United States* (Mahwah, N.J.: Paulist Press, 1989), p. 140.

entra en una librería cristiana, descubrirá que casi todos los libros sobre profecía se basan en ese concepto. La interpretación futurista, tal como comúnmente se presenta hoy, está etiquetada B en el gráfico anterior.

Descubrí, cuando comencé a contrastarlas con la Biblia, que lo que ellos (los futuristas) presentan, y lo que la Biblia enseña, no se corresponde. Sin embargo, lo que los reformadores enseñaron, el historicismo, se ajusta a lo que la Biblia dice.

¿Recuerda que Apocalipsis 16:15 decía que, entre la sexta y la séptima plaga, Jesús estaba a punto de venir "como ladrón" (RVR60)? La cuestión básica, cuando estudiamos la gráfica anterior, es: ¿Qué punto de vista, A o B, se ajusta a Apocalipsis 16:15? ¿Coincide esto con lo que enseñaron los reformadores, o con lo que comúnmente enseñan hoy la mayoría de los futuristas? Veamos cuál de éstos presenta a Jesús viniendo como ladrón, justo después de las plagas, correspondiéndose a la descripción de Apocalipsis 16:15.

Los historicistas y los reformadores enseñaron que las plagas vendrán primero, y luego Jesús. Esa es una correspondencia. Pero los futuristas enseñan que Jesús viene como un ladrón, y después es que vienen las plagas, al final de los siete años. ¿Se equivocó la Biblia en esto, o es más probable que se hayan equivocado las personas que escriben los libros populares de profecía? Hasta ahora, encuentro que A es cierto, y no B–la enseñanza historicista, no la futurista.

2 Tesalonicenses 2:1, 2 declara: "Ahora bien, hermanos, en cuanto a la venida de nuestro Señor Jesucristo y a nuestra reunión con él, les pedimos que no pierdan la cabeza ni se alarmen por ciertas profecías, ni por mensajes orales o escritos supuestamente nuestros, que digan: «¡Ya llegó el día del Señor!»" (NVI1999).

La palabra "llegó", usada aquí, es una traducción de la palabra griega *parousia*, que los futuristas llaman el "rapto", cuando Cristo regresa invisiblemente en las nubes, al principio de un período de siete años de angustia/tribulación. En ese momento, afirman los futuristas, el anticristo se alza al poder.

Durante tres años y medio, él es favorable a los judíos, pero entonces recibe la "herida mortal", vuelve a la vida, y aparece como un enemigo contra Israel durante otros tres años y medio. Las plagas ocurren durante esos últimos tres años y medio. Pero, dicen los futuristas, los siete años empezaron con la Parusía, la venida de Cristo.

Sigamos leyendo. 2 Tesalonicenses 2:3 dice: "Nadie os engañe en ninguna manera; porque [ese Día]"—el Segundo Advenimiento, la *Parousia*—"no vendrá sin que antes venga la apostasía, y se manifieste el hombre de pecado, el hijo de perdición" (RVR60). El poder anticristo se manifestará antes de que Jesús llegue en su *parousia*.

Mire la gráfica y encuentre cuál de las posturas, A o B, se corresponde con este versículo. El lado A tiene el surgimiento y la revelación del anticristo, y luego Jesús es revelado en Su *parousia*. Pero en el lado B, la *parousia* ocurre en lo que los futuristas llaman el rapto secreto, y luego es que el anticristo gana su ascenso al poder. Los futuristas tienen el orden invertido. Esto debería despertar toda clase de alarmas en su cabeza, porque Satanás está tramando algo. Voy a mostrarle parte de su plan. No creo comprenderlo por completo, pero al menos he entendido parte de él.

Nuestro próximo versículo es 2 Tesalonicenses 2:8. "Y entonces se manifestará aquel inicuo, a quien el Señor matará con el espíritu de su boca, y destruirá con el resplandor de su venida". Otra vez, la palabra para venida es *parousia*, que los futuristas quieren decir es el rapto o el regreso invisible de Cristo, así como el inicio de los siete años.

De acuerdo con el texto, la *parousia* debe consumir o destruir al poder anticristo. Echemos un vistazo a la gráfica. Sobre el lado A, de acuerdo con los maestros de la Reforma, el anticristo se desarrollaría, y luego, cuando Jesús regresa, Él destruiría al anticristo. ¡Esa es una correspondencia!

Pero el lado B pone la *parousia* antes de que el anticristo aparezca. En otras palabras, de acuerdo con lo que los futuristas están enseñando, el vacío de poder creado cuando Jesús arrebata a todos los creyentes resultará en el surgimiento del anticristo. Otra vez, el orden está al revés. La Biblia dice que la *parousia* de Jesús destruye al anticristo, no que le permite ascender al poder. Así que, A se corresponde con el versículo de la Biblia, y B no lo hace.

Ahora consideremos 2 Pedro 3:10: "Pero el día del Señor vendrá como ladrón en la noche; en el cual los cielos pasarán con grande estruendo, y los elementos ardiendo serán deshechos, y la tierra y las obras que en ella hay serán quemadas".

Si una silla de metal en la que usted está sentado, se quema y se funde debajo de usted, ¿cómo sería? ¿Habrá un superviviente? No. Yo tuve un amigo que trabajó en una acerería, y uno de sus compañeros de trabajo estaba desalentado y atravesaba un período difícil. Este hombre desalentado corrió y dio un salto, lanzándose dentro de un horno. Murió antes de llegar siquiera a tocar el acero fundido.

Cuando el calor es suficiente para derretir elementos metálicos, las personas no sobreviven. Dios dijo que Él iba a destruir al anticristo/hombre de pecado, y a aquellos que lo siguen, "con el resplandor de su venida" (2 Tesalonicenses 2:8).

De acuerdo con 2 Pedro 3:10, cuando Jesús viene como un ladrón, el impío muere. Pero cuando los futuristas hablan sobre el regreso de Jesús como un ladrón, escriben toda una serie de libros que dicen que los impíos están vagando por toda la Tierra, diciendo: "¿Adónde fueron todos? ¿Qué ocurrió?" ¿Se ha dado usted cuenta que los futuristas lo entendieron mal casi todo? No confíe en las novelas y las películas. Ponga su confianza en la Palabra de Dios.

¿Y qué hay con Mateo 24 y Lucas 17? Los reformadores enseñaron que venir "como ladrón", y "manifestación", eran términos diferentes para el mismo evento. Los futuristas dicen que "ladrón" y "manifestación" son términos distintos para eventos distintos. Permitamos que la Biblia describa por sí misma si involucra un evento, o dos eventos separados. Pondremos lado a lado Mateo 24 y Lucas 17.

Mateo 24:27. "Porque como el relámpago que sale del oriente y se muestra hasta el occidente, así será también la venida del Hijo del Hombre".

Lucas 17:24. "Porque como el relámpago que al fulgurar resplandece desde un extremo del cielo hasta el otro, así también será el Hijo del Hombre en su día".

Definitivamente, pareciera que tienen el mismo evento en mente.

Mateo 24:37-39. "Mas como en los días de Noé, así será la venida del Hijo del Hombre. Porque como en los días antes del diluvio estaban comiendo y bebiendo, casándose y dando en casamiento, hasta el día en que Noé entró en el arca, y no entendieron hasta que vino el diluvio y se los llevó a todos, así será también la venida del Hijo del Hombre".

Lucas 17:26. "Como fue en los días de Noé, así también será en los días del Hijo del Hombre".

¿Suena como si estuviéramos escuchando el mismo sermón que Jesús está dando acerca del mismo evento?

Mateo 24:40. "Entonces estarán dos en el campo; el uno será tomado, y el otro será dejado".

Este versículo es la base completa para la interpretación de Tim LaHaye de la profecía, en la serie *Left Behind* (Dejados Atrás)—que uno sería arrebatado al cielo, y el otro permanecería en la Tierra.

Compare a Lucas 17:35, 36. "Dos mujeres estarán moliendo juntas; la una será tomada, y la otra dejada. Dos estarán en el campo; el uno será tomado, y el otro dejado".

Los dos versículos son pasajes paralelos en Mateo y Lucas, y básicamente tienen el mismo orden dentro de los capítulos. El problema, para los futuristas, es que Mateo lo llama la *parousia* (los futuristas dicen "rapto"), pero Lucas etiqueta el mismo evento como la "manifestación" (ver Lucas 17:30).

¿Describen estos pasajes un evento con dos nombres diferentes, o estamos leyendo acerca de dos eventos distintos? Evidentemente son un mismo evento, usando palabras ligeramente diferentes, para presentar lo mismo.

¿Utiliza Dios explicaciones diferentes para describir lo mismo, en otras partes de las Escrituras? ¿Y el Cordero sacrificado sobre el trono, y el León de Judá? Ellos son la misma persona (Jesús) bajo nombres diferentes. No son dos Salvadores distintos. "Rey de reyes y Señor de señores" es otro nombre para Él. A menudo, la Biblia emplea dos o más términos para hacer referencia a la misma cosa. Aquí vemos que los reformadores otra vez tenían razón.

Otra aseveración de los futuristas es que los perdidos seguirán preguntándose, en toda la Tierra, qué ocurrió. Los historicistas han dicho: "No, ellos son destruidos por el resplandor de la venida de Jesús, en el mismo final".

Las personas que el Diluvio mató no se preguntaban dónde había ido Noé. ¡Estaban muertos! Mateo 24:38, 39: "Porque como en los días antes del diluvio … y no entendieron hasta que vino el diluvio y se los llevó a todos, así será también la venida del Hijo del Hombre". ¿Cuántas clases de personas estaban allí en los días de Noé? Aquellos que subieron al arca y vivieron, y aquellos que no lo hicieron, y murieron.

Lucas dice lo mismo, y añade una referencia a Sodoma y Gomorra. "mas el día en que Lot salió de Sodoma, llovió del cielo fuego y azufre, y los destruyó a todos. Así será el día en que el Hijo del Hombre se manifieste" (Lucas 17:29, 30). Otra vez, ¿cuántas clases de personas había en Sodoma y Gomorra? Aquellos que salieron cuando Dios ordenó hacerlo, y vivieron; y aquellos que no lo hicieron, y ellos murieron.

Considere ahora a Lucas 17:35-37: "Dos estarán en el campo; el uno será tomado, y el otro dejado. Y respondiendo, le dijeron: ¿Dónde, Señor? Él les dijo: Donde estuviere el cuerpo, allí se juntarán también las águilas". Las águilas se reúnen donde se encuentran los cuerpos muertos. El pueblo de Dios, que es rescatado, no estará muerto en ese entonces.

Entonces, ¿quién está muerto aquí? ¡Los impíos! ¡Ésos que se niegan a confiar en Jesús! ¿Van a ser dejados los impíos, dando vueltas en la Tierra por siete años, perplejos sobre lo que le pasó al resto? ¡No! Ellos estarán muertos. Jesús fue muy claro. Así que el lado A, en nuestro diagrama, funciona otra vez, y el lado B no.

¿Y qué hay con el Israel del Nuevo Testamento? Los autores de la serie *Left Behind*, de *The Late, Great Planet Earth*, y de otros libros, creen que todas las profecías de la Biblia para el antiguo Israel se cumplirán literalmente para los judíos, e ignoran el aspecto condicional de las profecías. Ellos dicen (o escriben) que el pueblo de Dios (la iglesia) del Nuevo Testamento, y Su pueblo del Antiguo Testamento (Israel) no son el mismo, aunque el Nuevo Testamento declara que el pueblo de Dios del Antiguo Testamento y del Nuevo Testamento son, sin lugar a dudas, el mismo, y que no hay línea de distinción entre judíos y gentiles. Cualquiera que haya aceptado a Cristo, es un heredero de Abraham, y parte de la comunidad de Israel. Entonces, ¿cuál es correcto, A o B? El lado A también está en lo cierto aquí.

¿Y qué hay con los siete años? Los futuristas los sacan de Daniel 9. Cuando estudiamos Daniel 9, consideramos el punto de vista de los historicistas (o de los reformadores) de que 70 semanas igualaban 490 años. La última semana, o los últimos siete años (de esos 490 años), empezó en 27 d.C., cuando el Mesías fue ungido. Jesús fue ungido, en su bautismo, en 27 d.C.

A mitad de la semana, después de tres años y medio, el Mesías moriría. Sería "cortado" y haría "cesar el sacrificio y la ofrenda". Cuando Jesús murió, puso fin a la trascendencia de los sacrificios de animales. Ahora, usted no ofrece un cordero como sacrificio, cada vez que usted peca. Y luego, el evangelio va a los gentiles el 34 d.C. Así que esa séptima semana—esos siete años—fueron cumplidos en el siglo I. ¡Y Jesús es el centro de esos siete años!

Pero el futurista dice: "Oh, no, ¡no lo es! Vamos a desconectar los siete años del resto de la profecía, y vamos a cambiarlos de lugar aproximadamente dos mil años hacia el futuro, y en vez de ser Jesús el centro, vamos a tener esta larga brecha, y vamos a poner en marcha el reloj profético otra vez en el rapto, cuando Jesús viene".

Y ellos dicen que nadie le verá en ese momento, pero que, en medio de la semana, el anticristo recibirá una herida mortal, y eventualmente, Jesús mismo se mostrará, de manera visible, al final de los siete años. Pero en este guion, ¿quién es el centro de la profecía después de tres años y medio? El anticristo.

¿Recuerda que Satanás dijo que quería suplantar a Dios? ¡Eso es lo que hace exactamente, en la versión de los futuristas sobre la profecía! Note que la interpretación futurista de la profecía reprueba repetidamente las comparaciones con las Escrituras. Si no se corresponde con las Escrituras, y pone a Satanás en el centro de la profecía, en lugar de Jesús, ¿cree usted que hay un problema aquí? ¡Uno inmenso! ¡Satanás está engañando a las personas!

Usted recuerda que, en el siglo XVI, el sacerdote jesuita católico romano Francisco Ribera empleó el futurismo para quitar las miras de sobre el papado. Los reformadores estaban estudiando el poder anticristo, la bestia, el cuerno pequeño, y concluyeron: "El anticristo es el sistema papal". Pero Ribera dijo: "No, Daniel y Apocalipsis y el anticristo están todos en el futuro. La profecía no tiene nada que ver con el papado". Así que lo proyectó hacia el futuro, y ahora casi todos los protestantes han adoptado el futurismo. Esto fue profetizado, porque Apocalipsis dice que todo el mundo terminaría en pos de la bestia.

El futurismo protestante llegó a través de Samuel Maitland, que en los 1820s escribió que las descripciones del anticristo no se correspondían con el papa. Edward Irving, en los 1840s, empezó a ser un futurista. Margaret McDonald, una mujer en su feligresía, tuvo una visión en "lenguas", y cuando salió de la visión dijo: "Van a haber dos venidas de Cristo, separadas por un período de tiempo, y en ese entonces es cuando el anticristo estará activo".

Hasta que Margaret McDonald tuvo su visión en los 1840s, la iglesia nunca había tenido un concepto de dos regresos de Cristo, separando la llegada "como ladrón", de la llegada como la "manifestación". Hasta ese entonces era conocido como solamente un evento. Recuerde que Apocalipsis prometió que habría señales, maravillas, y milagros, para engañar a las personas, y esta nueva idea vino de una visión en "lenguas". Yo creo en las lenguas, y creo en las visiones, pero también creo que hay falsificaciones, porque la Palabra de Dios advirtió que surgirían falsificaciones para engañar a las personas.

John Nelson Darby tomó el futurismo desde ese punto, y creó el *dispensacionalismo* en 1848. Para ese momento, estaba enseñando que los judíos, en el Antiguo Testamento, eran salvados por sus obras, contrario a las enseñanzas de Hebreos 11, que declara que todos ellos fueron salvados por la fe.

El futurismo entró en la Biblia Scofield de Referencia en 1909, y Hal Lindsey lo recogió en los 1970s en su Libro *The Late, Great Planet Earth.* Entonces, llegaron películas religiosas como *Years of the Beast* y *A Thief in the Night*. Una vez que las personas han visto la película, ya "saben" qué va a ocurrir, entonces, ¿para qué leer la Biblia? Por consiguiente, muchos cristianos, especialmente en los Estados Unidos, creen en una tribulación de siete años, como el peor tiempo de angustia.

Ahora, usted sabe cómo llegó a existir esta creencia. No resultó de un estudio cuidadoso de la Biblia, sino más bien de un intento de apartar el punto de mira de sobre el papado, y de una visión. Un comentarista, a quien leí recientemente, y que creía en la tribulación de siete años, admitió que usted no podía encontrar la tribulación de siete años en las Escrituras, si usted no sabía de antemano sobre ella. Y la única manera en que alguien pudo saber de ella, fue por la visión de Margaret McDonald.

¿Realmente importa lo que usted cree sobre este tema? ¡Sí! He escuchado a la gente decir: "Bien, si me pierdo el primer regreso de Jesús (cuando llega como un ladrón), tendré que atravesar siete años de momentos verdaderamente atribulados, pero puedo estar listo para cuando Él regrese en la 'manifestación'".

¿Qué pasa si no hubiera una segunda oportunidad? ¿No le gustaría a Satanás que nosotros asumiéramos que tenemos una oportunidad adicional, y que podemos esperar para tomar nuestra decisión de ponernos del lado de Dios? Pero el Señor dice que ahora es el día para aceptarlo. No lo posponga.

¿Y qué hay de prepararse para el tiempo de la tribulación? Aquellos que creen y siguen a Dios, y todavía están vivos durante ese tiempo de angustia en la Tierra, aunque saben que serán protegidos por Dios, se dan cuenta de que todavía va a ser muy difícil de atravesar, y que tendrán que esperar, sin importar cuánto tiempo requiera. Comprenden que tienen que estar haciendo preparativos espirituales, lo que implica ser llenos del Espíritu Santo. Solamente podemos lograr eso escudriñando la Palabra de Dios, y siguiendo lo que ella dice, en cada aspecto de nuestras vidas.

Otros, que creen que van a ser raptados de este mundo, y llevados al inicio de los siete años, suponen que no necesitan prepararse para los tiempos difíciles. ¿Recuerda usted la parábola de las 10 vírgenes que querían ir a la boda? Cinco estuvieron preparadas, y cinco no lo estaban. Las primeras cinco pudieron entrar, mientras que las últimas cinco no pudieron. Es importante que mantengamos eso en mente.

Aquellos que creen que serán raptados, también han sido cegados por el anticristo. He aquí el problema. ¿A quién aceptan muchos cristianos como líder mundial de la iglesia cristiana? Tanto protestantes, como católicos romanos, reconocen al papa como una figura muy importante en el cristianismo. La Biblia dice que todo el mundo se maravillaría en pos de él. Mientras mayor sea la amenaza islámica, más personas recurrirán al papado buscando su liderazgo. Están mirando al papado, no como al anticristo, sino más bien como a alguien que pueda oponerse a un anticristo islámico.

Cuando hablamos de los Estados Unidos en la profecía, descubrimos que el país empezó como una bestia con cuernos como de cordero, y termina siendo el falso profeta. ¿Sabe usted qué región del mundo promueve más fuertemente el futurismo profético? Los Estados Unidos. (Estoy hablando de la tribulación durante siete años, poniendo a Israel a cargo del Monte del Templo, construyendo el tercer templo, y todo el resto del paquete que forman el dispensacionalismo y el futurismo).

Dios no requiere que el templo de Jerusalén sea reconstruido. Si el templo fuera reconstruido y empezaran otra vez los sacrificios, eso sería blasfemia. Desde la perspectiva de Dios, los sacrificios terminaron con la muerte de Jesús, porque Él fue el verdadero sacrificio, el Cordero de Dios. También, Daniel 9:26, 27 anuncia que el Templo estaría desolado hasta la confirmación. Jesús lo llamó "desolado" cuando lo dejó por última vez. Y quedará así hasta el regreso de Cristo. Si el templo es reconstruido, será parte de la falsificación de Satanás.

Sé que lo que estoy diciendo puede no ser lo mismo que usted encuentra a menudo en muchas librerías cristianas. Apocalipsis 18:4 dice: "Salid de ella, pueblo mío". Es importante saber que usted está siguiendo lo que la Biblia dice, y no lo que una mayoría de personas están enseñando. Es esencial rendirse a Jesucristo y a su Palabra.

Capítulo 13

Jesús Rescata a Su Pueblo

Hemos ido más allá de la superposición de eventos en Daniel 11:44, 45 y Daniel 12:1. Las noticias, o advertencia final, han salido, y entonces la cólera del rey del norte/poder/bestia ruge rampante. Jesús termina el juicio, y comienza el tiempo de prueba. El rey del norte encuentra su fin, y Jesús rescata al pueblo de Dios cuando regresa.

Ahora nos concentraremos en Jesús liberando a Su pueblo. En la visión de la estatua, en Daniel 2, Nabucodonosor ve la cabeza de oro, Babilonia, y luego Persia, Grecia, Roma, y Europa dividida. El sueño termina con una roca, cortada no por manos, que golpea la estatua, la destruye completamente, y conquista al mundo. Esa roca es Jesús, el Rey de reyes y Señor de señores.

Una de mis promesas favoritas sobre la venida de Jesús es Juan 14:1-3. "No se turbe vuestro corazón; creéis en Dios, creed también en mí. En la casa de mi Padre muchas moradas hay; si así no fuera, yo os lo hubiera dicho; voy, pues, a preparar lugar para vosotros. Y si me fuere y os preparare lugar, vendré otra vez, y os tomaré a mí mismo, para que donde yo estoy, vosotros también estéis".

Jesús prometió que vendría a recogernos y a llevarnos a nuestras "mansiones" en el cielo. Un lugar especial en el cielo tiene tu nombre en él. Usted no querrá perdérselo.

¿Qué sabemos sobre la venida de Cristo? He aquí cinco hechos.

Número 1: Será literal. Conozco pastores que afirman que el segundo advenimiento es espiritual, y que Cristo nunca regresará físicamente a la Tierra. Dicen que Jesús vuelve cada vez que alguien lo acepta en su corazón, pero que no vendrá en las nubes para traer un final al pecado y al sufrimiento. ¡Cuán deprimente es eso! Pero ellos lo creen.

En Hechos 1:9-11, la Biblia nos dice: "Y habiendo dicho estas cosas, viéndolo ellos, fue alzado, y le recibió una nube que le ocultó de sus ojos. Y estando ellos con los ojos puestos en el cielo, entre tanto que él se iba, he aquí se pusieron junto a ellos dos varones con vestiduras blancas, los cuales también les dijeron: Varones galileos, ¿por qué estáis mirando al cielo? Este mismo Jesús, que ha sido tomado de vosotros al cielo, así vendrá como le habéis visto ir al cielo".

Jesús era un ser humano tangible cuando partió. El discípulo Tomás dudaba de la realidad del Salvador resucitado, y Jesús le dijo: "Ven y tócame... Revísame... Dame algo de comer y mírame comérmelo. Soy real". Cuando Jesús partió en una nube, los discípulos lo observaron irse. Si Él era un ser físico cuando dejó la Tierra, entonces, cuando vuelva, también será un ser físico.

Número 2: Cuando venga, Jesús será visible para todas las personas vivas en la Tierra. Apocalipsis 1:7 declara: "He aquí que viene con las nubes, y todo ojo le verá, y los que le traspasaron; y todos los linajes de la tierra harán lamentación por él". ¿Solamente sus seguidores serán conscientes de Él? ¡No! Cada ojo presenciará Su llegada. Podremos verlo. La gente que enseña un regreso invisible de Cristo no pueden estar en lo cierto. Cuando Jesús aparece en el Segundo Advenimiento, llega en las nubes, y es visto, justo como fue visto cuando partió.

Mateo deja bien claro que, si alguien aparece en la Tierra, y afirma ser Jesucristo, está mintiendo. "Porque se levantarán falsos Cristos, y falsos profetas, y harán grandes señales y prodigios, de tal manera que engañarán, si fuere posible, aun a los escogidos. Ya os lo he dicho antes. Así que, si os dijeren: Mirad, está en el desierto, no salgáis; o mirad, está en los aposentos, no lo creáis" (Mat. 24:24-26).

Si algunos anuncian que son el Mesías, y caminan en la Tierra, y solamente algunas personas los están viendo, ya usted sabe que no son Jesucristo. Cuando Jesús regresa, cada ojo lo ve.

Número 3: Su venida será audible. "Porque el Señor mismo con voz de mando, con voz de arcángel, y con trompeta de Dios, descenderá del cielo" (1 Tesalonicenses 4:16). No sólo usted verá la venida de Jesús, también lo escuchará fuerte y claro.

Número 4: Será glorioso. "Porque el Hijo del Hombre vendrá en la gloria de su Padre con sus ángeles, y entonces pagará a cada uno conforme a sus obras" (Mateo 16:27).

Cuando Jesús resucitó, un ángel apareció y mostró un pequeño estallido de gloria. ¿Qué les pasó a los soldados que vigilaban la tumba? Cayeron como muertos. Imagínese como será cuando Jesús llegue en la plenitud de Su gloria. Viene con la gloria del Padre y con el resplandor de millones de ángeles. ¿Quién no va a ver eso?

En el último capítulo, vimos a los rebeldes clamando a las rocas y montañas a que cayeran sobre ellos, para esconderlos del resplandor. Cuando Jesús regrese, será lo peor en el mundo entero para aquellos que no confían en él, y será lo mejor para aquellos que sí confían.

¿Cómo terminará el anticristo, la bestia cuerno pequeño (el sistema papal)? "Y entonces se manifestará aquel inicuo, a quien el Señor matará con el espíritu de su boca, y destruirá con el resplandor de su venida" (2 Tesalonicenses 2:8). La gloria de Dios es fuego consumidor para el pecado y la impiedad.

"Porque es justo delante de Dios pagar con tribulación a los que os atribulan, y a vosotros que sois atribulados, daros reposo con nosotros, cuando se manifieste el Señor Jesús desde el cielo con los ángeles de su poder, en llama de fuego, para dar retribución a los que no conocieron a Dios, ni obedecen al evangelio de nuestro Señor Jesucristo; los cuales sufrirán pena de eterna perdición, excluidos de la presencia del Señor y de la gloria de su poder" (2 Tesalonicenses 1:6-9).

La gloria de Dios puede ser destructora. ¿Recuerda que Dios le dijo a Moisés que, si fuera a verlo en toda Su gloria, el resplandor de ella lo mataría? El Señor le dio apenas una pequeña vislumbre, y durante días después de eso, Moisés literalmente brilló. Los israelitas le pidieron que se cubriera con un velo, porque su aspecto los asustaba. ¡Y ése fue el resultado de apenas un vistazo indirecto a Dios! Así que la manifestación de Jesús será gloriosa, más allá de toda comprensión.

Número 5: Su aparición será climática. "Porque como el relámpago que sale del oriente y se muestra hasta el occidente, así será también la venida del Hijo del Hombre" (Mateo 24:27).

Aquellos que han sentido un relámpago golpear cerca de ellos, no lo olvidan fácilmente. Los relámpagos han golpeado lo suficientemente cerca de mí como para hacer que mis músculos se contrajeran por la conmoción eléctrica. Fue detrás de mí. Como corrí buscando refugio, no me volteé a ver qué había golpeado. Otra vez, estaba conduciendo en medio de una tormenta, y miré a un transformador justo a tiempo para verlo explotar golpeado por un rayo. El poste quedó en pie humeando—bueno, lo que quedó de él. Esta clase de evento es climática. Usted no va a perdérselo.

"Y el cielo se desvaneció como un pergamino que se enrolla" (Apocalipsis 6:14). Nadie será inconsciente del cielo desapareciendo.

"Y todo monte y toda isla se removió de su lugar. Y los reyes de la tierra, y los grandes, los ricos, los capitanes, los poderosos, y todo siervo y todo libre, se escondieron en las cuevas y entre las peñas de los montes; y decían a los montes y a las peñas: Caed sobre nosotros, y escondednos del rostro de aquel que está sentado sobre el trono, y de la ira del Cordero; porque el gran día de su ira ha llegado; ¿y quién podrá sostenerse en pie?" (Apocalipsis 6:14-17).

Éste es el final de la historia de la Tierra. Usted no podrá perdérselo. Usted lo ve, usted lo escucha, es glorioso, es climático, ¡es impresionante!

El regreso de Jesucristo es una misión de rescate. Será el mejor momento de nuestras vidas, cuando le miremos, y Él nos sonría, y diga: "Vengo a salvarte". Recuerde que, si usted ha estado sobreviviendo el tiempo del fin, usted ha estado en la Tierra cuando el rey del norte/poder/bestia ha estado amenazando con matarle. La gente salió para atraparle, pero ahora tienen sus propios problemas con los que lidiar. Las rocas y las montañas están empezando a derrumbarse, y las islas están desapareciendo.

Supongamos que usted se había estado escondiendo en las montañas, y repentinamente la montaña debajo de usted está desapareciendo. Usted va a mirar al cielo, a Jesús, y dirá: "¡Vaya, justo a tiempo!, ¡me alegro de verle!" Y entonces Él le arrebatará en las nubes para reunirle Consigo. Me alegraré de salir de aquí.

La Muerte y la Resurrección

Además de todo eso, no sólo nosotros seremos rescatados. También son resucitados aquellos que murieron confiando en Jesús, para ser llevados al cielo con nosotros. Todos nosotros hemos perdido a seres queridos. Habiendo puesto ya a uno de mis hijos en la tumba, estoy esperando con ansias encontrarme con ella otra vez. Va a ser una fiesta sobre esa nube, cuando nos saludemos mutuamente.

Desgraciadamente, la mayoría de las personas no están esperando con ansias esa resurrección, como debieran, a causa de uno de los engaños del sistema papal, motivado por Satanás: qué ocurre cuando morimos. Para ayudarle a entender cuán maravillosa es la resurrección, y por qué toda la

Palabra de Dios está apuntando a la llegada de Jesús, y a la resurrección, como el clímax de Su ministerio de salvación, usted necesita comprender qué enseña Dios acerca de la muerte.

De los Muertos no Proviene Ninguna Verdad

Muchas personas piensan que pueden comunicarse con los muertos. Pero he aquí la verdad: la Biblia dice que usted no puede. Entonces ¿con quién están contactando estas personas? Con uno que es un mentiroso y un engañador—Satanás.

Isaías 8:19, 20 advierte: "Y si os dijeren: Preguntad a los encantadores y a los adivinos, que susurran hablando, responded: ¿No consultará el pueblo a su Dios? ¿Consultará a los muertos por los vivos?" Si usted quiere saber qué pasará en el futuro ¿deberá ir a la Palabra de Dios, o a un adivino? Definitivamente, usted no va a los cementerios para encontrar la verdad.

"¡A la ley y al testimonio! Si no dijeren conforme a esto, es porque no les ha amanecido" (versículo 20). Aquellos que hablan contrario a la Palabra de Dios, solamente tienen oscuridad en ellos. Tengo muchos libros de profecía, en mi colección, que no tienen ninguna luz en ellos, porque son contrarios a la Palabra de Dios. Entonces, ¿cómo sé cuál es la verdad? Verifico con la Palabra. Jesús es la Palabra—la Biblia es la Palabra.

La Muerte Es un Sueño

La Biblia tiene varias cosas que decir sobre el pesar y la muerte. Pablo escribe: "Tampoco queremos, hermanos, que ignoréis acerca de los que duermen, para que no os entristezcáis como los otros que no tienen esperanza" (1 Tesalonicenses 4:13). Él llama "sueño" a la muerte.

El apóstol no dice que los cristianos no tendrían tristezas, sino más bien que los cristianos no deberían tener tristeza sin esperanza. Hay una diferencia enorme. Habiendo sido pastor por años, he participado en muchos funerales, y he visto personas que tenían tristeza sin esperanza. Parte de las buenas nuevas es que podemos tener tristeza con esperanza. Pero todavía tenemos que decir adiós por un tiempo.

"Porque si creemos que Jesús murió y resucitó, así también traerá Dios con Jesús a los que durmieron en él. Por lo cual os decimos esto en palabra del Señor: que nosotros que vivimos, que habremos quedado hasta la venida del Señor, no precederemos a los que durmieron. Porque el Señor mismo con voz de mando, con voz de arcángel, y con trompeta de

Dios, descenderá del cielo; y los muertos en Cristo resucitarán primero. Luego nosotros los que vivimos, los que hayamos quedado, seremos arrebatados juntamente con ellos en las nubes para recibir al Señor en el aire, y así estaremos siempre con el Señor" (1 Tesalonicenses 4:14, 17).

No les dijo: "Sé que perdiste a un ser querido, pero cuando mueras, te encontrarás con ellos en el cielo". Tampoco nos aseguró que habría un reencuentro en el cielo inmediatamente después de la muerte. En vez de eso, habló de un reencuentro ¡cuando Jesús regrese en las nubes y nos resucite!

¿A cuántos funerales usted ha asistido en los que se dice algo como esto? "George ha sido recibido por su papá en el cielo. Tuvieron un encuentro maravilloso". No es así como Pablo dijo que debemos tener esperanza. Más bien, nos dijo que tuviéramos esperanza en la resurrección.

Para encontrar el sentido de esto, mire lo que Daniel dice de la resurrección. "Y muchos de los que duermen en el polvo de la tierra serán despertados, unos para vida eterna, y otros para vergüenza y confusión perpetua" (Daniel 12:2). Otra vez, la Biblia llama a la muerte un "sueño". Cuando sus seres queridos están durmiendo en el polvo de la tierra, están muertos. Reciben su vida eterna en la resurrección, cuando Dios los despierta de su sueño.

En esencia, Dios le dijo al profeta: "Daniel, no vas a comprender esto, así que relájate. Pero sigue tu camino hasta el final, porque tú descansarás [durmiendo en la muerte], y te levantarás para recibir tu herencia al final del día" (adaptado del versículo 12).

¿Cuándo iba a estar en el cielo? Al final de los días, al final del tiempo del fin. No hemos terminado ese período todavía. Daniel todavía no ha llegado al cielo, de acuerdo con su propio libro. Está descansando en su tumba de polvo, esperando la resurrección.

Tristemente, no es eso lo que la iglesia ha enseñado durante la mayor parte de su historia. Apologistas cristianos tempranos tomaron la idea pagana de que, cuando las personas morían, pasaban al cielo o al infierno, y la introdujeron dentro del cristianismo.

¿Qué dijo Jesús mismo de la muerte siendo un sueño? Cuando uno de sus conocidos más cercanos murió, dijo a sus discípulos: "Nuestro amigo Lázaro duerme; mas voy para despertarle" (Juan 11:11).

Cuando alguien estaba muerto, Él podía despertarlos. No era un gran problema para él. "Dijeron entonces sus discípulos: Señor, si duerme, sanará. Pero Jesús decía esto de la muerte de Lázaro; y ellos pensaron que hablaba del reposar del sueño. Entonces Jesús les dijo claramente: Lázaro ha muerto" (Juan 11:12-14). Muy claramente, Jesús llama a la muerte: un sueño.

Los Muertos no Saben Nada

La Biblia nos dice que los muertos no son conscientes de nada. "Porque los que viven saben que han de morir; pero los muertos nada saben, ni tienen más paga; porque su memoria es puesta en olvido. También su amor y su odio y su envidia fenecieron ya; y nunca más tendrán parte en todo lo que se hace debajo del sol" (Eclesiastés 9:5, 6).

¿Puede una persona muerta volver y perseguirle, porque usted no le gustaba? No. La Biblia dice que los muertos no saben nada, y que su odio es olvidado. ¿Puede una persona muerta, que le quiere, darle una advertencia desde el otro lado? ¡Nuevamente no! No saben nada. No tienen conciencia en lo absoluto.

¿Alguna vez ha tenido usted una muy buena noche de sueño? Exhausto, usted se quedó dormido tan pronto como su cabeza golpeó la almohada, y cuando se dio cuenta, ya era de mañana. Jesús dice que la muerte es como un buen sueño. Usted no es consciente de nada. Quizás usted ha escuchado decir que alguien que está durmiendo está muerto para el mundo. Ésa es una manera bíblica de describir el sueño de la muerte.

¿Cuál es una buena manera de acortar un largo viaje en automóvil, suponiendo que usted no está conduciendo? Dormirse. ¡Lo próximo de que se entera, es que ya llegó! Piense en la belleza de la idea. Cuando usted cae en el sueño, usted es inconsciente de todo lo demás, y en la muerte usted no sabe nada, hasta que Jesús lo despierte. Así que usted se echa y duerme en la muerte, y luego, lo siguiente de lo que usted se da cuenta, es que Jesús está ahí. No es malo—no es malo para nada.

El Alma Mortal

La gente a veces protesta: "Pero, ¿y esa alma inmortal sobre la que me han enseñado por tantos años?" Busque la palabra "inmortal" en una concordancia. Vea si puede encontrar dónde la Biblia dice que tenemos un alma inmortal. No está ahí. Esto es lo que la Biblia enseña: "He aquí que todas las almas son mías; como el alma del padre, así el alma del hijo es mía; el alma que pecare, esa morirá" (Ezequiel 18:4).

Si usted tiene un alma inmortal ahora mismo, ¿puede decir Dios que esta morirá? ¡No! Entonces, ¿a quién vas a creer, a las tradiciones que, desafortunadamente, son enseñadas dentro de las iglesias cristianas, o a la propia Palabra de Dios? Desgraciadamente, la mayoría de los cristianos persistirán en seguir las tradiciones, y no la Palabra de Dios.

¿Y qué hay con 1 Timoteo 6:15, 16? "El bienaventurado y solo Soberano, Rey de reyes, y Señor de señores, el único que tiene inmortalidad, que habita en luz inaccesible". Si tenemos inmortalidad, ¿puede ser cierta la Biblia si dice que solamente Dios la posee? ¿Supondría usted que Dios es un mentiroso—o que las tradiciones cristianas están mal? Recuerde, Él dice que cuando usted le adora siguiendo tradiciones humanas, usted le adora en vano. Está muy claro que la tradición no es el sendero a seguir.

Pablo les dijo a los creyentes corintios qué ocurriría al momento en que los muertos en Cristo sean resucitados. "He aquí, os digo un misterio: No todos dormiremos; pero todos seremos transformados, en un momento, en un abrir y cerrar de ojos, a la final trompeta; porque se tocará la trompeta, y los muertos serán resucitados incorruptibles, y nosotros seremos transformados. Porque es necesario que esto corruptible se vista de incorrupción, y esto mortal se vista de inmortalidad" (1 Corintios 15:51-53).

Los seres humanos eran mortales en la Creación. Sabemos esto, porque Adán tenía que comer del árbol de la vida para seguir viviendo. Todavía mortales, seremos revestidos de inmortalidad, como regalo de Dios, solamente en la resurrección. Si ya tuviéramos inmortalidad, entonces ¿por qué Dios tendría que dotarnos con ella, en la resurrección?

"Y cuando esto corruptible se haya vestido de incorrupción, y esto mortal se haya vestido de inmortalidad, entonces se cumplirá la palabra que está escrita: Sorbida es la muerte en victoria" (1 Corintios 15:54).

Ahora usted puede ver la importancia de la resurrección. Es el momento del gran reencuentro. Todo está en peligro entonces. Si no hay resurrección, ¡la salvación no funciona! Muchos cristianos han desechado la resurrección porque creían: Bueno, voy a encontrarme con mi familia cuando muera, y como ya ellos murieron, y nos vamos a encontrar en el cielo, así es cómo llegamos al cielo.

No. Llegamos a cielo siendo resucitados por Jesús, y nos vamos allí, juntos como una familia humana completa de salvados. Y camino al cielo tendremos una celebración con Jesús.

El Espíritu en una Persona

¿Y qué hay con eso del espíritu de una persona que regresa a Dios? "Y el polvo vuelva a la tierra, como era, y el espíritu vuelva a Dios que lo dio" (Eclesiastés 12:7). El espíritu va a Dios que lo dio—no tengo duda sobre eso. ¿Pero quiere eso decir que tenemos un alma inmortal, o que vivimos y sabremos cosas en el cielo después de que morimos? No, y sabemos eso porque la Biblia dijo que los muertos no saben nada.

Entonces, ¿qué es el espíritu? Es el aliento de vida dado en Génesis 2: "Entonces Jehová Dios formó al hombre del polvo de la tierra, y sopló en su nariz aliento de vida, y fue el hombre un ser viviente" (versículo 7). El regalo de la vida—el aliento de vida—es el espíritu. Cuando morimos, el regalo que vino de Dios regresa a Él. No significa que vivimos como un espíritu en el cielo. El regalo de vida que Él nos ha presentado, Él lo retiene en Sí mismo después de que morimos, hasta que Él regresa y nos despierta en la resurrección, y nos lo devuelve.

Génesis 2:7 dice "y fue el hombre un alma viviente" (NRV2000). Cuando un avión se estrella, podríamos oír en los reportajes periodísticos que tenía 55 almas a bordo, significando 55 personas que murieron. Esas personas se pusieron en camino como seres vivientes, y terminaron como cuerpos muertos.

Si el alma fuera algo separado, ¿cómo leemos el versículo 19? "y todo lo que Adán llamó al alma viviente, es [ese] su nombre" (NRV2000). Aquí, el término "alma viviente" es el mismo término que la Biblia usa en el versículo 7—un ser viviente (RVR60), un alma. Los animales eran almas vivientes. ¿Tienen un alma inmortal? No. Somos iguales en ese sentido—somos criaturas vivientes.

De acuerdo con la fórmula de Génesis, entonces, el cuerpo más el aliento (o espíritu) es igual al alma, que es ahora un ser vivo. El alma (o ser vivo) menos el aliento, es igual a la muerte—un cadáver, un montón de polvo. Dios tomó el cuerpo (el polvo) y le dio aliento, y se volvió una persona viva. En la muerte, el aliento salió de la persona viva, y él o ella se volvió nuevamente un montón de polvo. Es una ecuación muy simple.

He aquí otra manera de mirarlo: suponga que una bombilla representa el cuerpo humano. ¿Cuánta luz da la bombilla por sí misma? Refleja un poco de luz del exterior, pero no tiene ninguna luz en sí. Pero si usted conecta la bombilla a la red eléctrica—al poder de Dios, su regalo de vida—¿que usted obtiene? Una luz en la bombilla.

¿Qué ocurre cuando usted desconecta ese regalo de vida? Todo lo que le queda es una bombilla, sin luz. La luz deja de existir—se desvanece. ¿Adónde va el ser vivo cuando el espíritu parte? También deja de existir, y lo que una vez fue una persona viva, ya no lo es. Tenemos el regalo de la vida en Dios, esperando la resurrección, y un cuerpo muerto en la Tierra. La persona viva ya no existe más, porque "los muertos nada saben".

¿Recuerda, en Génesis 3:4, la primera mentira del diablo: "No moriréis"? "Vamos, Eva, cómete esta fruta y serás como Dios (y serás inmortal)". Pero solamente Dios es inherentemente inmortal. Satanás estaba diciendo que Eva se volvería igual a Dios, así que desde el mismo comienzo estaba promulgando una mentira: sígueme, y serás inmortal.

La verdad es: si usted peca, morirá, no será inmortal. Eva murió, ¿no? También Adán. Y desde entonces, todos los demás. ¿Quién tenía la razón, Dios o Satanás? Dios es el único inmortal. ¿Por qué la mayoría acepta a Satanás y su mentira, y cree que cuando usted muere se vuelve inmortal y, por lo tanto, semejante a Dios? Es contrario a las Escrituras.

No Hay Fantasmas

Usted no puede ser perseguido por una persona muerta, ni puede ser visitado por ningún tipo de individuo muerto. Si eso parece ocurrir, usted está lidiando con uno de los ángeles de Satanás, una falsificación de alguna persona muerta. Dígale a la aparición: "Márchate, Satanás". No tenga nada que ver con eso.

Creo que nos vamos a tropezar con más y más de esta clase de experiencias cuando Satanás trate de engañarnos, y lograr que nosotros sigamos algo diferente a la Palabra de Dios. Satanás nos tentará para que escuchemos mensajes de toda clase de los muertos. Las mentiras de Satanás sobre la muerte, y los fantasmas, ya están siendo contadas por los medios del espectáculo y el entretenimiento de manera regular.

La verdad es que usted no puede comunicarse con los muertos. Realmente, la Biblia nos dice en el Antiguo Testamento que todo el que tratara de hacerlo sería cortado de la nación de Israel, ejecutado. Era un delito serio. A Dios no le gustaba que nadie tratara de contactarse con los muertos, porque se están comunicando realmente con Satanás. Dios no quiere que Su pueblo escuche los mensajes de Satanás. ¿Usted lo culparía?

La Falsa Tradición Cristiana

Apocalipsis 17:1, 2 describe a "la gran ramera, la que está sentada sobre muchas aguas; con la cual han fornicado los reyes de la tierra, y los moradores de la tierra se han embriagado con el vino de su fornicación".

El mundo se embriaga con las cosas en su copa—las enseñanzas corruptas, contrarias a la Biblia, que se convirtieron en las tradiciones cristianas. El mundo se ha intoxicado con eso, y le gusta el alcohol espiritual más que la verdad. A las personas les gusta tener sus mentes entumecidas por el error, así no tienen que pensar en la verdad.

"Y la mujer estaba vestida de púrpura y escarlata, y adornada de oro, de piedras preciosas y de perlas, y tenía en la mano un cáliz de oro lleno de abominaciones y de la inmundicia de su fornicación" (Apocalipsis 17:4).

Las fornicaciones—el adulterio espiritual—sucedieron cuando la iglesia temprana tomó las tradiciones humanas y las mezcló con la Palabra de Dios, y creó una mezcla de ideas humanas (lo que realmente significa ideas del diablo) y la Palabra de Dios, para las tradiciones y las enseñanzas de la iglesia. Esto provocó que las personas siguieran supuestos mensajes de los muertos, buscando esperanza en la dirección equivocada. Eso no es bueno, porque solamente hay esperanza en la verdad de Dios.

El Estado de los Muertos

Justo antes de la muerte de mi hija, ella preguntó: "Papá, ¿cómo es morir?" Dijo: "No tengo miedo de la muerte, porque sé que es sólo un sueño hasta que Jesús venga. Pero no estoy tan segura sobre morir".

Mi hija estaba experimentando la incertidumbre que todos sentimos cuando nos acercamos a la muerte. Sobre lo que no tenemos que sentir incertidumbre, es con lo que ocurre después de la muerte.

La tradición cristiana, que una persona va al cielo cuando muere, tiene muy serias consecuencias. Para ver los resultados de esta creencia, tomemos el escenario ficticio de una mujer joven que murió, y dejó a un par de niñas pequeñas. Dejaremos que nuestra obra dramática se desarrolle, tanto en la forma que Satanás nos ha enseñado, como en la forma en que Dios nos ha enseñado—las tradiciones falsas contra la verdad de Dios. Presentemos primero la versión de Dios.

La joven madre yace ahí en el ataúd. Ha dejado a dos niñas pequeñas, y su marido siente un gran pesar. Enterrada, descansa allí hasta que Cristo venga otra vez. La mujer no es consciente de nada de lo que ocurre mientras ella está en esa tumba, durante todo el tiempo que está muerta, sean días o siglos. Como los muertos no saben nada, no es consciente del pasar del tiempo.

Su marido hace algo muy tonto. En medio de su depresión, se vuelve a casar, esta vez con una mujer que es un problema. Golpea a las niñas, y abusa de ellas en toda clase de maneras. El marido se vuelve alcohólico. ¿Con cuánto de esas tragedias tiene que sufrir la primera esposa? Con nada, porque está dormida y no sabe nada. Cualesquiera sean los problemas que sufren sus hijas, no tiene que tratar con eso, hasta que todo haya acabado y Dios ya se haya encargado de todo. ¿Comprende usted por qué Su manera es realmente buenas nuevas?

En el caso de mi hija, cuando murió, estaba lista para ello. No quería sufrir el proceso de la muerte, pero la idea de ir a dormir parecía buena, porque ya había atravesado demasiado en su lucha contra el cáncer. Ese sueño de la muerte puede ser un escape bienvenido cuando las personas han sufrido mucho. Y así que, en cierto modo, Dios nos dio un sueño de escape para llevarnos a la resurrección y al regreso de Jesús.

Ahora, interpretaremos nuevamente la historia de la mujer ficticia, pero esta vez con la falsa enseñanza "cristiana"—la tradición humana— que después de la muerte ella va directo al cielo.

Esta vez, después de morir, ella no está en el ataúd, inconsciente de todo, sino que está arriba en el cielo, sabiéndolo todo. La tradición dice que ella es inmortal, igual que Dios. Eso es lo que la mentira enseña. Y así, ella observa los eventos en la Tierra. ¿Ha escuchado usted en un funeral que el ser querido nos está observando desde lo alto? Yo lo he escuchado—muchas veces.

Ella observa a sus pequeñas y a su marido llorando, y lo ve perder la cabeza. Se vuelve a casar de inmediato, por la depresión, con una mujer cuyo único interés es su dinero, y tratar de destruirlo, mientras golpea a las niñas y abusa de ellas. La mujer que murió está atrapada en el cielo, y no puede hacer nada por sus hijas allá abajo en la Tierra. ¿Cómo es ahora el cielo para ella? Se ha vuelto un infierno. ¿Ha considerado usted a dónde conduce esa enseñanza? Es verdaderamente terrible.

Jesús dijo, "Entrad por la puerta estrecha; porque ancha es la puerta, y espacioso el camino que lleva a la perdición, y muchos son los que entran por ella; porque estrecha es la puerta, y angosto el camino que lleva a la vida, y pocos son los que la hallan" (Mateo 7:13, 14). Si vamos directo al cielo o al infierno cuando morimos, ¿por qué en el funeral siempre dicen que la persona está en el cielo, y no en el infierno? Es obvio que la tradición se ha apartado mucho de la verdad bíblica.

La verdad es que los muertos descansan silenciosamente en la tumba. No están en el cielo siendo torturados por lo que ven, sino que están en sus tumbas, esperando la resurrección, cuando puedan reunirse con sus seres queridos. Dios ya habrá cuidado de todos los problemas del pasado.

Alguien podría tratar de traerlos, y usted dice: "¡oh!, bien, ya todo es historia. Gloria a Dios que ahora estamos con Jesús. Gracias, Jesús". Mirando las falsas enseñanzas desde la otra dirección, ¿cuántas buenas nuevas hay para alguien que cree que su ser querido no aceptó a Cristo antes de morir, lo que significa que ahora mismo está asándose en el infierno? Es mejor saber que están descansando en la tumba, esperando a que termine el juicio final. Me gusta la manera de Jesús de hacer las cosas.

Estoy esperando con ansias la resurrección, porque ése es el momento cuando sé que Satanás ha sido derrotado realmente. He estado en cementerio tras cementerio, y he ayudado a poner a muchas personas en la tierra, incluyendo a un director de funeraria vivo que accidentalmente resbaló y cayó dentro de una tumba (fue algo gracioso; trepó para salir; pero los restos todavía no ha salido). Cuando Jesús regrese, realmente quiero estar cerca de un cementerio, porque quiero ver a los salvos saliendo de la tierra. Eso será maravilloso.

Tres Estados del Ser

Algunos podrían protestar en este momento: "Pastor Tim, 2 Corintios 5 declara que estar ausente del cuerpo es estar presente con el Señor". ¿Realmente dice eso? Más o menos. Pero siempre debemos tomar las cosas dentro de su contexto. Si leemos el contexto en este caso, descubrimos que el Pablo que escribió esta afirmación es el mismo que anunció que seremos reunidos en la resurrección, y no antes.

Los cristianos que están siguiendo la mentira del diablo creen que hay dos estados del ser—un estado terrenal y uno celestial—y que tan pronto como dejamos este terrenal, vamos derecho al cielo o al infierno. ¿Pero hay sólo dos? El texto dice que en realidad hay tres estados del ser.

En 2 Corintios 5 descubrimos que hay no solo una vida terrenal y una vida celestial, también hay una a quien Pablo llama "desnudo". "Terrenal" significa la vida actual, "celestial" significa la vida futura, y "desnudo" significa sin ninguna de esas vidas. El estado desnudo es el sueño de la muerte.

"Porque sabemos que si nuestra morada terrestre, este tabernáculo, se deshiciere, tenemos de Dios un edificio, una casa no hecha de manos, eterna, en los cielos" (2 Cor. 5:1). Esa es la promesa de Dios de resucitar su cuerpo—para darle una existencia inmortal e incorruptible.

"Y por esto también gemimos, deseando ser revestidos de aquella nuestra habitación celestial" (versículo 2). Supongo que usted preferiría tener su existencia celestial más que la terrenal. Yo también.

"pues así seremos hallados vestidos, y no desnudos" (versículo 3). A Pablo le gustaría estar en el cielo, y no quiere estar en ese estado intermedio ("desnudo"), uno sin la vida terrenal, pero que no posee todavía la celestial.

"Porque asimismo los que estamos en este tabernáculo [cuerpo] gemimos con angustia; porque no quisiéramos ser desnudados, sino revestidos, para que lo mortal sea absorbido por la vida" (versículo 4). Pablo está diciendo: "Quiero ir al cielo, pero realmente no quiero morirme". ¿Usted puede comprender esa lógica?

¡"Sino revestidos" significa que él quiere la vida mejor, y no quiere estar sin vida! Es decir, "Me gustaría pasar directo de esta vida a la próxima, por favor". Pero sospecha que tendrá que morir primero, y tener la próxima vida más tarde. Recuerde, no somos inmortales hasta que Jesús regrese. Pablo está diciendo aquí que, en el futuro, la mortalidad será absorbida por la vida eterna.

"Mas el que nos hizo para esto mismo es Dios, quien nos ha dado las arras del Espíritu. Así que vivimos confiados siempre, y sabiendo que entre tanto que estamos en el cuerpo, estamos ausentes del Señor" (versículos 5 y 6). Mientras recorro las calles de la Tierra, sé que no estoy en el cielo.

"(Porque por fe andamos, no por vista); pero confiamos, y más quisiéramos estar ausentes del cuerpo, y presentes al Señor" (versículos 7 y 8). ¿Dónde usted preferiría estar—en el cielo o en la Tierra? Eso es todo lo que Pablo está diciendo aquí: "¡Prefiero estar en el cielo!" Mientras estoy aquí, sé que no estoy allí, y preferiría estar ahí.

El Ladrón en la Cruz

Una coma en Lucas 23:43 ha hecho que las personas crean que Jesús dijo algo que no dijo. El ladrón que colgaba de la cruz junto a Jesús recibió una promesa. Primero, mire este párrafo:

Ydijoajesusacuerdatedemicuandovengasentureinoentoncesjesusledijodeciertotedigohoyestarasconmigoenelparaiso

Esa es una versión, en español, de cómo se escribía frecuentemente el griego antiguo—sin espacios ni puntuación en lo absoluto.

Tuve un profesor griego que era malo, intratable, y horrible a veces (no realmente, sólo parecía de esa manera). Una de las cosas que nos hacía era que, cuando faltaba a una clase, decía que creía que pagamos buen dinero por esa clase, así que todavía debíamos tener algo educativo que hacer, aunque él no estuviera ahí.

No nos gustaba cuando estaba ausente, porque entonces nos dejaría una fotocopia de un fragmento de algún tipo de manuscrito griego, posiblemente de la Biblia, posiblemente no. Teníamos que averiguar qué decía antes de que él regresara.

¿Por qué comparto esto con usted? Porque en Lucas 23:43 Jesús le dice al ladrón en la cruz, "De cierto te digo", y luego la palabra "hoy", y luego "estarás conmigo en el paraíso". Entonces, ¿dónde va la coma— antes o después de "hoy"?

Hace una diferencia enorme el dónde escribimos esa coma. Puesta de una manera, coincide con lo que encontramos que enseña la Palabra de Dios, y puesta de la otra manera, parece apoyar la tradición cristiana común que se deslizó después en la iglesia.

La división en versículos, y la puntuación, fueron puestas en la Biblia inglesa y en la española siglos después de que la Biblia fuera escrita. Entonces, ¿en qué lugar cree usted que iba la coma? Los traductores la pusieron para reflejar la tradición "cristiana" posterior. En español, el uso de la coma puede ser evitado por la conjunción *que*. Así que, en su Biblia, probablemente usted lo leerá como sigue: "De cierto te digo que hoy estarás conmigo en el paraíso". Esto podría hacer parecer que, cuando ellos murieron, Jesús y el ladrón llegaron al cielo el viernes. Si esto es cierto, generaría toda clase de problemas complicados. Llegaremos a uno de esos problemas en breve.

Poniendo la coma de otra manera, "De cierto te digo hoy, que estarás conmigo en el paraíso" sencillamente significa que Jesús tenía la autoridad para decirle al ladrón: "Has sido perdonado, y vivirás conmigo en el paraíso, para siempre". Cuando Jesús vuelva a la Tierra, el ladrón será resucitado e irá con él al cielo.

Una Biblia luterana, el Nuevo Testamento Literal Concordante (al igual que la NRV1990), escribe la coma donde creo que debe ir. "De cierto te digo hoy, estarás conmigo en el paraíso". Recuerde que los traductores no podían ir al griego original para determinar dónde debía ir la coma. La coma no está ahí. Así que podían colocarla, o bien de acuerdo con el contexto de toda la Biblia, o bien podían ponerla siguiendo la tradición. Desafortunadamente, la mayoría de las personas se inclinan por la tradición.

He aquí una traducción literal del versículo: "Y él dijo a Jesús: Acuérdate de mí, Señor, cuando Tú vengas en el reino Tuyo. Y le dijo a él Jesús: De cierto te digo a ti, hoy conmigo tú estarás en el paraíso".

¿O es de esta manera? "Y le dijo a él Jesús: De cierto te digo a ti hoy, conmigo tú estarás en el paraíso". Si estoy equivocado sobre esto, y la coma va antes de "hoy", y Jesús le prometió al ladrón que estarían juntos en el paraíso ese mismo día, tendría una duda acerca de Juan 20:17.

En Juan 20, Jesús se encuentra con María en domingo, después de su muerte. Ella abraza Sus pies, y Él le dice: "No me detengas, porque aún no he subido a mi Padre" (versículo 17). Por supuesto, Dios el Padre está en el cielo. Si el viernes Jesús le dijo al ladrón que estarían juntos en el paraíso ese viernes, entonces Jesús le mintió al ladrón, porque el domingo Él todavía no había ido al cielo.

¿Se da cuenta usted que, si la coma está bien puesta en la mayoría de las Biblias, esto vuelve a Jesús un mentiroso? Pero si usted cree que la coma ha sido colocada siguiendo la tradición humana, y no siguiendo el contexto de la Palabra de Dios, entonces usted sabe que no hay nada malo con poner la coma después de "hoy". Repentinamente, las palabras de Jesús cobran sentido.

Él le estaba diciendo al ladrón: "De cierto te digo hoy, cuando Yo vuelva, tú estarás conmigo en el paraíso". Jesús podía dar esa garantía mientras pendía de la cruz, y el ladrón podía relajarse y morir en tanta paz como fuera posible. Indudablemente, todavía sería doloroso estar sobre la cruz, pero, emocionalmente, podía estar en paz, porque ya no temía acerca de la eternidad.

¿Y las personas que han sido llevadas al cielo? Es cierto que algunos ya están ahí. De cada uno de ellos, la Biblia nos dice cómo llegaron allí.

Génesis 5:24 dice que Enoc caminó con Dios y desapareció. ¿Por qué? Enoc se mantuvo caminando con Dios hasta que se puso en tal armonía con Él, que Dios dijo: "Vámonos a mi casa". Se habían hecho tan cercanos, que Dios sencillamente lo tomó consigo al cielo.

En 2 Reyes 2, Dios le dijo a Elías que sería trasladado al cielo sin ver la muerte. Un día, una carroza/torbellino de fuego descendió y se lo llevó. Elías le arrojó su manto a Eliseo, quien se convirtió en el siguiente gran profeta de Israel, y Elías se fue al cielo.

¿No habría sido ese un paseo impresionante? Nosotros haremos lo mismo. Recuerde que Apocalipsis dice que el regreso de Jesús será como el relámpago, así que las nubes podrían tener también algo de fuego alrededor de ellas, como mismo la carroza de Elías.

Y entonces tenemos a Moisés. No fue trasladado sin ver la muerte, sino que murió sobre una cumbre. De acuerdo con Judas 9, y Mateo 17:3, 4, Moisés resucitó. Judas dice que fue Miguel, el arcángel o comandante de los ángeles, quien vino para resucitarlo, el mismo que nos trae la resurrección (las Escrituras mencionan tanto a Jesús, como a Dios, involucrados en la resurrección). Así que Moisés resucitó, y Satanás discutió con Dios sobre esto. Miguel sólo respondió: "Que el Señor te reprenda". Y de todos modos se llevó a Moisés y lo resucitó a la vida.

¿Por qué le resistiría Satanás? Él sabe muy bien que la paga del pecado es la muerte. ¿Moisés había pecado? Seguro, si el homicidio cuenta como tal (Éxodo 2:12). Así que Moisés era un pecador, y murió. Satanás dijo: "¡Él es mío! ¡No puedes tenerlo!"

Jesús dijo, "¡lárgate!", y de todos modos resucitó a Moisés. ¿Por qué Jesús pudo hacerlo? En cierto modo, resucitó a Moisés a crédito, porque Él todavía no había muerto para retirar la pena por el pecado. Como Cristo no había pagado todavía el precio por la redención humana, Satanás, naturalmente, protestó lo que hizo el futuro Salvador.

¿No es interesante que, cuando Jesús fue transfigurado en el monte a Su gloria divina (vea Mat. 17:1-12), Elías y Moisés aparecieron y hablaron con Jesús? ¿Puede imaginarse la conversación que pudieron haber tenido con Él?

"Jesús, soy Moisés. Si no sigue adelante con eso de morir en la cruz, Satanás me atrapará de nuevo".

Y Elías podría haber añadido: "Usted lo sabe, nunca morí, pero si no sigue adelante con la cruz, Satanás me atrapará, y usted sabe lo que él va a hacerme". Ellos dos se daban cuenta de lo que estaba en juego. Dios envió a dos seres humanos desde el cielo, para asegurarse de que Jesús comprendiera los riesgos involucrados con la cruz. Uno de ellos, Elías, representa a aquellos que serán trasladados vivos en el tiempo del fin, y Moisés representa a todos los otros, los que murieron, y están esperando la resurrección.

Usted podría preguntarse: "¿Es una enseñanza sólo de los Adventistas del Séptimo Día?" Gracias a Dios, la respuesta es no. Fui un día a un funeral bautista, y en la mayoría de los funerales bautistas, estoy acostumbrado a oír que la persona se ha ido derecho al cielo, y está ahora allá esperando. Pero en este funeral, el pastor envió al fallecido a dormir en la tumba, a esperar la resurrección.

Pensé: '¡Vaya! Este hombre está reflejando las Escrituras'. Así que esperé hasta que todo el mundo se había marchado, y caminé hacia el pastor y le dije: "Señor, estaba escuchando muy atentamente su presentación. ¿Así que usted lo dejó durmiendo en la tumba, esperando la resurrección?" Usted debería ver su expresión. Se encendió mientras se preparaba para pelear conmigo.

"Bueno, ¿no es eso lo que la Biblia dice?" Respondió. Como pastor bautista, estoy seguro que lo golpeaban muy duro cada vez que decía eso.

Le dije: "Hermano", y en ese momento me sentía muy fraternal, "Es sólo que no estoy acostumbrado a escucharlo. Coincido con usted, señor". Cuando se relajó, añadí: "Me alegró escucharlo".

Usted ve, son buenas nuevas. Son buenas nuevas para alguien como yo, que he perdido a un ser querido. Cuando salí de ese hospital en Houston, Texas, después de que mi hija murió, miré hacia arriba a la luna—ya era de día, pero la luna todavía estaba resplandeciente. Volviéndome a mi esposa, le dije: "Karen, desde la perspectiva de Jennifer, ella probablemente estará pasando ahora por la luna".

Mi esposa me miró de manera extraña, así que añadí: "Sabes, porque ella entró al sueño en la muerte, y lo próximo que ella note será la resurrección. Así que dale unos minutos después de la resurrección, y nosotros estaremos todos juntos en esa nube, yendo ya más allá de la luna. Ahora mismo, quiero pensar en esto desde su perspectiva, no desde la mía".

Cuando usted muere, permanece dormido hasta que Jesús toca la alarma, cuando Él viene y toca Su trompeta. Él llama, despertamos y nos encontramos con nuestros seres queridos, y finalmente nos vamos a casa con él.

Capítulo 14

El Milenio y la Nueva Tierra

"En aquel tiempo se levantará Miguel, el gran príncipe que está de parte de los hijos de tu pueblo; y será tiempo de angustia, cual nunca fue desde que hubo gente hasta entonces; pero en aquel tiempo será libertado tu pueblo, todos los que se hallen escritos en el libro. Y muchos de los que duermen en el polvo de la tierra serán despertados, unos para vida eterna, y otros para vergüenza y confusión perpetua. Los entendidos resplandecerán como el resplandor del firmamento; y los que enseñan la justicia a la multitud, como las estrellas a perpetua eternidad" (Daniel 12:1-3).

Estos versículos en Daniel 12 son la idea general básica para Apocalipsis 20, 21, y 22. Hemos visto cómo el pueblo de Dios atraviesa las plagas sin ser tocados, y cómo, al final de ese período, Jesús regresa para rescatarlos, y resucitar a aquellos de sus seguidores que ya han muerto. En Apocalipsis 20 encontramos dos resurrecciones, una para los salvos, y una para aquellos que no fueron salvos.

La primera resurrección ocurre al principio del período de 1000 años que llamamos el milenio. Usted no encontrará la palabra "milenio" en una concordancia, porque no está en la Biblia. Pero Apocalipsis presenta los 1000 años. El milenio empieza con el segundo advenimiento de Jesús.

Los salvos son felices cuando Jesús venga. "Y se dirá en aquel día: He aquí, éste es nuestro Dios, le hemos esperado, y nos salvará; éste es Jehová a quien hemos esperado, nos gozaremos y nos alegraremos en su salvación" (Isaías 25:9). Cuando somos el pueblo de Dios, y Jesús llegue en su misión de rescate divina, exclamaremos, "¡Sí! ¡Finalmente! Jesús, he estado esperando este día. Gloria al Señor, has regresado para sacarnos de aquí".

En la otra cara de la moneda, los perdidos no están tan felices de Su regreso.

"Y el cielo se desvaneció como un pergamino que se enrolla; y todo monte y toda isla se removió de su lugar. Y los reyes de la tierra, y los grandes, los ricos, los capitanes, los poderosos, y todo siervo y todo libre, se escondieron en las cuevas y entre las peñas de los montes; y decían a los montes y a las peñas: Caed sobre nosotros, y escondednos del rostro de aquel que está sentado sobre el trono, y de la ira del Cordero; porque el gran día de su ira ha llegado; ¿y quién podrá sostenerse en pie?" (Apocalipsis 6:14-17)?

Las elecciones que hacemos en la vida son importantes. En el Segundo Advenimiento, estaremos o bien alabando al Señor, o escondiéndonos y suplicándole a las rocas y a las montañas que caigan sobre nosotros. Ya todos habrán tomado su decisión.

"El que es injusto, sea injusto todavía; y el que es inmundo, sea inmundo todavía; y el que es justo, practique la justicia todavía; y el que es santo, santifíquese todavía" (Apocalipsis 22:11).

Desde el momento en que Miguel se levanta, el juicio termina. Desde ese momento en adelante, ya nadie cambiará de equipo. Para cuando comienzan las plagas, cada persona ha tomado su decisión respecto a si van a dar la bienvenida a Jesús con júbilo, o huir de Él cuando venga.

El milenio comienza con el Segundo Advenimiento y la congregación de los santos en la primera resurrección. "Y vi tronos, y se sentaron sobre ellos los que recibieron facultad de juzgar; y vi las almas de los decapitados por causa del testimonio de Jesús y por la palabra de Dios, los que no habían adorado a la bestia ni a su imagen, y que no recibieron la marca en sus frentes ni en sus manos; …

"… y vivieron y reinaron con Cristo mil años. Pero los otros muertos no volvieron a vivir hasta que se cumplieron mil años. Esta es la primera resurrección. Bienaventurado y santo el que tiene parte en la primera resurrección; la segunda muerte no tiene potestad sobre éstos, sino que serán sacerdotes de Dios y de Cristo, y reinarán con él mil años" (Apocalipsis 20:4-6).

¿Cuándo ocurre esa resurrección? 1 Tesalonicenses 4 nos dice: "Tampoco queremos, hermanos, que ignoréis acerca de los que duermen, para que no os entristezcáis como los otros que no tienen esperanza. Porque si creemos que Jesús murió y resucitó, así también traerá Dios con Jesús a los que durmieron en él.

"Por lo cual os decimos esto en palabra del Señor: que nosotros que vivimos, que habremos quedado hasta la venida del Señor, no precederemos a los que durmieron. Porque el Señor mismo con voz de mando, con voz de arcángel, y con trompeta de Dios, descenderá del cielo; y los muertos en Cristo resucitarán primero. Luego nosotros los que vivimos, los que hayamos quedado, seremos arrebatados juntamente con ellos en las nubes para recibir al Señor en el aire, y así estaremos siempre con el Señor" (versículos 13 -17).

El Segundo Advenimiento será el momento de la primera resurrección y el inicio de los 1000 años. El libro de Juan lo confirma: "No os maravilléis de esto; porque vendrá hora cuando todos los que están en los sepulcros oirán su voz; y los que hicieron lo bueno, saldrán a resurrección de vida; mas los que hicieron lo malo, a resurrección de condenación" (Juan 5:28, 29). Note que Daniel, Juan, y Apocalipsis hablan de dos resurrecciones, pero Apocalipsis nos dicen de un período de 1000 años entre ellas.

La gloria de Jesús, que regresa a la Tierra, es acompañada por una escena de moribundos y muerte. Apocalipsis 19:11, y luego los versículos 17 y siguientes, describen lo que podríamos llamar un banquete para buitres: "Entonces vi el cielo abierto; y he aquí un caballo blanco, y el que lo montaba se llamaba Fiel y Verdadero, y con justicia juzga y pelea… Y vi a un ángel que estaba en pie en el sol, y clamó a gran voz, diciendo a todas las aves que vuelan en medio del cielo: Venid, y congregaos a la gran cena de Dios, para que comáis carnes de reyes y de capitanes, y carnes de fuertes, carnes de caballos y de sus jinetes, y carnes de todos, libres y esclavos, pequeños y grandes.

"Y vi a la bestia, a los reyes de la tierra y a sus ejércitos, reunidos para guerrear contra el que montaba el caballo, y contra su ejército".

Jesús regresará al final de las plagas. En ese momento, Satanás y un vasto ejército se reúnen para luchar contra Dios, y aquí está Él, viniendo a la Tierra. "Y la bestia fue apresada, y con ella el falso profeta que había hecho delante de ella las señales con las cuales había engañado a los que recibieron la marca de la bestia, y habían adorado su imagen. Estos dos fueron lanzados vivos dentro de un lago de fuego que arde con azufre" (Apocalipsis 19:20).

"Y entonces se manifestará aquel inicuo, a quien el Señor matará con el espíritu de su boca, y destruirá con el resplandor de su venida" (2 Tesalonicenses 2:8). El inicuo es la bestia/poder, y fallece en el lago de fuego en el segundo advenimiento de Jesús. Tenemos un lago de fuego para la bestia y el falso profeta.

¿Qué les ocurre a todas las personas que siguieron a los dos falsos poderes? Apocalipsis 19:21: "Y los demás fueron muertos con la espada que salía de la boca del que montaba el caballo, y todas las aves se saciaron de las carnes de ellos".

No son destruidos en el lago de fuego, sino por la espada que sale de la boca de Jesucristo. Solamente la bestia y el falso profeta son lanzados en el lago de fuego, cuando Jesús regrese. La gloria de Su venida mata al resto.

2 Tesalonicenses 1:7, 8 dice que, en el regreso de Jesús, el resplandor de su venida acaba con aquellos que se negaron a seguirle. "Y a vosotros que sois atribulados, daros reposo con nosotros, cuando se manifieste el Señor Jesús desde el cielo con los ángeles de su poder, en llama de fuego, para dar retribución a los que no conocieron a Dios, ni obedecen al evangelio de nuestro Señor Jesucristo". El Segundo Advenimiento dividirá a todos en cuatro grupos:

1. **Los justos que todavía estaban vivos.** Ellos son transformados a su forma perfecta en un momento, y se elevan en las nubes, para encontrarse con Jesús.

2. **Los justos que habían fallecido antes.** Resucitados, ascienden en las nubes para encontrarse con Jesucristo, y Este los llevará al cielo con Él.

3. **Los impíos que todavía estaban vivos en el segundo advenimiento.** Aterrorizados, les ruegan a las rocas y a los montes que los entierren, pero perecen por el resplandor de su venida. El lenguaje simbólico de Apocalipsis los retrata como siendo exterminados por la espada que sale de la boca de Jesús—otra vez, el resplandor de su venida. Los impíos vivos mueren todos.

4. **Los impíos que habían muerto antes.** No resucitados aún, todavía dormidos en la muerte, esperando el final de los 1000 años.

Los santos vivirán y gobernarán en el cielo durante el milenio. "... y vivieron y reinaron con Cristo mil años ... Bienaventurado y santo el que tiene parte en la primera resurrección; la segunda muerte no tiene potestad sobre éstos, sino que serán sacerdotes de Dios y de Cristo, y reinarán con él mil años" (Apocalipsis 20:4-6).

"Y tú ... reposarás", Dios dijo a Daniel, "y te levantarás para recibir tu heredad al fin de los días" (Daniel 12:13). Daniel recibirá su recompensa al principio de los 1000 años.

¿Dónde estaremos durante ese período de 1000 años? Juan 14:1, 2: "No se turbe vuestro corazón; creéis en Dios, creed también en mí. En la casa de mi Padre muchas moradas hay; si así no fuera, yo os lo hubiera dicho; voy, pues, a preparar lugar para vosotros". Dios nos ha prometido que estaremos en el cielo por un tiempo, con Él. En Su venida, nos toma Consigo, para que estemos con Él.

Los santos viven y reinan con Cristo, pero Apocalipsis 20 nos dice que también estarán juzgando, un rol ya aludido en 1 Corintios 6:1, 2: "¿Osa alguno de vosotros, cuando tiene algo contra otro, ir a juicio delante de los injustos, y no delante de los santos? ¿O no sabéis que los santos han de juzgar al mundo? Y si el mundo ha de ser juzgado por vosotros, ¿sois indignos de juzgar cosas muy pequeñas?"

El pueblo de Dios no juzga a nadie ahora. Mientras que, por el momento, Dios está conduciendo un juicio en el cielo, sus seguidores no participan con Él. Pero, durante los 1000 años, examinarán el caso de cada persona que haya vivido alguna vez. Más adelante, en este mismo capítulo, miraremos más profundamente por qué hacen esto.

Jesús trae a Su familia hacia la nueva Jerusalén en el cielo. Será maravilloso. Realmente no estoy tan impresionado por las calles de oro, como por lo que la Biblia dice sobre no haber nunca más dolor, sufrimiento, o muerte. Viviría feliz en calles de tierra, en un mundo donde no hubiera dolor ni muerte, ningún sufrimiento en absoluto. Pero Dios también añadió las calles doradas y todo el resto de maravillas.

¿Qué le pasa a Satanás en la venida de Jesús, y durante los 1000 años? Una cosa de lo que podemos estar seguros: Satanás no estará en el cielo, no podrá molestar a nadie.

"Vi a un ángel que descendía del cielo, con la llave del abismo, y una gran cadena en la mano. Y prendió al dragón, la serpiente antigua, que es el diablo y Satanás, y lo ató por mil años; y lo arrojó al abismo, y lo encerró, y puso su sello sobre él, para que no engañase más a las naciones, hasta que fuesen cumplidos mil años; y después de esto debe ser desatado por un poco de tiempo" (Apocalipsis 20:1-3).

Algunos han enseñado que el milenio ya comenzó, pero eso significaría que Satanás ya está atado. Me gusta la respuesta de Billy Graham a eso: Si Satanás ya está atado, lo está con una banda elástica que se estira desde un polo hasta el otro. En otras palabras, él todavía está rebotando por todo el planeta, todavía tentando a la gente.

El texto deja bien claro que Satanás está atado aquí en la Tierra, y esta permanecerá desolada durante los 1000 años. La palabra griega para abismo, *abussos*, es la misma palabra que la Septuaginta, el Antiguo Testamento en griego, usó para traducir la frase hebrea "desordenada y vacía" en Génesis 1:2. Antes de la Creación, cuando la Tierra estaba sin vida, estaba "desordenada y vacía".

Cuando Jesús regresa, los salvos resucitan unos, y otros son transformados, y luego todos son arrebatados al cielo, mientras que los impíos, los que rechazaron la salvación, morirán todos. En la Tierra no quedará ninguna persona viva. El mundo regresará a su estado sin vida, como estaba en el comienzo.

Jeremías 25:33: "Y yacerán los muertos de Jehová en aquel día desde un extremo de la tierra hasta el otro; no se endecharán ni se recogerán ni serán enterrados; como estiércol quedarán sobre la faz de la tierra".

Si no queda nadie vivo en la Tierra, nadie estará por aquí para enterrar a los muertos. Apocalipsis usa la imagen metafórica de aves dándose un festín. Así que, en este momento, la Tierra estará llena de ciudades desoladas y vacías, y pilas de cadáveres. Satanás está atrapado en un planeta sin vida, con nadie a quien tentar.

Antes, Satanás había dicho: "Subiré al cielo; en lo alto, junto a las estrellas de Dios… seré semejante al Altísimo" (Isaías 14:13, 14). Él creía que podía dirigir el mundo mejor que Dios, así que Dios le dice: "No podrás irte del mundo por 1000 años, y en este nadie quedará vivo".

Satanás estará encerrado en confinamiento solitario, en un planeta totalmente en ruinas, sin ninguna persona en él, con tiempo en abundancia para pensar sobre lo que ha hecho. Satanás ha leído la profecía. Sabe qué viene después, y no es bueno para él.

El Fin de los Mil Años

Satanás está atado "para que no engañase más a las naciones, hasta que fuesen cumplidos mil años; y después de esto debe ser desatado por un poco de tiempo" (Apocalipsis 20:3).

"Cuando los mil años se cumplan, Satanás será suelto de su prisión, y saldrá a engañar a las naciones que están en los cuatro ángulos de la tierra, a Gog y a Magog, a fin de reunirlos para la batalla; el número de los cuales es como la arena del mar" (versículos 7 y 8).

Inmediatamente, el diablo reúne un inmenso ejército. ¿De dónde sale? Todos aquellos que fallecieron cuando Jesús regresó, al principio de los 1000 años, y todos aquellos que habían muerto en pecado antes de Su regreso—todos los impíos de todos los tiempos—ahora han resucitado. Nuevamente, Satanás tiene personas a quienes engañar otra vez.

Daniel 12:1, 2: "En aquel tiempo será libertado tu pueblo, todos los que se hallen escritos en el libro. Y muchos de los que duermen en el polvo de la tierra serán despertados, unos para vida eterna, y otros para vergüenza y confusión perpetua".

Apocalipsis 20 nos dice que querremos estar en la primera resurrección, porque aquellos que vuelvan a la vida en la segunda resurrección, enfrentan el lago de fuego y la muerte segunda—la perdición eterna.

La Santa Ciudad se Traslada a la Tierra

En este momento la nueva Jerusalén desciende desde el cielo a la Tierra. "Y yo Juan vi la santa ciudad, la nueva Jerusalén, descender del cielo, de Dios, dispuesta como una esposa ataviada para su marido... Y me llevó en el Espíritu a un monte grande y alto, y me mostró la gran ciudad santa de Jerusalén, que descendía del cielo, de Dios" (Apocalipsis 21:2, 10).

La Nueva Jerusalén es una inmensa ciudad, que puede ser del tamaño de la mitad de los Estados Unidos, y es tan alta como ancha. En la descripción de Apocalipsis 21, la redacción en el griego original puede estar retratando una ciudad de aproximadamente 2250 kilómetros (1400 millas) de circunferencia (perímetro) total, o puede estar diciendo que la ciudad tiene 2250 kilómetros (1400 millas) por cada lado. De la manera que sea, es una ciudad grande y hermosa. Todos los seres humanos que han existido en algún momento pueden caber en una ciudad de ese tamaño. Estoy esperando disfrutar el paseo cuando Dios traiga volando la Nueva Jerusalén hasta nuestro mundo.

Apocalipsis 20 describe lo que Satanás hará después. "Cuando los mil años se cumplan, Satanás será suelto de su prisión, y saldrá a engañar a las naciones que están en los cuatro ángulos de la tierra, a Gog y a Magog, a fin de reunirlos para la batalla; el número de los cuales es como la arena del mar. Y subieron sobre la anchura de la tierra, y rodearon el campamento de los santos y la ciudad amada" (versículos 7-9).

Tan pronto como la ciudad esté en su lugar en la Tierra, una vasta legión, compuesta por soldados de todas las eras de la historia, la rodeará inmediatamente. Quizás tratarán de improvisar armas, haciendo todo lo que puedan para tratar de tomar por asalto la ciudad de Dios, que Él trajo a nuestro mundo. Satanás, con todas sus huestes, se prepara para atacar.

Jesús dijo que hay muchos más perdidos que salvos. Los jefes de los ejércitos satánicos saben que superan en número a aquellos dentro de la ciudad. Pero como Dios el Padre, y Jesús, están en la ciudad, la ciudad es segura—ellos dos, por Sí solos, superan a las fuerzas de Satanás.

Las huestes de los perdidos avanzarán para atacar la ciudad. Entonces, descenderá fuego del cielo, de Dios, y los devorará a todos. Básicamente, Dios Se revela en Su gloria, que es un fuego consumidor en presencia del pecado.

Algunas personas me preguntan sobre Gog y Magog atacando a la nación de Israel, y la reconstrucción del Templo como el cumplimiento de Ezequiel 38-48. Recuerde que, para el pueblo de Dios, que ha aceptado a Cristo y es hoy Su verdadero Israel, las promesas para Israel siguen poniéndose más grandes y mejores.

En Ezequiel 38-48, los enemigos que podrían haber atacado al pueblo de Dios, si hubieran permanecido fieles a Dios, fueron Gog y Magog. Aquella nación de Israel de antaño habría tenido un maravilloso Templo, si el pueblo hubiera permanecido fiel después de la cautividad babilónica, pero no lo fue. Como el antiguo Israel no cumplía las condiciones de la profecía, la promesa de Gog y Magog atacando a la antigua Jerusalén, y del rescate, nunca ocurrió.

En su lugar, el ataque de Gog y Magog se trasladó hasta el final del tiempo—a la Nueva Jerusalén—en Apocalipsis 20. Allí, encontramos la promesa de Dios que deja caer fuego sobre esos grandes ejércitos. Él mantiene la promesa de Ezequiel 38-48 para Su verdadero Israel, para aquellos que viven por la fe. Su pueblo, en la antigua nación de Israel, no sacó provecho de las promesas. Pero el pueblo de Dios de la fe, de todos los tiempos, experimentan su cumplimiento al final de los 1000 años.

En épocas pasadas, las personas se mantenían afirmando que los caminos de Dios estaban todos basados en el Templo—que este era Su único centro de atención. Pero Dios dijo: "Mejorad vuestros caminos y vuestras obras, y os haré morar en este lugar. No fieis en palabras de mentira, diciendo: Templo de Jehová, templo de Jehová, templo de Jehová es este" (Jeremías 7:3, 4).

Hoy, muchos esperan que un templo sea reconstruido en Jerusalén antes que Jesús regrese. Creo que estas son las "palabras engañosas" otra vez. Un generalizado punto de vista profético contemporáneo enseña cosas que no se corresponden con la Biblia. Como hemos visto, estas falsas enseñanzas profetizan una tribulación de siete años después del regreso de Jesús. Les ofrecen a las personas una segunda oportunidad para escoger a Jesús, durante esos siete años. Enseñan que la bestia vendrá en algún día todavía en el futuro, y dicen que en Jerusalén se construirá un tercer templo.

Como vimos en el capítulo 12, si alguien erigiera un tercer templo, y reinstituyera nuevamente el ofrecimiento de sacrificios, estaría blasfemando, porque Jesús fue el sacrificio para siempre. Estarían negando que Jesús es ya nuestro Salvador, y el Cordero de Dios. No estoy diciendo que nunca habrá un templo en Jerusalén otra vez, solo que si lo hay, no será el templo de Dios.

Apocalipsis dice que el fuego cubrirá la faz de la Tierra en este momento. He oído que algunas personas dicen que el lago de fuego está en el centro de la Tierra, en algún lugar, pero la Biblia lo muestra como que está sobre la faz de la Tierra, y lo llama la segunda muerte.

"Y la muerte y el Hades fueron lanzados al lago de fuego. Esta es la muerte segunda. Y el que no se halló inscrito en el libro de la vida fue lanzado al lago de fuego" (Apocalipsis 20:14, 15). Con este fuego, Dios borra todo rastro del pecado. Está limpiando para siempre el desastre hecho por el pecado.

No vemos ni a la bestia ni al falso profeta al final de los 1000 años. Consignados al lago de fuego al principio del milenio, fueron destruidos totalmente. Lo que se lanza en el lago de fuego, nunca volverá a ser visto. Y ahora, al final de los 1000 años, Satanás y todos sus seguidores serán lanzados también en el lago de fuego, y nunca aparecerán otra vez.

Esto es una evidencia adicional de que la bestia y el falso profeta son poderes políticos/religiosos. Si fueran seres humanos, y no sistemas, habrían sido lanzados al fuego con el resto, al final de los 1000 años.

Cuando Él ha terminado de quemar todo vestigio del mal y del pecado, Jesús crea un nuevo mundo para la humanidad. "Vi un cielo nuevo y una tierra nueva; porque el primer cielo y la primera tierra pasaron, y el mar ya no existía más" (Apocalipsis 21:1).

Yo no estaba allí la primera vez que Dios creó el mundo, pero esta vez sí planeo contemplar Sus actos de creación. ¿Puede imaginárselo a Él anunciando "Que haya plantas y árboles" y estos de repente estar allí? ¡"Que haya aves en el cielo" y aparecen! "Señor, yo quiero estar en el lugar exacto donde usted va a hacer a ese elefante. Quiero ver un elefante aparecer por arte de magia. ¡Gracias Señor, eso es grandioso!"

Va a ser impresionante observar a Dios crear un cielo nuevo y una Tierra nueva. El león se echará con el cordero, y no habrá sufrimiento ni dolor, pues las primeras cosas pasaron, ya no son más. Ésa es la promesa que Dios nos dio.

Pero con todas estas maravillas, lo más impresionante de todo será que podremos caminar y hablar con Jesús. Aquel que murió para salvarnos, Aquel que limpió nuestro registro, para que pudiéramos vivir con Él para siempre. Aquel que nos dio la capacidad de hacer buenas obras, para poder recompensarnos de acuerdo con lo que Él mismo nos ayudó a hacer—con Aquel es con Quien podremos caminar y hablar eternamente.

Pero usted podría preguntarse sobre el destino de los perdidos. "Pastor Tim, ¿no es que las personas impías estarán ardiendo eternamente y para siempre? ¿Por millones y millones de años?" Miremos a la evidencia bíblica—y realmente encontraremos buenas nuevas.

Como hemos visto, fuego desciende de Dios, algo que las Escrituras llaman la muerte segunda. Pero ¿adónde se fue el fuego? Si las llamas se extienden por la superficie de la Tierra, y ahora la Tierra es recreada maravillosamente, ¿qué le pasó al fuego?

Sugiero que nos guiemos por la definición bíblica del fuego eterno e inextinguible, y no por la explicación tradicional. Es mejor seguir las Escrituras. 2 Pedro 2:9 declara: "sabe el Señor librar de tentación a los piadosos, y reservar a los injustos para ser castigados en el día del juicio". Esto quiere decir que los impíos que murieron, y están ahora durmiendo en la tumba, están siendo guardados para el fuego del infierno. No están todavía en el infierno. El infierno sucederá al final de los 1000 años.

Si las personas fueran directo para el infierno, para arder y arder y arder por morir en pecado, ¿sería eso justo? Imagínese que cometo un homicidio ahora, mientras que Caín asesinó a alguien hace 6000 años, y ninguno de nosotros le pide a Dios que nos perdone. No sería justo que Caín sufriera 6000 años más por el mismo crimen.

Pero si ambos morimos el sueño de la muerte, y somos resucitados al final de los 1000 años, y recibimos el mismo castigo al mismo tiempo, entonces Dios es equitativo y justo. El Señor está reservando a aquellos, que fueron injustos en tiempos pasados, para el castigo. Están durmiendo en la muerte hasta que Él los resucite en la segunda resurrección—la resurrección de condenación, como lo llama la Biblia.

Mateo 13:49, 50 explica que, en el fin del mundo, Dios hará algo similar a lo que hacen los pescadores, que separan la buena captura de la mala. Los ángeles separarán a los impíos de los justos, y los lanzarán al horno de fuego, allí será el lloro y el crujir de dientes.

¿Está eso ocurriendo ahora, o vendrá en el fin del mundo? La Biblia dice que no tenemos un alma inmortal, así que los impíos no pueden ser castigados ahora, porque los muertos nada saben. Los impíos nunca reciben la inmortalidad. Solamente el pueblo de Dios la recibe, y solamente en la primera resurrección. La gente de la segunda resurrección enfrenta la segunda muerte. No tienen inmortalidad, y por esa razón no pueden estar siendo castigados por una eternidad—lo que, de parte de Dios, es muy amable.

Eche ahora un vistazo a lo que le ocurre a Satanás cuando es lanzado en el fuego. Ezequiel 28:12 y 13 habla del rey de Tiro. "Tú eras el sello de la perfección, lleno de sabiduría, y acabado de hermosura. En Edén, en el huerto de Dios estuviste".

¿Quiénes estaban en el Edén? Adán, Eva, Dios—y Satanás. Pero no el rey de Tiro. Aquí, el rey de Tiro sirve como metáfora para Satanás, así como representante de un pueblo cercano que afligía a Israel.

Satanás había sido un ángel en el cielo. "Tú, querubín grande, protector, yo te puse en el santo monte de Dios, allí estuviste; en medio de las piedras de fuego te paseabas" (versículo 14). Era el querubín guardián. "Perfecto eras en todos tus caminos desde el día que fuiste creado, hasta que se halló en ti maldad. A causa de la multitud de tus contrataciones fuiste lleno de iniquidad, y pecaste; por lo que yo te eché del monte de Dios" (versículos 15 y 16). Repetidamente, en las Escrituras encontramos una descripción de Satanás siendo arrojado o expulsado del cielo (aquí Ezequiel cambia nuevamente a la imagen metafórica del rey de Tiro, cuyo pueblo eran notables mercaderes en el mundo antiguo).

"Y te arrojé de entre las piedras del fuego, oh querubín protector. Se enalteció tu corazón a causa de tu hermosura, corrompiste tu sabiduría a causa de tu esplendor; yo te arrojaré por tierra; delante de los reyes te pondré para que miren en ti. Con la multitud de tus maldades y con la iniquidad de tus contrataciones profanaste tu santuario; yo, pues, saqué fuego de en medio de ti, el cual te consumió, y te puse en ceniza sobre la tierra a los ojos de todos los que te miran. Todos los que te conocieron de entre los pueblos se maravillarán sobre ti; espanto serás, y para siempre dejarás de ser" (versículos 16-19).

¿Qué le pasa a Satanás? Es reducido a cenizas en la Tierra. "Para siempre" dejará "de ser".

¿Notó usted que este pasaje está escrito en tiempo pasado? ¿Le gustaría a usted ser Satanás y escuchar a Dios hablando de usted en tiempo pasado? Si usted hubiera sido secuestrado, y hubiera sido cautivo de alguien, por ejemplo, y ellos empiezan a hablar de usted en tiempo pasado, ¿consideraría usted eso una buena señal? Recuerde que cuando Satanás le recuerda a usted su pasado, usted debe recordarle a él su futuro. Eso es lo que Dios estaba haciendo en Ezequiel 28.

El último versículo en ese pasaje dice de Satanás: "espanto serás, y para siempre dejarás de ser". ¿Esto lo deja a cargo del infierno? ¡No! Todo lo contrario, él deja de existir. Está extinto para siempre. Eso debería darle a usted una pista sobre lo que le pasó al fuego.

El alma del pecador morirá, lo declara enfáticamente la Biblia. No tenemos almas inmortales. Hay solamente una forma de escapar a este dilema, y eso es que nuestros pecados sean perdonados. Después de que Dios los perdona, no tenemos ningún pecado en nuestro registro, así que ya no somos más pecadores, y no moriremos. Pero si nuestros pecados no son perdonados, moriremos permanentemente, y ya no seremos más.

¿Recuerda este famoso versículo? "Porque de tal manera amó Dios al mundo, que ha dado a su Hijo unigénito, para que todo aquel que en él cree, no se pierda, mas tenga vida eterna" (Juan 3:16).

¿Cuáles son las opciones aquí? O bien tenemos vida eterna, o fallecemos. ¿Dijo Jesús que usted puede elegir entre la vida eterna o el castigo sin fin? No, Él nunca ha presentado como alternativa a la vida eterna la tortura interminable en un fuego. Todo lo contrario, dijo que viviríamos o pereceríamos. Ahí mismo, en Juan 3:16, usted tiene una elección, entre vivir con Jesús para siempre, o quedar reducido a cenizas, cuando Satanás lo sea.

"Porque he aquí, viene el día ardiente como un horno, y todos los soberbios y todos los que hacen maldad serán estopa; aquel día que vendrá los abrasará, ha dicho Jehová de los ejércitos, y no les dejará ni raíz ni rama. Mas a vosotros los que teméis mi nombre, nacerá el Sol de justicia, y en sus alas traerá salvación; y saldréis, y saltaréis como becerros de la manada. Hollaréis a los malos, los cuales serán ceniza bajo las plantas de vuestros pies, en el día en que yo actúe, ha dicho Jehová de los ejércitos" (Malaquías 4:1-3).

Aquí nuevamente tenemos cenizas, esta vez bajo las plantas de nuestros pies. Cuando el fuego se ha apagado, y las cenizas se han enfriado, usted puede caminar por ellas. Dios limpia el mundo con el fuego, quemando todo vestigio del pecado. Después del fuego, Dios vuelve a crear nuestro planeta.

"Enjugará Dios toda lágrima de los ojos de ellos; y ya no habrá muerte, ni habrá más llanto, ni clamor, ni dolor; porque las primeras cosas pasaron" (Apocalipsis 21:4).

Note que esto no ocurre al principio de los 1000 años, sino al final. Creo que no hay dolor o sufrimiento en el cielo, pero noto con interés que Dios enjugará lágrimas justo después de ese fuego final. Creo que es porque algunos de nosotros, dentro de la Nueva Jerusalén—quizás todos nosotros—tendremos algún ser querido allá del lado equivocado de la muralla. Quizás ese poder de volver a crear, ver a Dios volver a crear, ayudará a enjugar las lágrimas.

¿Hay buenas nuevas en el fuego? Sí. Los impíos, que persistentemente se han negado a confiar en Jesucristo, terminan sus sufrimientos, y ya no son más. No serán torturados eternamente. Dios es amor, y Él es justo.

Usted podría preguntarse de dónde vino esa enseñanza de la tortura eterna en el infierno. Apareció en la iglesia primitiva, al menos en el siglo II d.C. Algunos escritores cristianos tempranos, como Justino Mártir e Ireneo, escribieron sobre el castigo eterno de los impíos, pero aseveraron que los impíos serían destruidos al final.

Desafortunadamente, muchos conversos al cristianismo fueron educados en conceptos paganos. Gradualmente, una idea proveniente de la mitología griega, que las almas incorpóreas de los impíos permanecerían en el Hades—propuesta a la iglesia poco después de la muerte del apóstol Juan—encontró un espacio en el pensamiento cristiano.

En algún momento después de 200 d.C., el padre de la iglesia, Tertuliano, escribió claramente que los impíos serían torturados en el infierno para siempre. Esta interpretación alcanzó gran popularidad, y se extendió en el cristianismo posterior.[1] Pero la doctrina de la tortura eterna de los impíos no aparece en la Biblia. El Dios de los cielos no tortura personas. Limpia la Tierra, y permite que aquellos que se niegan a vivir en un mundo perfecto y sin pecado, dejen de ser para siempre jamás.

¿Y dónde dejamos la frase que dice que el humo "sube por los siglos de los siglos" (Apocalipsis 14:11)? Tenemos que encontrar la verdad sobre esta clase de término: "por los siglos".

Más de 50 veces la Biblia emplea la palabra "por los siglos" (u otra construcción similar sugiriendo eternidad o perpetuidad) para algo que sí tuvo un final. Por ejemplo: "entonces su amo lo llevará ante los jueces, y le hará estar junto a la puerta o al poste; y su amo le horadará la oreja con lesna, y será su siervo para siempre" (Éxodo 21:6). En el antiguo Israel, se suponía que los esclavos debían ser liberados después de siete años. Pero si a un siervo realmente le gustaba su amo y decía: "No quiero ser libre, quiero ser siervo por toda la vida", entonces el amo tomaría una lezna o

1 La descripción de este cambio histórico viene de Thomas B. Thayer, *The Origin and History of the Doctrine of Endless Punishment* (Boston: Universalist Publishing House, 1855), cap. 6. Disponible en línea en www.tentmaker.org/books/OriginandHistory.html.

punzón, y el siervo pondría su oreja contra el marco de la puerta de la casa del amo. El amo horadaría el lóbulo de la oreja del siervo, y el marco de la puerta, simbolizando que el siervo había sido atado a la casa del amo de por vida.

El ritual, sin embargo, no significa que el criado se quedaría con el amo por la eternidad, sino hasta que muriera. Una y otra vez en la Biblia, la palabra "para siempre" indica que algo duró hasta la muerte.

El pueblo decía a menudo: "Oh rey, vive para siempre". No era porque ellos pensaran que el rey nunca iba morir. Querían decir: "Oh rey, que tengas un reinado largo y próspero hasta que mueras".

Cuando Jesús le dice a Su pueblo: "nunca verá muerte", "no perecerán jamás", y "no morirá eternamente",[2] Él está queriendo decir que el pueblo de Dios, al final, no será vencido por la muerte. Los impíos serán consumidos en el lago de fuego, pero hay un final para sus vidas—la muerte segunda. No es un fuego que estará quemándolos sin fin.

¿Qué pasa con el fuego que no se apagará, en Jeremías 17:27? "Pero si no me oyereis para santificar el día de reposo, y para no traer carga ni meterla por las puertas de Jerusalén en día de reposo, yo haré descender fuego en sus puertas, y consumirá los palacios de Jerusalén, y no se apagará".

Dios enviaría el fuego que no se apagará contra Jerusalén, si las personas no obedecían Sus mandamientos. No obedecieron, y entonces invasores destruyeron su ciudad. Pero he estado en Jerusalén, y hoy no está todavía en llamas.

Si mi casa se incendiara, y el Departamento de Bomberos no pudiera extinguir las llamas, ¿quiere eso decir que, 100 años después, mi casa todavía se estaría quemando? No, el fuego consumió todo lo combustible y dejó un montón de cenizas. Una vez que Satanás y todo su pueblo comiencen a quemarse, nadie podrá extinguir ese fuego, hasta que se vuelvan cenizas. Por lo tanto, una vez que el fuego empieza, nada puede pararlo hasta que haya terminado su trabajo. En este sentido es que un fuego "no se apagará". Arde hasta que no queda nada más que quemar.

Judas 7 compara el destino de los impíos con el de Sodoma y Gomorra: "como Sodoma y Gomorra y las ciudades vecinas, las cuales de la misma manera que aquéllos, habiendo fornicado e ido en pos de vicios contra naturaleza, fueron puestas por ejemplo, sufriendo el castigo del fuego eterno".

2 Juan 8:51; 10:28; 11:26.

Una idea similar la encontramos en 2 Pedro 2:6: "y si condenó por destrucción a las ciudades de Sodoma y de Gomorra, reduciéndolas a ceniza y poniéndolas de ejemplo a los que habían de vivir impíamente".

Los arqueólogos saben que Sodoma y Gomorra existieron, porque los registros de otras ciudades las mencionan, y las llaman incluso las "ciudades de pecado". Estaban ubicadas en algún lugar cerca del Mar Muerto. Pero me he parado en Masada, mirando hacia la cuenca del Mar Muerto, y no hay ninguna ciudad ardiendo ahí abajo. Éstos son ejemplos de fuego "eterno", pero ¿dónde los encontramos ahora? Las ciudades están quemadas y desaparecidas.

Satanás será un montón de cenizas, y nadie lo encontrará, como mismo ocurrió con Sodoma y Gomorra. Los pecadores estarán extintos. Aquellos que rechazan el perdón de Dios terminan igual que esas ciudades antiguas, y se vuelven cenizas, y no serán más. Esto es castigo eterno, no estar castigando eternamente.

Una vez, estaba en un desayuno de oración, y un hombre de negocios entró y se sentó a la mesa. "¿A qué se dedica?", preguntó.

"Soy pastor".

"¡Oh! ¿de qué iglesia?"

"De la Iglesia Adventista del Séptimo Día".

"Ésa es la iglesia que no cree en el infierno, ¿no?"

Sonreí y dije: "¡Oh!, sí creemos en un infierno, sólo que en uno más caliente de lo que usted cree".

Mirándome extrañamente, preguntó: "¿Qué? ¿Qué quiere decir con eso de 'uno más caliente'?"

"Nosotros creemos en uno lo suficientemente caliente como para completar el trabajo. Puede reducir a Satanás y a los pecadores a un montón de cenizas, y poner fin al pecado y al sufrimiento. Usted cree en un infierno que solamente está caliente a medias, y que Dios realmente no es lo suficientemente fuerte como para acabar con el pecado y el sufrimiento".

La Biblia declara que Dios es lo suficientemente fuerte, y que reduce la impiedad a cenizas, hasta que deja de ser.

La mayoría de las personas asumen la existencia de un infierno eterno, debido a la creencia de que los pecadores tienen un alma inmortal. Pero la Biblia dice que no son eternos. Solamente aquellos que son perdonados reciben la inmortalidad, y comienza en el regreso de Jesús. Los pecadores, lanzados en el lago de fuego, fallecen, porque son mortales. El fuego está lo suficientemente caliente como para hacer el trabajo.

¿Qué diríamos del carácter de Dios si Él tuviera un fuego sólo lo suficientemente caliente para torturar, pero no lo suficientemente caliente para destruir? Suponga que usted tenía un vecino que tortura a las personas, y tenía un calabozo en el sótano, y usted puede escuchar gritos provenientes de ese calabozo.

Pero, piensa usted para sus adentros, en realidad, mi vecino es amable y gentil, porque tortura a las personas solamente hasta que están al borde de la muerte. Nunca deja morir a nadie. Les tortura, año tras año tras año, y puedo escuchar su permanente angustia. ¿Usted amaría a ese vecino?

Esto es lo que las personas han enseñado acerca de Dios. Esta enseñanza se remonta hasta Satanás en el jardín del Edén. "No morirás realmente", mintió. "Serás como Dios—inmortal". Esta enseñanza ha hecho parecer a Dios un ser horrible. La verdad es que Él permite que los pecadores tengan un final para su miseria. Entonces, creará nuevamente a la Tierra, sin pecado, habiéndose librado del problema del pecado para siempre. Él es lo suficientemente grande, y lo suficientemente amoroso, como para hacer un fuego que esté lo suficientemente caliente.

Surge la pregunta: ¿Por qué Dios atraviesa todo este problema de traer a la vida a los impíos una segunda vez, tan sólo para destruirlos? ¿Se ha hecho esa pregunta alguna vez?

Un día, un hombre preguntó: "¿Por qué Dios no se libró de Satanás en cuanto tuvo sus primeras ideas pecaminosas? ¿Por qué no llevárselo a dar un largo paseo y asegurarse de que nunca regresara?" Después de todo, en última instancia eso es lo que Dios va a hacer, ¿no? Dios reducirá a cenizas a Satanás, y el diablo no será nunca más.

Respondí: "¿Alguien querría ir a dar un largo paseo con Dios después de eso? Quiero decir, si la gente va de paseo con Él y nunca vuelven, yo no querría caminar con Él en lo absoluto".

La pregunta a hacer es esta: ¿Qué habría pasado si Dios hubiera acabado con el pecado y el sufrimiento demasiado temprano? Si Satanás esparció el mensaje de que Dios no es justo, y luego el Señor elimina a Satanás, ¿quién pensaría usted que estaba en lo cierto en la disputa? Usted consideraría que Satanás tenía la razón. Por lo tanto, Dios tiene que dejar que todo el asunto se desarrolle hasta el final, para asegurarse de que el pecado no reaparezca nunca más, y que todas las dudas que pudieran haber surgido sean respondidas para aquel entonces.

Sus Dudas Respondidas

Dijimos antes en este capítulo que hablaríamos sobre el por qué, durante el milenio, los seguidores de Dios examinarán los casos de todos los que alguna vez hayan vivido a lo largo de la historia. Digamos que soy un hombre que murió creyendo en Jesús. Resucitado, me pongo en pie para encontrarme con Jesús y con mis seres queridos en las nubes, y luego soy llevado al cielo. Entramos en la Nueva Jerusalén, y Dios dice: "Probablemente tengas algunas preguntas".

"Tengo una pregunta. ¿Por qué mi tía no está aquí?"

"Bien" – Dios responde – "Voy a abrir los libros de registro, y tú puedes ver por ti mismo. Puedes ver todos los registros, y puedes ver todo lo que traté de hacer". Recuerde que la Biblia nos dice que juzgaremos a todos durante los 1000 años.

Así que abro los libros, y allí descubro cómo Dios trató de alcanzar a mi amada tía, y cómo ésta rechazó a Dios repetidamente. Veo cuando Dios me usó tratando de alcanzarla, y ella rechazó lo que traté de compartir sobre Jesucristo. Ya me doy cuenta de que Dios no dejó piedra sin voltear tratando de atraerla a la salvación, y traerla a la nueva Jerusalén. Pero ella no lo aceptaría. Durante 1000 años, Dios abre los registros, y responde a todas nuestras preguntas.

¿Sabe usted quién está realmente bajo juicio? Dios. ¿Fue justo Él con ese juicio anterior, el que ocurrió antes de que Jesús regresara para salvar a Su pueblo? ¿Fue justo Él cuando determinó quién resucitaría a la vida eterna, y quién no? Ahora podremos revisar los registros y ver, por nosotros mismos, la justicia, la misericordia, y la imparcialidad de Sus decisiones.

Usted podría estar pensando que, si los rebeldes tan solo pudieran ver la Nueva Jerusalén, y lo que se estaban perdiendo, cambiarían su manera de pensar y aceptarían.

Solo para asegurarnos de que sepamos que Él no hace nada mal, ¿qué hace Dios al final de los 1000 años? "Está bien, volvamos de nuevo a la Tierra", anuncia, y trae volando la Santa Ciudad hasta posarla en la Tierra. Resucita a todos los impíos, y estos pueden ver la Nueva Jerusalén. ¿Qué hacen ellos? ¡Siguen a Satanás!

Satanás los reúne a todos porque Él es su líder elegido, y se le unen para un último ataque contra Dios. Mientras avanzan sobre la ciudad, miro por sobre la muralla de la ciudad, y veo a mi ser querido, la misma sobre quién había preguntado "¿Por qué ella no está aquí?" Mi tía me mira, y me doy cuenta de que ella quiere matarme para tomar la ciudad.

Eso es lo que hace el pecado. El pecado nos vuelve personas duras y malvadas cuando rechazamos al Espíritu Santo, y no le permitimos seguir trabajando en nuestros corazones. Los pecadores se vuelven totalmente devotos a Satanás. Están poseídos, y al final, nos matarían a todos nosotros si tuvieran la oportunidad.

Finalmente, Dios dice: “Es suficiente”, y revela Su gloria como fuego consumidor, algo que Él llama Su “extraña obra” (Isaías 28:21). Él no quiere hacerla—Él ama a los pecadores. Pero Su gloria los destruye, reduciéndolos a cenizas.

Ahora, me vuelvo hacia Dios, y veo Sus ojos llenos de lágrimas. El Señor tiene que enjugar las lágrimas también de Sus propios ojos. “Jesús, comprendo”, le digo. “Gracias por detenerlos. Gracias”. Nunca más le preguntaré a Dios sobre si Él tenía razón. Si Él hubiera acabado con todo demasiado rápidamente, algunas personas todavía estarían dudando de Su justicia. ¿Realmente le dio a cada uno toda oportunidad posible? Pero he visto que los impíos no están interesados en cambiar.

No espere una segunda oportunidad. Nunca llega. Este es el momento de confiar en Jesucristo, de permitirle que le limpie a usted de todo pecado.

“No todo el que me dice: Señor, Señor, entrará en el reino de los cielos, sino el que hace la voluntad de mi Padre que está en los cielos” (Mateo 7:21). Usted tiene que hacer más que sólo decir que usted es un cristiano—usted tiene que vivirlo en realidad. Para ser realmente cristiano, usted tiene que permitirle ser Señor y Salvador, no sólo perdonar el pasado, sino que debe permitirle tomar el señorío de su presente. Como resultado, usted hace todo lo que Él le pide hacer, y usted no dejará que su jefe, su familia, ni nadie más, decida en su lugar.

“Muchos me dirán en aquel día: Señor, Señor, ¿no profetizamos en tu nombre, y en tu nombre echamos fuera demonios, y en tu nombre hicimos muchos milagros?” (Versículo 22). ¿Recuerda al falso profeta que dijimos aparecería en el fin, realizando milagros y maravillas? Este expulsó demonios en el nombre de Dios, e hizo muchas cosas asombrosas en Su nombre. Jesús advirtió que habrá falsas señales y maravillas, y milagros falsos. ¡Dios les declara a aquellos que los hicieron: “Nunca os conocí; apartaos de mí, hacedores de maldad” (versículo 23)!

Si usted ha quebrantado uno de los mandamientos, usted los ha quebrantado todos, dijo Jesús. El Sábado, adulterio, mentir—no ignore ninguno de ellos. No importa cuántas buenas cosas haga usted. Su destino depende de si usted está confiando en Él.

“Cualquiera, pues, que me oye estas palabras, y las hace, le compararé a un hombre prudente, que edificó su casa sobre la roca. Descendió lluvia, y vinieron ríos, y soplaron vientos, y golpearon contra aquella casa; y no cayó, porque estaba fundada sobre la roca.

“Pero cualquiera que me oye estas palabras y no las hace, le compararé a un hombre insensato, que edificó su casa sobre la arena; y descendió lluvia, y vinieron ríos, y soplaron vientos, y dieron con ímpetu contra aquella casa; y cayó, y fue grande su ruina" (Mateo 7:24-27).

La Palabra de Dios es la autoridad. ¿Ha rendido usted su vida a la Palabra de Dios? Confíe completamente en Él. Usted no tiene una segunda oportunidad para cambiar.

Estamos ahora en el "tiempo del fin". El tiempo puede ser muy corto. Ya hemos entrado en lo que Daniel llama la tempestad. El islam radical será destruido, conduciendo a la más grande oportunidad de todos los tiempos para compartir el evangelio. Para todos aquellos que están confiando en Jesús, éste es un momento maravilloso para estar vivo, confiando en Él y compartiendo Su mensaje.

Apéndice A

Hermenéutica Contextual (Principios de Interpretación)

Ha habido una discusión sobre si los poderes humanos que aparecen en la profecía de Daniel 11 son literales/geopolíticos, religiosos/ideológicos, o tanto geopolíticos como religiosos/ideológicos. El contexto interno de Daniel nos da la respuesta. Hay un cambio en los poderes que aparecen en la profecía. En Daniel 11: 2-21, los poderes mencionados son literales/geopolíticos.

Sin embargo, en el versículo 22, se introduce al Príncipe del Pacto. Es un líder religioso. En los siguientes versículos de la profecía, al rey del norte se le da el aspecto adicional de ser religioso, a la vez que continúa siendo un poder geopolítico. Como poder geopolítico, el rey del norte dirige ejércitos en combates en los que mueren grandes números de personas. Esto es literal y geopolítico. Sin embargo, el rey del norte también ataca al pacto de Dios y al pueblo de Dios, volviéndolo también un poder religioso.

Esta transición, de literal/geopolítico a tanto geopolítico como religioso, tiene lugar no sólo en Daniel 11, sino también en Daniel 2, 7, y 8 en el mismo punto del flujo de la historia profética.

Cuando el papado toma el poder en el Imperio Romano decadente, esto da como resultado una unión de la iglesia y el estado. Así que tenemos una combinación geopolítica y religiosa.

En Daniel 7, el Imperio Romano dividido es representado por los 10 cuernos. El cuerno era geopolítico, pero el cuerno pequeño es religioso. Nuevamente, se sugieren poderes tanto geopolíticos como religiosos, ya que el cuerno pequeño está entre ellos, y desarraiga a tres de ellos. Nuevamente tenemos una unión de la iglesia y el estado, o una combinación geopolítica y religiosa.

En Daniel 8, el cuerno pequeño comienza como Roma, y cambia a la Roma papal. Ambos atacan literalmente a Israel en una dirección sudeste. Entonces se exalta en lugar del Príncipe de los Ejércitos (religioso) y tiene un ejército apoyándolo (geopolítico).

En Daniel 11, después del tiempo de Cristo, el rey del norte conduce ejércitos reales a la guerra (geopolítico) y también ataca al pacto de Dios y al pueblo de Dios (religioso).

Así que las pruebas contextuales indican que el rey del norte, en Daniel 11, será tanto geopolítico como religioso. Como enemigo del rey del norte, que contrarresta sus objetivos geopolíticos y religiosos, el rey del sur sería también a la vez geopolítico y religioso.

Otro asunto contextual es si los poderes representados por el rey del norte o el sur pueden cambiar durante los versículos 23-45—¿o deben ellos ser los mismos desde el principio hasta el fin? En Daniel 7, 8, y 11, cuando usted deja el enfoque de la Roma imperial, el poder reinante cambia al papado, representado por el cuerno pequeño. Este poder perdura desde Roma hasta la venida del reino de Cristo.

El paralelo entre estos capítulos muestra que el rey del norte, en Daniel 11: 23-45, debe ser el mismo poder (papado) a lo largo de todo el camino, y su antagonista desde el sur debe ser el islam, a lo largo de todo el camino—y que, como el papado, es un poder geopolítico y religioso.

Daniel 11: 29 también relaciona el conflicto y los jugadores de los versículos 25-28 (el primero) con los versículos 29-39 (al tiempo señalado o "venida") y 40-45 (el último o "al cabo del tiempo"). Esto muestra que si el papado es el rey del norte en cualquier punto de Daniel 11: 23-45, también debe ser el rey del norte a través de toda la sección. Del mismo modo, el islam debe ser el rey del sur a través de toda la sección.

El paralelo entre Daniel 11: 5-19 y los versículos 23-45 es sorprendente. Cuando el imperio griego se dividió, los mismos dos poderes (los seléucidas y los ptolemeos) fueron los reyes del norte y del sur durante todo su conflicto, con Jerusalén atrapada en el medio.

Lo mismo ocurre en el Imperio Romano dividido. Cuando este imperio se divide, los mismos dos poderes (el cristianismo encabezado por el sistema papal y el islam) son los reyes del norte y del sur durante todo su conflicto, con Jerusalén otra vez atrapada en el medio.

El contexto interno de Daniel 11 sugiere que los reyes del norte y el sur deben ser tanto geopolíticos como religiosos, y que ellos empiezan en la época de Roma, y se extienden a todo lo largo del camino hasta el final del conflicto entre el norte y el sur en el versículo 45. ¡Solamente Roma y el islam cumplen estos criterios!

Apéndice B

Comparación de Daniel 11:2-12:4 Con los Eventos Históricos

Profecía Daniel 11:2–22	**Cumplimiento Histórico/ proyectado**
2 Y ahora yo te mostraré la verdad. He aquí que aún habrá tres reyes en Persia, y el cuarto se hará de grandes riquezas más que todos ellos; y al hacerse fuerte con sus riquezas, levantará a todos contra el reino de Grecia.	1. Cambises II (530-521 a.C.) 2. Esmerdis (521 a.C.) 3. Darío I (521-485 a.C.) 4. Xerxes (o Jerjes, 486-465 a.C.), excediendo en riqueza y poder, inició una elaborada campaña en contra de Grecia, y perdió.
3 Se levantará luego un rey valiente, el cual dominará con gran poder y hará su voluntad. **4** Pero cuando se haya levantado, su reino será quebrantado y repartido hacia los cuatro vientos del cielo; no a sus descendientes, ni según el dominio con que él dominó; porque su reino será arrancado, y será para otros fuera de ellos.	Alejandro Magno (336-323 a.C.). Cuatro reinos menores aparecieron de los restos del imperio de Alejandro: Grecia, Asia Menor, Siria, y Egipto, una desintegración en cuatro partes, señalada en Daniel 7: 6 y 8:8. Daniel 11 describe las potencias mundiales que podrían atacar a Israel desde las rutas terrestres de invasión desde el norte o desde el sur. Si no se especifica, es desde el norte.

Profecía Daniel 11:2–22	**Cumplimiento Histórico/ proyectado**
5 Y se hará fuerte el rey del sur; mas uno de sus príncipes será más fuerte que él, y se hará poderoso; su dominio será grande. **6** Al cabo de años harán alianza, y la hija del rey del sur vendrá al rey del norte para hacer la paz. Pero ella no podrá retener la fuerza de su brazo, ni permanecerá él, ni su brazo; porque será entregada ella y los que la habían traído, asimismo su hijo, y los que estaban de parte de ella en aquel tiempo. **7** Pero un renuevo de sus raíces se levantará sobre su trono, y vendrá con ejército contra el rey del norte, y entrará en la fortaleza, y hará en ellos a su arbitrio, y predominará. **8** Y aun a los dioses de ellos, sus imágenes fundidas y sus objetos preciosos de plata y de oro, llevará cautivos a Egipto; y por años se mantendrá él contra el rey del norte. **9** Así entrará en el reino el rey del sur, y volverá a su tierra. **10** Mas los hijos de aquél se airarán, y reunirán multitud de grandes ejércitos; y vendrá apresuradamente e inundará, y pasará adelante; luego volverá y llevará la guerra hasta su fortaleza. **11** Por lo cual se enfurecerá el rey del sur, y saldrá y peleará contra el rey del norte; y pondrá en campaña multitud grande, y toda aquella multitud será entregada en su mano.	Reinos griegos, el del norte (**N**) contra el del sur (**S**). **5** (**S**) Egipto—Ptolomeo I (305-283 a.C.); (**N**) Siria—Seleuco I (305-281 a.C.), quien había servido a las órdenes de Ptolomeo como "uno de sus príncipes". **6** (**S**) Ptolomeo II (283-246 a.C.) dio a su hija Berenice en alianza matrimonial a su rival (**N**) Antíoco II (261-246 a.C.). Tras la muerte de Ptolomeo, Antíoco regresó con su ex-esposa Laodice (de quien se había divorciado para casarse con Berenice). Laodice entonces envenenó a Antíoco, e hizo asesinar a Berenice y a su hijo, para que su hijo propio, Seleuco II, pudiera ascender al trono. **7–9** (**S**) Ptolomeo III (246-222 a.C.), hermano de Berenice ("renuevo de sus raíces"), luego del asesinato de Berenice, inició una exitosa campaña contra (**N**) Seleuco II (246-225 a.C.), quien huyó. Ptolomeo arrebató 40 000 talentos de plata, 4000 talentos de oro y 2500 ídolos de los sirios, llevándolos consigo a Egipto. Luego, Seleuco II recuperó Siria. **10–11** (**N**) Seleuco III (225-223 a.C.) sucedió a Seleuco II, juntó un ejército, y lanzó una campaña contra Átalo I, de la dinastía Atálida. Seleuco III fue asesinado después de un breve reinado de dos años. Su hermano menor, (**N**) Antíoco III, "Antíoco el Grande" (223-187 a.C.), le sucedió, amasó un gran ejército, y marchó contra (**S**) Ptolomeo IV (221-205 a.C.) de Egipto. Tuvo éxito hasta su derrota en Rafia en 217 a.C., una derrota que anuló sus victorias anteriores.

Profecía Daniel 11:2–22	**Cumplimiento Histórico/ proyectado**
12 Y al llevarse él la multitud, se elevará su corazón, y derribará a muchos millares; mas no prevalecerá. **13** Y el rey del norte volverá a poner en campaña una multitud mayor que la primera, y al cabo de algunos años vendrá apresuradamente con gran ejército y con muchas riquezas. **14** En aquellos tiempos se levantarán muchos contra el rey del sur; y hombres turbulentos de tu pueblo se levantarán para cumplir la visión, pero ellos caerán. **15** Vendrá, pues, el rey del norte, y levantará baluartes, y tomará la ciudad fuerte; y las fuerzas del sur no podrán sostenerse, ni sus tropas escogidas, porque no habrá fuerzas para resistir. **16** Y el que vendrá contra él hará su voluntad, y no habrá quien se le pueda enfrentar; y estará en la tierra gloriosa, la cual será consumida en su poder. **17** Afirmará luego su rostro para venir con el poder de todo su reino; y hará con aquél convenios, y le dará una hija de mujeres para destruirle; pero no permanecerá, ni tendrá éxito. **18** Volverá después su rostro a las costas, y tomará muchas; mas un príncipe hará cesar su afrenta, y aun hará volver sobre él su oprobio. **19** Luego volverá su rostro a las fortalezas de su tierra; mas tropezará y caerá, y no será hallado.	**12** (**S**) Ptolomeo IV, elevando su corazón después de su victoria en Palestina, trató de entrar al Templo judío. Los judíos le resistieron, así que hizo ejecutar a muchos millares. **13–16** (**N**) Antíoco III regreso a hacer guerra contra los (**S**) ptolemeos, y para 198 a.C., casi 20 años después de su derrota en Rafia, Antíoco había triunfado en su conquista de Palestina. La batalla de Panio (198 a.C.) marcó el fin del gobierno ptolemaico en Palestina. **17-19** (**N**) Antíoco III entregó a su hija Cleopatra I en matrimonio a (**S**) Ptolomeo V, esperando usarla para conquistar Egipto a través de intrigas. Para su desaliento, (**S**) Cleopatra se opuso a su padre. Antíoco entonces se volvió contra Asia Menor ("las costas"), pero fue repelido o derrotado por el comandante romano Lucio Cornelio Escipio in 190 a.C. Antíoco III fue asesinado cuando intentaba saquear un templo pagano cerca de Susa (187 a.C.) solo un año después del tratado de paz con Roma (188 a.C.); así tropezó y cayó, y no fue hallado más. Desde este momento, el papel de Rey del Norte cambia a Roma.

Profecía **Daniel 11:2–22**	**Cumplimiento Histórico/ proyectado**
20 Y se levantará en su lugar uno que hará pasar un cobrador de tributos por la gloria del reino; pero en pocos días será quebrantado, aunque no en ira, ni en batalla.	(**N**) Augusto César (63 a.C.-d.C. 14), el primer emperador romano, cuyo censo aparece registrado en Lucas 2:1
21 Y le sucederá en su lugar un hombre despreciable, al cual no darán la honra del reino; pero vendrá sin aviso y tomará el reino con halagos.	A través del divorcio, casarse por segunda vez, y asesinatos, Tiberio se hizo emperador (14-37 d.C.) pero nunca fue popular. Durante su reinado, Jesús, el príncipe del pacto, es quebrantado/asesinado. La inundación de aguas (v. 22) es una referencia al Sanedrín envuelto en un diluvio de emociones, negando a Jesús como rey, y afirmando que ellos no tienen otro rey que el César.
22 Las fuerzas enemigas serán barridas delante de él como con inundación de aguas; serán del todo destruidos, junto con el príncipe del pacto.	Aquí tenemos un muy claro punto de anclaje. El versículo 22 es una referencia a la muerte de Jesús, así que este versículo está haciendo referencia al 31 d.C.
23 Y después del pacto con él, engañará y subirá, y saldrá vencedor con poca gente. **24** Estando la provincia en paz y en abundancia, entrará y hará lo que no hicieron sus padres, ni los padres de sus padres; botín, despojos y riquezas repartirá a sus soldados, y contra las fortalezas formará sus designios; y esto por un tiempo.	**23** El surgimiento del papado como rey del norte sin ejército propio. El pacto es cuando Constantino el Grande afirma ser Cristiano y se une a la iglesia. Esto resulta en una mezcla de cistianismo y paganismo dentro de la iglesia. **24** El papa, un "hombre de paz", gobernará por un tiempo limitado. Los 1260 días/años de Daniel 7:25; 12:7; y Apocalipsis 12:6, 14. Ahora, el rey del norte entra en su fase papal.

Profecía Daniel 11:2–22	**Cumplimiento Histórico/ proyectado**
25 Y despertará sus fuerzas y su ardor contra el rey del sur con gran ejército; y el rey del sur se empeñará en la guerra con grande y muy fuerte ejército; mas no prevalecerá, porque le harán traición. **26** Aun los que coman de sus manjares le quebrantarán; y su ejército será destruido, y caerán muchos muertos. **27** El corazón de estos dos reyes será para hacer mal, y en una misma mesa hablarán mentira; mas no servirá de nada, porque el plazo aún no habrá llegado. **28** Y volverá a su tierra con gran riqueza, y su corazón será contra el pacto santo; hará su voluntad, y volverá a su tierra.	**25-30** La Roma pagana no hizo tal invasión contra Egipto/Sur después de la muerte de Jesús. Entonces, esto debe estar haciendo referencia a las cruzadas lideradas por el papa contra el islam, iniciadas por el papa Urbano II en 1095. El islam controlaba en ese entonces el área al sur de Israel. El rey del sur está ahora en su fase islámica. Varias grandes cruzadas y muchas menores. Grandes ejércitos y muchas bajas Mucha intrigua dentro de los ejércitos Ambos lados contendientes mienten y violan acuerdos. **28** El botín, proveniente de las cruzadas, trajo consigo muchas reliquias y artefactos que fueron llevados a la Europa Occidental.
29 Al tiempo señalado volverá al sur; mas no será la postrera venida como la primera.	"Primera": El primer conflicto entre el islam y el cristianismo, incluyendo las conquistas islámicas y las cruzadas (Dan. 11:25-28; cf. Apoc. 9, primer ay). Tiempo actual o "tiempo señalado": El segundo conflicto entre el islam y el cristianismo. Esta vez contra el Imperio Otomano Islámico durante la época de la Reforma (Dan. 11:29-39, segundo ay de Apo. 9). "Postrera": El futuro tercer y definitivo conflicto entre el islam y el cristianismo (Dan. 11:40-45; posiblemente el tercer ay de Apo. 11:15-19 y 12:12). Véase el apéndice E "El Tiempo Señalado"

Profecía **Daniel 11:2–22**	**Cumplimiento Histórico/** **proyectado**
30 Porque vendrán contra él naves de Quitim, y él se contristará, y volverá, y se enojará contra el pacto santo, y hará según su voluntad; volverá, pues, y se entenderá con los que abandonen el santo pacto. **31** Y se levantarán de su parte tropas que profanarán el santuario y la fortaleza, y quitarán el continuo sacrificio, y pondrán la abominación desoladora.	Las victorias navales islámicas en las batallas de Preveza en 1538, y Dierba en 1560, llevó a décadas de control naval islámico, hasta que el papa Pío V organizó la Santa Liga, que detuvo temporalmente al islam en la batalla de Lepanto, en 1571, una de las batallas navales más grandes del medioevo. El papa Pío V también confirmó la misa litúrgica, la Inquisición, y los decretos del Concilio de Trento. **31** Los mismos temas que Daniel 8:11-13, la fase religiosa del cuerno pequeño.
32 Con lisonjas seducirá a los violadores del pacto; mas el pueblo que conoce a su Dios se esforzará y actuará. **33** Y los sabios del pueblo instruirán a muchos; y por algunos días caerán a espada y a fuego, en cautividad y despojo. **34** Y en su caída serán ayudados de pequeño socorro; y muchos **se juntarán a ellos con lisonjas**. **35** También algunos de los sabios caerán para ser depurados y limpiados y emblanquecidos, **hasta el tiempo determinado; porque aun para esto hay plazo**.	**32–34** Esto representa la Reforma, con muchos de los reformadores asesinados y quemados en la hoguera. **34** Después que se volvió más seguro ser un protestante, muchos se unieron por motivos falsos. **35** Esto sugiere que los versículos 36-39 serán un resumen de los males del gobierno papal, y una descripción de la Contrarreforma.

Profecía **Daniel 11:2–22**	**Cumplimiento Histórico/** **proyectado**
36 Y el rey hará su voluntad, y se ensoberbecerá, y se engrandecerá sobre todo dios;(B) y contra el Dios de los dioses hablará maravillas,(C) y prosperará, hasta que sea consumada la ira; porque lo determinado se cumplirá. **37** Del Dios de sus padres no hará caso, ni del amor de las mujeres; ni respetará a dios alguno, porque sobre todo se engrandecerá. **38** Mas honrará en su lugar al dios de las fortalezas, dios que sus padres no conocieron; lo honrará con oro y plata, con piedras preciosas y con cosas de gran precio. **39** Con un dios ajeno se hará de las fortalezas más inexpugnables, y colmará de honores a los que le reconozcan, y por precio repartirá la tierra.	**36** La Contrarreforma, y las más fuertes afirmaciones blasfemas sobre la autoridad del papado. **37** ¿Hablando del celibato? El papa como autoridad suprema. **38** Describe las catedrales y la veneración a María. **39** La práctica papal de decidir quién tenía el derecho de gobernar un país dentro del Santo Imperio Romano.

Profecía Daniel 11:2–22	**Cumplimiento Histórico/ proyectado**
40 Pero **al cabo del tiempo [en el tiempo del fin**, en la NRV1990] el rey del sur contenderá con él; y el rey del norte se levantará contra él como una tempestad, con carros y gente de a caballo, y muchas naves; y entrará por las tierras, e inundará, y pasará.	El rey del norte continúa como el papado y sus aliados, y el rey del sur continúa como el islam, como en Daniel 11:25-39. El **tiempo del fin (al cabo del tiempo**) comienza a mediados de los 1840s (final de los 2300 días/años de Dan. 8:13-17, 26), y la batalla es posterior a la curación de la herida mortal de Apocalipsis 13:3, porque el papado es capaz de organizar un contraataque masivo. Puede decirse que los desarrollos desde 1798 (el fin de la profecía de los 1260 días/años) hasta mediados de los 1840s inician el tiempo del fin. La fuerza militar proviene de una alianza del papado con Europa (Apo. 17:12) y los Estados Unidos (Apo. 13:11-17). Después de atacar al papado, y/o a sus aliados (OTAN), el islam es sobrepasado por el contraataque.
41 Entrará a la tierra gloriosa, y muchas provincias caerán;	Los lugares listados tienen una aplicación global tanto geográfica como "religiosa". Tanto el papado como el islam se han unido a una lucha religiosa mundial. **41** La alianza papal entra a Israel. Muchas naciones serán derrocadas.

Profecía Daniel 11:2–22	**Cumplimiento Histórico/ proyectado**
mas éstas **escaparán** de su mano: Edom y Moab, y la mayoría de los hijos de Amón. **42** Extenderá su mano contra las tierras, y **no escapará** el país de Egipto. **43** Y se apoderará de los tesoros de oro y plata, y de todas las cosas preciosas de Egipto; y los de Libia y de Etiopía **le seguirán**.	Estos versículos sugieren una division del islam en tres facciones. **1** Aquellos que escaparán de la alianza papal son representados por la moderna Jordania, un vecino amistoso de Israel. Espiritualmente, puede representar a los "hijos de Abraham" islámicos, que descienden espiritualmente de la línea de Lot, Ismael y Esaú, quienes aceptarán a Jesús (Heb. 2:2, 3) y escapan de la marca de la bestia (Apo. 13:8). **2** Aquellos que ***no escaparán***—Egipto y muchos otros. Son el centro radical del islam que será derrotado. **3** Aquellos que **le seguirán.** Los libios y los etíopes pueden representar áreas/pueblos islámicos moderados o seculares que seguirán al papado (Apo. 13:3, "y se maravilló toda la tierra en pos de la bestia," y los versículos 13-16, "la marca de la bestia").
44 Pero noticias del **oriente** y del norte lo atemorizarán, y saldrá con gran ira para destruir y matar a muchos.	Justo antes que que Jesús venga del **oriente** (Mat. 24:27) Él da una advertencia final, conocida como el "fuerte clamor" en Apocalipsis 18:4-20. Esto enojará al papado, y su alianza impondrá su marca (Apo. 13:13-17; véase también Eze. 43:1-9 y 44:4-9).
45 Y plantará las tiendas de su palacio entre los mares y el monte glorioso y santo; mas llegará a su fin, y no tendrá quien le ayude.	La alianza papal se implantará o tomará control de Israel y/o del Israel espiritual en todo el mundo, la iglesia. El papado/rey del norte llegará a su fin en la venida de Cristo (Dan. 7:22, 27; 8:25; 2 Tes. 2:8; Apo. 19:20).

Profecía **Daniel 11:2–22**	**Cumplimiento Histórico/ proyectado**
12:1 En aquel tiempo **se levantará** Miguel el gran príncipe que está de parte de los hijos de tu pueblo;	Miguel (que significa "Quien es como Dios"). Jesús el príncipe que salva a Su pueblo (Dan. 9:25-27; 10:13, 21; 11:22). Esto está en armonía con Martín Lutero y con muchos otros. El Arcángel no es un ángel, sino que está sobre los ángeles o comandante de los ángeles (Josué 5:13-15). El juicio pre-advenimiento termina cuando Jesús se pone de pie. El juicio comenzó cuando Él se sentó en Daniel 7:9, 10. El término "en aquel tiempo" sugiere que es simultáneo con el versículo anterior.
y será tiempo de angustia, cual nunca fue desde que hubo gente hasta entonces	Las siete últimas plagas de Apocalipsis 16. Es de interés Apocalipsis 15:8, en el que el templo se llena de humo y ningún hombre puede entrar. Una vez que comienzan las plagas, nadie cambiará de bando durante las plagas o después. El pueblo de Dios atraviesa lo que Jeremías 5:1-9 llama la angustia de Jacob.
pero en aquel tiempo será libertado tu pueblo, todos los que se hallen escritos en el libro. **2** Y muchos de los que duermen en el polvo de la tierra serán despertados, unos para vida eterna, y otros para vergüenza y confusión perpetua.	Jesús libera y/o resucita a Sus seguidores a Su regreso (1 Tes. 4:13-18) Hay dos resurrecciones: una para los salvos, al inicio de los mil años de Apocalipsis 20, y la resurrección de los perdidos, al final de los 1000 años.

Profecía **Daniel 11:2–22**	**Cumplimiento Histórico/ proyectado**
3 Los entendidos resplandecerán como el resplandor del firmamento; y los que enseñan la justicia a la multitud, como las estrellas a perpetua eternidad.	Los salvos vivirán con Dios por la eternidad (Apo. 21:1-7, 27, y 22:1-5).
4 Pero tú, Daniel, cierra las palabras y sella el libro hasta el tiempo del fin. Muchos correrán de aquí para allá, y la ciencia se aumentará.	Actualmente, este versículo se está cumpliendo, por el creciente interés y comprensión de Daniel 11:1-12:4.

Apéndice C

Por Qué no Creo que el Comunismo Ateo es el Rey del Sur

Muchos creen que el rey del sur, en Daniel 11: 40-45, es el secularismo ateo. Recuerdan que los perpetradores ateos de la Revolución Francesa atacaron a la iglesia católica romana (el rey del norte) y, como Faraón, decían: "No conozco a Dios".

De acuerdo con tal interpretación, el rey del sur en Daniel 11: 40-45 niega conocer a Dios. Aquellos que sostienen tal interpretación pasan a decir que el secularismo ateo revelado en el comunismo, y las izquierdas políticas de hoy, tienen todos sus raíces en la Revolución Francesa, y toman su lugar como rey del sur. Algunos de ellos también asumen que la iglesia católica romana venció al rey del sur a fines de los 1980s, con la caída del comunismo a manos de los Estados Unidos y el Vaticano.

Esto los lleva a la conclusión de que Apocalipsis 11 describe a la Revolución Francesa. Tiendo a coincidir con ellos en su interpretación de Apocalipsis 11. El comunismo, y la izquierda política secular, mayormente atea, son descritos en Apocalipsis 11. Sin embargo, el poder de Apocalipsis 11 no es el Rey del Sur de Daniel 11, ¡aunque se parece mucho!

- Daniel 11 es literal/geopolítico desde el mismo principio, en tanto que Apocalipsis usa nombres de lugares de manera simbólica. Esto es especialmente cierto en Apocalipsis 11 donde dice: "que **espiritualmente** [o simbólicamente] es llamada Sodoma, y Egipto; donde también nuestro Señor fue colgado en el madero". Cuando Daniel usa el nombre Babilonia, habla literalmente de la nación de Babilonia. Cuando Juan usa el término Babilonia, lo emplea como un símbolo de un poder que es semejante a Babilonia. Cuando Daniel usa el término Egipto, está hablando literalmente del país de Egipto. Cuando Juan usa el término Egipto, lo usa como un símbolo de un poder que es como Egipto.

- No tenemos razones para interpretar los poderes de Daniel 11 como solamente religiosos, o solamente espirituales, porque Daniel 11 ya los describe tanto geopolíticos como religiosos.

- La adecuación o correspondencia histórica del islam como rey del sur, desde los versículos 25 hasta el 43, es demasiado grande como para hacer caso omiso de ello. Se adecúa a cada uno de los detalles, a lo largo de toda la profecía.

- No debemos cambiar la identidad de los poderes a mitad del camino, a lo largo del período entre el Imperio Romano y el segundo advenimiento de Jesucristo. Ambas interpretaciones creen que el rey del norte es el papado católico romano.

  Daniel 2, 7, y 8; 2 Tesalonicenses 2; y Apocalipsis 13 sugieren todos que el rey del norte cubre el período desde la caída de Roma hasta el segundo advenimiento de Cristo. Si esto es cierto, entonces el rey del sur también debe extenderse desde la caída del Imperio Romano, y perdurar hasta justo antes del segundo advenimiento de Cristo.

  Podríamos esperar, basados en Daniel 11: 29, tres eras de conflicto entre estos dos mismos poderes en el período de tiempo entre el colapso de Roma y el segundo advenimiento. Cuando interpretamos que el islam es el rey del sur, no necesitamos cambiar la identidad del rey del sur, a medio camino, a través de la profecía—El islam se adecúa completamente a todo lo largo del camino.

- Algunos han dicho que, después de la muerte de Cristo, las profecías se vuelven simbólicas o espirituales. Si esto es cierto de Daniel 11, ¿por qué encontramos tan buena descripción de las Cruzadas y de la Reforma, que son literales y geopolíticas, a pesar de que ocurrieron después del tiempo de la muerte de Cristo?

  No es sabio espiritualizar una profecía cuando literalmente tiene sentido. Por otro lado, Apocalipsis 11: 8 dice que el poder al que se refiere que "en sentido espiritual se llama ... Egipto" no es literal, sino simbólico. Al no diferenciar los estilos de los autores, aquellos que se adhieren a la interpretación del secularismo ateo, han mezclado manzanas con naranjas.

- El contexto de Daniel 11: 40-43 se presta a interpretar al rey del sur como el islam. Cuando el rey del norte lanza su ataque final en contra del rey del sur, relaciona en una lista varias naciones por su nombre. Estas son Egipto, Libia, Etiopía, y Jordania occidental (Amón, Edom, y Moab).

  Todos estos son predominantemente islámicos, no comunistas ni seculares ateos. Debe entonces hacerse la pregunta: ¿de qué manera el contexto de Daniel 11: 40-45 apunta al comunismo? Respuesta: De ninguna manera. Aquellos que creen en esto deben encontrar apoyo para su interpretación fuera de Daniel 11:40-45.

- Consistencia geopolítica: Después de la desintegración del Imperio Romano, el papado toma la parte norte del imperio, y el islam toma la parte sur. Por 1400 años esto ha sido cierto. Incluso hasta hoy en día.

  Al norte de Israel predominan las naciones cristianas, y al sur de Israel las naciones islámicas, de manera predominante, ocupan las tierras. Aquellos que creen que el comunismo ateo es el rey del sur, se ven forzados a explicar cómo el rey del sur subió tan al norte, adentrándose en Rusia. En pocas palabras, la interpretación del comunismo ateo no es geopolíticamente compatible con la profecía.

  Como la explicación literal se corresponde tan bien, soy extremadamente reacio a buscar cualquier otro significado supuesto. Así que creo firmemente que el islam es el rey del sur en Daniel 11:25-43.

Dicho esto, estaré de acuerdo en que existen sorprendentes semejanzas entre el islam y el secularismo ateo enraizado a la Revolución Francesa, incluyendo al comunismo y a la izquierda política. Como mencioné en el capítulo sobre el islam en la profecía, creo que el islam es el rey del sur, pero también creo que, desde finales de los 1790's hasta el presente, Satanás usó a los movimientos ateos Revolución Francesa/comunismo secular ateo/izquierda política para combatir al papado y a Israel.

A ambos les disgusta el papado. Por siglos, el islam trató de derribar al papado. En 1798, los franceses derrocaron al papado. Entonces, los turcos otomanos islámicos se volvieron un protectorado de facto de los británicos en 1840. Eso significó que al movimiento misionero protestante se les quitaron sus dos restricciones más importantes, y las sociedades misioneras y bíblicas florecieron. Con el islam y el papado debilitados, Satanás usó al emergente movimiento comunista para refrenar la propagación del cristianismo.

Al mismo tiempo que el comunismo colapsaba en los 1980s, el islam y el terrorismo islámico estaban en auge. Es interesante notar que el papado y los Estados Unidos aparentemente trabajaron juntos para hacer caer el comunismo, y como menciono en el capítulo sobre los Estados Unidos en la profecía, creo que al final aplastarán al islam. Ahora que el comunismo no está reteniendo como antes al cristianismo, otra vez el islam está fuerte, y resistiendo al cristianismo en gran parte del mundo.

Así que veo al islam como el verdadero rey del sur de Daniel 11, pero al comunismo ateo, como en Apocalipsis 11, siendo un sustituto temporal del rey del sur, tomando el papel principal mientras el islam y el papado se estaban recuperando de sus heridas. Sin embargo, ahora la izquierda política con raíces en la Revolución Francesa está trabajando en una clase de alianza con el islam radical. Note las semejanzas:

ISLAMISTAS	**IZQUIERDA POLÍTICA**
Les desagrada Israel	Les desagrada Israel
Les desagrada el papado	Les desagrada el papado
Les desagrada el capitalismo	Les desagrada el capitalismo
Les desagradan los políticos conservadores	Les desagradan los políticos conservadores
Jesús sólo un buen hombre	Jesús sólo un buen hombre
Biblia sin autoridad	Biblia sin autoridad
Respaldan la justicia social	Respaldan la justicia social
Les desagradan grandemente los Estados Unidos	Les desagradan grandemente los Estados Unidos
Cantan "Muerte para Norte América"	Cantan "Abajo con Norte América"
Alientan los amotinamientos/la violencia	Alientan los amotinamientos/la violencia
Destruyen artefactos históricos	Destruyen artefactos históricos

Un grupo de católicos publica **Crisis Magazine**. Aquí, en sus propias palabras, describen la crisis en la página sobre el tema.

"La palabra 'Crisis' proviene de la palabra en griego antiguo krisis—"decisión".

Occidente ha llegado a un punto de crisis [a un punto crítico]. Debemos decidir: ¿Servimos a la Ciudad de Dios o a la Ciudad del Hombre? ¿Está nuestra primera lealtad con la Iglesia o con el Estado? ¿Profesamos la Fe antigua e inmutable, o los más recientes dogmas seculares modernos?

Desde la Guerra Fría no hemos experimentado tal violento descontento político, cultural, y espiritual. Desde la Guerra Civil nuestro país no ha estado tan dividido contra sí mismo. Nuestra civilización está bajo ataque, de la izquierda radical desde adentro, y del islam radical desde afuera".[1] Créase o no, ellos entonces sugieren que las leyes dominicales, llamadas leyes de descanso dominical [leyes azules, en inglés], son una parte de la respuesta. "América, por el bien de su propio bienestar emocional y espiritual—por el bien de su propia cordura—tiene que restaurar las leyes de descanso dominical.

Hubo un tiempo, por sorprendente que pueda ser, en que Amazon no entregaba a domicilio el domingo, y los estadounidenses, de algún modo, sobrevivían. Hubo un tiempo en que los ciudadanos tenían que hacer sus compras en la ferretería en días entre semana, o el sábado temprano por la mañana, para poder terminar sus proyectos hogareños.

Para adelantarme a las acusaciones de "teocracia", no estoy propugnando la asistencia obligatoria a la iglesia (aunque esta no sería la peor de las ideas), sino restricciones más bien sencillas para las empresas que permanezcan abiertas en domingo. Los líderes políticos y culturales podrían "optar por no participar" de cosas como los medios de comunicación sociales: como de Tocqueville, con toda la razón, señala, los líderes que marcan la conducta a seguir deben "actuar todos los días como si ellos mismos lo creyeran".

Las leyes de descanso dominical pueden limitar la "libertad", pero solo la libertad al consumo ilimitado. Si se promulgan de una manera prudente y enfocada, pueden cultivar la virtud, reforzar la buena vecindad, y proteger las empresas pequeñas. Y lo que es aún más importante, pueden ayudar a promover la oración y la paz—ahora, cuando Estados Unidos más las necesita".[2]

Entonces, creo que los islamistas y la izquierda política lucharán hasta el extremo, y habrá un contraataque abrumador desde el mundo judeo/cristiano, y el cristianismo papal tomará el control, empleando la fuerza ellos mismos, y entonces Jesús rescatará a Su pueblo y establecerá Su Reino Eterno.

Por favor verifique la página de recursos en nuestro sitio web IslamAndChristianity.org, para ver un artículo ampliado y actualizado sobre este tema.

---

1 https://www.crisismagazine.com/about-us

2 https://www.crisismagazine.com/2020/bring-back-the-blue-laws 17 de junio de 2020

Apéndice D

Un Llamado al Evangelio

Como la parte primaria de este estudio de la profecía, tengo que asegurarme de que usted comprenda lo que Jesús ha hecho por usted. Me es de la más suprema importancia que, cuando comparto la profecía, la gente conozca a Jesucristo como su Señor y Salvador. Si sólo le hablo sobre la profecía, y esta son sólo hechos, he hecho su condición peor que antes.

Pero si usted ama a Jesucristo y reconoce que Él es el gran príncipe que está velando por usted, y usted se da cuenta de que no importa qué ocurra, Él es Quien murió por usted y quitó sus pecados, y es el centro de la profecía bíblica, ¡entonces usted tiene una razón por la cual vivir hoy! (Y si usted ya es un cristiano, por favor, ore por aquellos que pudieran no serlo).

Si alguien le preguntara cómo hacerse un cristiano, ¿usted podría responderle? Cuando era adolescente, me preguntaron: "¿Sabes cómo llevar a alguien a Cristo?" Y pensé: 'Hmmm, soy cristiano, pero no lo sé'. ¿Cómo llevaría a alguien a Cristo?

Así que esta persona hizo una presentación, y tomé notas. Me fui a casa, y esa semana estudié mi Biblia con el propósito de estar listo para decirle a alguien cómo hacerse cristiano. Antes de que hubiera terminado la semana, pude conducir a la primera persona a Jesucristo—a mí mismo. Yo había creído que era cristiano, pero, de algún modo, había malinterpretado qué involucraba serlo realmente, y estaba tratando de hacerlo todo por mí mismo. Cuando finalmente comprendí que todo era sobre Jesús, me rendí a él, y desde entonces pude tener la seguridad de que viviría para siempre.

Dónde Empezar

Para compartir el evangelio con otro, usted podría hacer esta pregunta: "¿Cómo alguien se hace cristiano?" Usted puede esperar respuestas de toda clase: yendo a la iglesia, dando ofrendas, siendo una buena persona. ¡Pero ésas no son las verdaderas respuestas! Si alguien le dice cualquiera de estas respuestas, ¡usted tendrá buenas nuevas para ellos!

¿Cómo usted pasaría la eternidad si muriera en su condición espiritual actual? Si usted es como yo antes de que comprendiera qué era el verdadero cristianismo, esperaba vagamente que, de algún modo, mis buenas obras superaran mis obras malas en la balanza de la justicia divina. Mientras deseaba que ese fuera el caso, con seguridad realmente no tenía la más mínima idea. Si usted se pregunta dónde usted está ahora con Dios, tengo buenas noticias para usted. Usted puede saberlo.

Cuando usted está listo para compartir eso con alguien, pregúnteles: "¿Le gustaría que le mostrara?" Si ellos no quieren escuchar, y usted trata de presentarles el evangelio sin recibir primero su permiso, ellos no van a escuchar. Pero si usted les pregunta, y dicen que sí, usted tiene una puerta abierta de par en par para compartir las buenas nuevas. Si responden negativamente, entonces usted puede aceptar su respuesta y responder: "Cuando usted quiera saber, avíseme". Quizás se sientan curiosos y digan: "¡Oh, no se detenga!, cuénteme". Eso me ha ocurrido.

Vida Eterna, no Ganada

Romanos 6: 23 nos dice que no podemos ganarnos la vida eterna—es un regalo. "Porque la paga del pecado es muerte, mas la dádiva de Dios es vida eterna en Cristo Jesús Señor nuestro". Usted ya merece la muerte, y el único escape de ella es a través del regalo de Dios.

¿Cómo Él nos da ese regalo? 1 Juan 1: 10 dice: "Si decimos que no hemos pecado, le hacemos a él mentiroso, y su palabra no está en nosotros". Pero justo antes de ese versículo encontramos esta promesa: "Si confesamos nuestros pecados, él es fiel y justo para perdonar nuestros pecados, y limpiarnos de toda maldad" (versículo 9). ¿Cuánto pecado Él limpia? ¡Todos ellos!

Usted podría decir: "Bueno, ¡hay algo verdaderamente horrible en mi vida!" ¿Y qué? Hay algo verdaderamente horrible en todas nuestras vidas. Jesús vino para salvar a pecadores. Eso es lo que Él anunció, y eso es lo que hizo. ¡Esa cosa horrible en su vida es un pecado que Él vino a perdonar!

La única trampa es una pequeña palabra en el medio—la palabra condicional "si". "Si confiesas tus pecados", usted puede ser perdonado. Pero si usted afirma que usted no es un pecador, usted no tiene oportunidad. Usted debe admitirle a Jesús que usted ha pecado, y que necesita perdón.

Como niño, entré por la fuerza a una casa con un amigo mío. Tomamos algunas botellas viejas antiguas que creímos que nadie más quería. Si yo digo: "¡Eh, Señor, nosotros no robamos nada de valor; no fue nada importante!", entonces yo estaría inventando una excusa para lo que hice. Si no confieso que hice algo malo, ¿puedo ser perdonado? No.

O podría haber dicho: "En realidad fue mi amigo el que entró por la fuerza por la puerta, así que fue su culpa, no la mía, y realmente no hice nada malo". ¿Puede Dios perdonarme por tomar cosas que no eran mías? No, porque en vez de confesar, estoy culpando a mi amigo. Tan pronto como vengo a Dios y digo: "¡Dios, yo lo hice!", Él me dice: "Muy bien, estás perdonado". ¡¡Qué alivio!! ¡Soy libre!

Ahora, imagínese que un par de días después, Satanás llega y me dice: "Tim, ¿recuerdas cuando entraste a la fuerza a esa casa con tu amigo? Eres una persona horrible. Tú no puedes ser cristiano". Eso va a pasarle a usted, y cuando suceda, no vuelva atrás a pedirle a Jesús que le perdone otra vez. Ya Él le ha perdonado.

¿Debe usted pedirle a Jesús que le perdone hoy lo que Él perdonó hace muchos años? No, porque si usted lo hace, esto demuestra que usted no cree que ya Él le ha perdonado y limpiado. Esto lo lanzará a un círculo vicioso de dudas, que hará que usted se cuestione sobre el perdón de Dios.

Así que, cuando Satanás trate de pulsar el botón de la culpa en usted, he aquí lo que usted debe hacer. Si usted ya le ha pedido a Jesús que le perdone por algo, y Satanás está afirmando que usted todavía es culpable, diga: "Jesús, gracias porque ya resolviste eso por mí". Eso lo liberará de la culpa y desbaratará el plan de Satanás de arruinar su vida. Me gusta estropear los planes de Satanás.

Podemos estar seguros de la salvación mientras sigamos confiando en Jesús. 1 Juan 5: 11-13 declara:

"Y este es el testimonio: que Dios nos ha dado vida eterna; y esta vida está en su Hijo. El que tiene al Hijo, tiene la vida; el que no tiene al Hijo de Dios no tiene la vida. Estas cosas os he escrito a vosotros que creéis en el nombre del Hijo de Dios, para que sepáis que tenéis vida eterna, y para que creáis en el nombre del Hijo de Dios".

¿Puede usted saber, con seguridad, que usted tiene vida eterna? Si usted confía en Jesucristo, usted estará seguro de eso. Si usted decide no confiar en Él, usted también sabrá que no tiene vida eterna. ¿Está usted confiando en Jesús? Eso espero. Si no, ríndase a Jesucristo, y usted tendrá la certeza de que usted tiene vida eterna. Es tan simple como eso.

En Juan 8: 36 Jesús declaró que Él nos liberó para vivir una nueva vida, una libre del pecado. En Juan 14: 15 dice: "Si me amáis, guardad mis mandamientos". He aquí un pensamiento impresionante: Cuando Él le libera, usted se enamora de Jesús, y como usted lo ama, usted quiere hacer las cosas que Le agradan.

Si usted empieza a hacer cosas que no Le agradan, y se complace a sí mismo en vez de a Dios, ¿qué dice esto de su amor hacia Él? Si usted estuviera comprometido con alguien, y esa persona dice: "No quiero hacer nada para complacerte, sólo quiero hacer lo que me plazca", ¿usted se quedaría comprometido con esa persona? Esto indica un problema muy serio con su amor, ¿verdad? Si hago lo que me plazca, y lo que no es agradable a Dios, esto demuestra un problema en la relación. Jesús dijo: "Si me amáis, guardad mis mandamientos". Hágalo por amor, y no por ninguna otra razón.

Jesús se vuelve mi Salvador. Perdona mi pecado, y lo dejo reinar como mi Señor. Me guía, y yo Le sigo en todo lo que Él me pide hacer. Es interesante que necesitamos tanto un Señor como un Salvador. 1 Juan 2: 1 nos dice: "Hijitos míos, estas cosas os escribo para que no pequéis; y si alguno hubiere pecado, abogado tenemos para con el Padre, a Jesucristo el justo".

Fíjese que el plan A es: No pecar; siga a Jesús. El plan B es: Cuando usted arruina las cosas, y usted es un cristiano, Le pide que Lo perdone, y Él lo hará. Cuando usted lo ha estado siguiendo, y usted falla, no se rinda. Usted va a 1 Juan 1: 9 ("Si confesamos nuestros pecados..."), y entonces usted es libre.

Jesús sigue siendo su Salvador una vez que usted es cristiano. Satanás protestará: "¡Oh, tú afirmas ser cristiano, y ahora cometiste un error! Esto demuestra que usted nunca fue un cristiano. ¡Ríndase de una vez!" Él le hará eso a usted una y otra vez. Pero probablemente usted ya sabía eso, ¿verdad? ¡Simplemente, no se rinda nunca!

Después de explicarle estas cosas a alguien, usted puede preguntar: "¿Usted ve lo que Cristo quiere para usted? Él quiere liberarle y darle la seguridad de la salvación. ¿Usted antes alguna vez había pensado en aceptar a Jesucristo? Tal vez este sea el momento para usted, ahora mismo, de comprometerle su vida. Todo lo que usted tiene que decir es: 'Jesús, yo cometí un error. Perdóneme. Tome el control de mi vida'". Realmente, no es difícil.

Entonces usted puede orar con ellos. Enséñeles esta oración: "Dios, he pecado. Por favor, perdóneme y límpieme. Le pido que usted tome el mando como Señor de mi vida. Lo pido en el nombre de Jesús, y Le doy las gracias. Amén".

Apéndice E

Aplicación del Principio Día por Año, por Siglos, a los Períodos de Trompeta Respectivos

Claves de la nacionalidad de los escritores

N-Norteamericano; B-Británico; D(H)-Holandés; F-Francés; G(A)-Alemán; I-Italiano; S(E)-Escocés

Claves de tiempo

391 días = 360 + 30 + 1

396 días = 365 + 30 + 1

m= meses; a = años

No.	Expositor	Nacionalidad	Fecha Pub.	5ª Trompeta	6ª Trompeta	Longitud del Período Años	Longitud del Período Días
I. Antes de la Reforma							
1	Joaquín de Fiore	(I)	1190	5 m = 150 a			
	(Primero en aplicar el principio día por año, y primero en aplicarlo al mahometismo)						
2	Bruto de Bretaña	(B)	1391	5 m = 150 a			
3	Lutero, Martín	(A)	1545		Sexta trompeta es mahometismo		
II. Siglo XVI							
1	Foxe, John	(B)	1586	606-756	1051-1573		
2	Napier, John	(E)	1593	1051-1201	1300-1696	396	
III. Siglo XVII							
1	Downham	(B)	1603	630-780	1300-1696	396	
2	Brightman, Thomas	(B)	1609	830-930 (630-780)	1300-1696	396	
3	Pareus, David	(A)	1618	606-756	1300-1696	396	

No.	Expositor	Nacionalidad	Fecha Pub.	5ª Trompeta	6ª Trompeta	Longitud del Período Años	Días
4	Mede, Joseph	(B)	1627	830-980 (955-1055)	1057-1453	396	
5	Goodwin, Thomas	(B)	1639	830-980	1453-1849	396	
6	Huet, Ephraim	(A)	1644	606-756	1302-1695	395	
7	Parker, Joseph	(A)	1646		1259-1649 (1370-1859)	390	
8	de Launay, Pierre	(F)	1651	Sarracenos	Invasión Turca		
9	Poole, Matthew	(B)	1666	839-980	1057-1453 (1300-1669)	396	
10	Jurieu, Pierre	(F)	1687	622-772	1300-1696	396	
11	Cressener, Drue	(B)	1689	637-787	1063-1453	391	
12	Knollys, Hanserd	(B)	1689	(150 a.)	(391 "días extraños")	391	
13	Lloyd, William	(B)	1690	(150 a)	1302-1698	396	
14	Newton, Isaac	(B)	1691	637-936(300)	1063-1453	391	
15	Horchen, Heinrich	(A)	1697	622-1057	1057-1453	396	
16	Beverley. Thomas	(B)	1698		1055-1453	391	(+15 d)
IV. Siglo XVIII							
1	Fleming, Robert	(B)	1701	622-772	1067-3458	391	
2	Baxter, Richard	(B)	1701	(150 a)	1300-1696	396	
3	Briissken, Conrad	(A)	1703	606-756	1057-1453	396	
4	Vitringa, C.	(H)	1705	Sarracenos (150)	(Turcos)		
5	Whiston, William	(B)	1706	673-823	1303-1697 (1062-1453)	396	
6	Mather, Increase	(N)	1709	1300-1699	396		
7	Daubuz, Charles	(B)	1712	612-762	1386- . (1356-)		
8	Henry, Matthew	(B)	1712	627-779	1075-1453	396	
9	Anónimo	(B)	1719	(150 a)	1057-1453	396	
10	Newton, Thomas	(B)	1758	612-762	1281-3 672	391	
11	Durham. James	(B)	1764	(Período de Tiempo)	391		
12	Gill, John	(B)					
13	Kershaw	(B)	1780	629-779	1301-1697	396	
14	Wood, Hans	(B)	1787	630-780	1030- .		
15	Scott, Thomas	(B)	1791	612-762	1281-1672	391	(+15)
16	Osgood, Samuel	(N)	1794	622-772	997-1388 (1297-)	391	
17	Winthrop. James	(N)	1794	"150 a"	"391 a"	391+	
18	Woodbouse, J. G.	(B)	1794		1055-1453	391	
19	Bicheno, James	(B)	1799	606-756	1302-1697	391	(+16)
20	Kott. Henry	(B)	1799	612-762			
V. Siglo XIX							
1	Mitchel	(B)	1800	622-772	1300-1096	396	
2	Evanson, Ed.	(B)	1802	632-782	1057-1453	396	
3	Priestly, Joseph	(B)	1804	612-762	1281-1072	391	
4	Barnes, Albert	(B)	1805	622-772 (629-779)	1057-1453	391	
5	Chamberlin. Richard	(N)	1805	(150 a)	1292-1083	391	(+14)
6	Faber, G. S.	(B)	1806	612-762	1281-1672	391	
7	Johnstone. Bryce	(B)	1807	606-756	699-1090	391	(+15)

No.	Expositor	Nacionalidad	Fecha Pub.	5ª Trompeta	6ª Trompeta	Longitud del Período	
						Años	Días
8	French, Lawrence	(B)	1810	612-762	1065/68-1453	391	(+15)
					(1299-1685)		
9	Buck. Charles	(B)	1811		1453-1844	391	
10	Cunninghame, William	(B)	1813	612-662	1281-1672	391 (o 396)	
					(1057-1448)		
11	Kinne, Aaron	(N)	1814	612-762	1281-1672	391	(+15)
12	M'Lleod, Alexander	(N)	1814	612-762	1281-1672	391	(+15)
13	Armstrong, Amzi	(N)	1815	612-762	1281-1672	391	(+15)
14	Brown, John	(B)	1815	610-760	1281-1672	391	
					(1302-1698)		
15	Frere, James H.	(B)	1815	612-762	1281-1692	391	
				(632-782)	(1063-1453)		
16	Holmes, James I.	(B)	1815	612-762	1281-1672	391	(+15)
17	Cornwallis, Mrs.	(B)	1820	612-762	1281-1672	391	(+15)
18	Gauntlett, Henry	(B)	1821	612-762	1281-1672	391	(+15)
19	Fry, John	(B)	1822	629-779	1453-1844	391	
20	Brown, J. A.	(B)	1823	(612-762)			
21	Cooper, Edward	(B)	1825	(150 a)	1453-1844	391	
					(1327-1798)		
22	Park, J. R.	(B)	1825	533 683	1301-1697	396	(or 391)
23	"Laicus"	(B)	1827	612-762	1299-1690	391	
				-300	(1326-1717)		
24	Cox, John	(B)		630-930	1453-1844	391	
25	Keyworth, Thomas	(B)	1828	612-762	1281-1672	391	(+15)
26	Addis, Alfred	(B)	1829	786-936			
27	Homan, Ph.	(B)	1829		1453-1844	391	
28	Tudor, John	(B)	1829	622-762	391 a y fracción	391	
29	Anónimo	(B)	1829	632-782	1062-1453	391	
30	Hales, William	(B)	1830	620-770	1281-1672	391	(+15)
				(632-782)	(1062-1453)		
31	Miller, Guillermo,	(N)	1831		1452-1843		
			1832	1298-1448	1448-1839	391	(+15)
			1839	1299-1449	1449-1840	391	(+15)
32	Keith, Alexander	(N)	1832	622-772	1057-1453	396	(+103)
33	Smith. Ethan	(N)	1833		1453-1818	360	
34	Habershon. Matthew	(B)	1834	612-762	1453-1844	391	(+15)
35	Bickersteth, Edward	(B)	1836	637-786	1453-1843/44	391	
					(1063-1453)		
36	Bogie, B. D.	(B)	1836	612-762	1300-1696	396	
37	Jenks, William	(N)	1838	612-762	1281-1672	391	(+15)
38	Litch, Josiah	(N)	1838	1299-1449	1449-1840	391	(+15)
					(Ago.)		
39	Wall	(N)	1840		1453-1849	396	
40	Whitaker & Thurston	(N)	1840		1453-1844	391	
41	Campbell, David	(N)	1840	612-762	1281-1692	391	(+15)
42	Crandall, A. I.	(N)	1841	606-756	1281-1672	391	
43	Fitch, Charles	(N)	1842	1299-1449	1449-1840	391	
43	Fitch, Charles	(A)	1842	1299-1449	1449-1840	391	
44	Birks, T. R.	(B)	1843	632-682		391	
4o.	Stone, B. W.	(B)	1843	1299-1449	1449-1840	391	(+15)
46	Southard, Nath.	(A)	1843	1299-1449	1449-1840	391	(+15)

No.	Expositor	Nacionalidad	Fecha Pub.	5ª Trompeta	6ª Trompeta	Años	Longitud del Período Días
47	Anon. (Hyponia)	(B)	1844		1281-1672 (Ago.)	391	
48	Galusha, Elon	(A)	1844	1299-1449	1449-1840	391	(+15)
49	Elliott, E. B.	(B)	1844	612-762	1057-1453	396	(+130)
50	Gaussen, Louis	(F)	1844		1453-1844	391	
51	Guinness, H. G.	(B)	1844	622-762	1300-1699	396	
52	Junkin, George	(A)	1844	612-762	1281-1672	391	(+15)
53	Scott, James	(S)	1844		1453-1844	391	
54	Fysh, Frederick	(A)	1845	612-762 (607-757)	1301-1697 (1453-1849)	396	(+3 mos)
55	Scott, Samuel	(A)	1848	622-922(3	1059-1453	396	
56	Thom, Adam	(B)	1848	606-756	1062-1453	391	
57	Wickes, Thomas	(A)	1851	612-762	1281-1672	391	(+15)
58	Jenour, Alfred	(F)	1852	632-786	1062-1453	391	(+5)
59	Bliss, Sylvester	(A)	1853	622-762	1453-1844	391	(+1)
60	Jones, Joseph	(B)	1853	Sarracenos	Invasión Turca	391	(+15)
61	Williams, Thomas	(B)	1853	612-762	1281-1672	391	(+15)
62	L'Hote, J. B.	(N)	1854	622-772	1057-1453 (1302-1698)	396	(+15)
63	Cumming, John	(N)	1855	612-762	1057-1453	396	
64	Slight, Benjamin	(Can.)	1855	629-779	1057-1453	396	
65	Lyon, J. C.	(N)	1859	612-762	1057-1453	365	(+106)
66	Butler, J. G.	(B)	1860	841-904	1057-1453	396	
67	Thomas John	(N)	1861	632-782	1063-1453	391	(+30)
68	Royse, P. E.	(N)	1864		1250-1641	391	(+30)
69	Smith, Urías	(N)	1865	1299-1449	1449-1840	391	(+15)
70	Gardner, J. P.	(N)	1867	Sarracenos	Invasión Turca	391	(+15)
71	Hunt, E. M.	(N)	1870	612-762	1057-1453	396	
72	Steele, David	(N)	1870	612-762	1281-1672	391	
73	Pond, Enoch	(N)	1871	629-779	1062-1453	391	
74	De Pui, James	(N)	1873	728/30-879	1291-1682	391	
75	Simons, E. D.	(N)	1875	612-762	1057-1453 (1062-1453)	391	(+15)
76	Orr, John	(N)	1876	606-	Mahometismo	396	
77	Johnson, B. W.	(N)	1881	632-782	1057-1453	396	(+3 mos)
78	Kimball, I. E.	(N)	1897		1449-1840	391	(+15)
79	Moore, T. W.	(N)	1897	Mahometismo	1070/71-1453 (1095-1478/79)	391	
80	Tanner, Joseph	(B)	1898	612-762	1062-1453	396	(15 o 30)
VI. Siglo XX							
1	Hood, J. W.	(N)	1900	612-762	1281-1672	391	(+15)
2	Smith, F. G.	(N)	1908	Sarracenos	1281-1672	391	(+15)
3	Williams, H. C.	(N)	1917	612-672 (632-782)	1057-1453	396	
4	Briggs, H. C.	(N)	192.3	612-762	1057-1453	391	
5	Rand, H. B.	(N)	1932		1453-1844	391	(+15)
6	Stewart, Basil	(B)	1934	612-762	1281-1672	391	

Cantidad total de expositores: 124

Apéndice F

Los "Tiempos" de Daniel 11 y 12

El lector debe notar que parte de la siguiente información es una comprensión relativamente nueva de los períodos de tiempo de Daniel 11 y 12. El estudio posterior y el diálogo podrían dar como resultado varias modificaciones. Información actualizada y ampliada, con gráficos, está disponible a solicitud escribiendo a newsletter@IslamAndChristianity.org o en www.IslamAndChristianity.org.

Las visiones de Daniel 7, 8, y 11 son seguidas, cada una, por una interpretación. Es en la interpretación que se nos da información adicional y elementos de tiempo. La visión en Daniel 11: 2-12: 4 nos dice qué ocurrirá, mientras que la interpretación en Daniel 12: 5-13 nos da los elementos de tiempo de la profecía de Daniel 11. Note que en Daniel 12: 6, el elemento de tiempo es el propósito de la interpretación "¿Cuándo será el fin de estas maravillas?" La profecía de Daniel 11 tiene nombrados tres "tiempos" que necesitan mayor explicación respecto a su elemento de tiempo.

"Por un Tiempo"

Daniel 11: 24 dice, "y contra las fortalezas formará sus designios; y esto por un tiempo". Si Daniel 11 nos da el "qué", y Daniel 12 nos da el "cuándo", entonces debemos encontrar una profecía de tiempo correspondiente en Daniel 12, y la encontramos.

El primer período de tiempo se menciona en Daniel 12: 7, y es: "tiempo, tiempos, y la mitad de un tiempo". Este es el mismo marco de tiempo del "tiempo, tiempos, y la mitad de un tiempo", o 1260 días, como en Daniel 7. Ambos hacen referencia a la emergencia del papado, y su período de supremacía de 1260 años, desde 538 hasta 1798 d.C.. (Véase el capítulo 2 para más detalles).

"En el Momento Preciso" (NVI1999)

"En el momento preciso" de Daniel 11: 29 parece ser más que sólo un punto en el tiempo, porque en el versículo 35 "el momento preciso" o algún aspecto de este todavía está en el futuro. Si la profecía y la historia son interpretadas correctamente en este libro, entonces "En el momento preciso" de Daniel 11: 29-39 debe ser la época de la Reforma y del Imperio Otomano—el segundo conflicto islámicos versus cristianos.

La definición de "el momento preciso" aparece en su primer uso en Daniel 8: 19. "Me decía: 'Voy a darte a conocer lo que sucederá cuando llegue a su fin el tiempo de la ira de Dios, porque el fin llegará en el momento señalado'" (NVI1999). Este nos dice que "el momento preciso" es el final de algo y es al final de "el tiempo de la ira".

Como definitivamente Daniel 11: 29 no es el fin del tiempo, esto debe señalar el fin de otra cosa. Parece ser que el fin del momento preciso sería sólo el final de una profecía de tiempo. El enfoque es el final de la profecía de tiempo, no su duración.

"El momento preciso" sería "cuando llegue a su fin el tiempo de la ira". Debido a que "El momento preciso" es antes del "tiempo del fin", esto sugeriría que "el tiempo de la ira" es la parte última de los 1260 días.

Pero, ¿qué profecía de tiempo estaría terminando en el versículo 29? Debemos ir al capítulo 12, que da el elemento de tiempo para Daniel 11. El siguiente período de tiempo está en Daniel 12:11, 12. Este tiempo empieza desde la "abominación desoladora" (RVR60) y se extiende hasta una bendición. La "abominación desoladora" es el único punto de partida dado para los 1290 y 1335 días proféticos, lo que implica que ambos tienen el mismo punto de partida. Del mismo modo, la bendición relacionada con los 1335 días también podría ser aplicable a los 1290 días.

Los siguientes puntos han conducido a la conclusión de que las profecías de los 1290 y 1335 días tienen aplicaciones paralelas que sirven de extremos a Daniel 11: 29-39.

La primera aplicación identifica el inicio de la Reforma y la persecución papal. La segunda resulta en el fin de la persecución papal y "el tiempo del fin".

1. Hay dos "abominaciones desoladoras" (puntos de partida) en Daniel . El primero está en Daniel 9: 27, que Jesús llama "la abominación desoladora" en Mateo 24: 15. El segundo está en Daniel 11:31.

2. Hay dos finales del "tiempo preciso" (o "tiempo señalado", dependiendo de la versión) en Daniel 11. En el versículo 29, el "tiempo señalado" está en presente. Sin embargo, en el versículo 35 "el tiempo determinado" está otra vez en el futuro, sugiriendo que "el tiempo señalado" llega otra vez a su fin después del versículo 29 (o por segunda vez).

3. En Daniel 8: 13-19 se introducen el "tiempo señalado" y la "abominación desoladora", diciendo que son tanto para el santuario (el edificio literal en 70 d.C.) y las huestes o ejército. (En Daniel 11: 31, el pueblo de Dios, las huestes, es perseguido cuando el rey del norte consigue "la fuerza de las armas". Clodoveo, el Franco, le dio apoyo militar al papado en 508 d.C., para erradicar la oposición).

¿Qué ocurre si empezamos las profecías de 1290/1335 días tanto desde 70 d.C. como desde 508 d.C.?

Primero, empezamos desde 70 d.C.: 70 + 1290 = 1360. En 1360 d.C. Juan Wycliffe empezó su trabajo contra los frailes y se volvió la "Estrella matutina", o "teórico, de la Reforma. También, 70 + 1335 = 1405. En 1405 d.C., el papa hizo público un decreto de que Juan Huss tenía que dejar de enseñar la obra de Wycliffe. Huss terminó rebelándose y volviéndose lo que algunos llaman "el primer reformador practicante".

Empezar las profecías de 1290/1335 días desde 70 d.C. nos trae a una bendición—el inicio de la Reforma. Daniel 11: 29-39 describe la época de la Reforma con "el tiempo señalado" de 1360 d.C. como su punto de partida. Al mismo tiempo, surgió el Imperio Otomano y conquistó Constantinopla en 1453 d.C.

Segundo, empezamos desde 508 d.C., la segunda abominación, de Daniel 11: 31. Luce así: 508 + 1290 = 1798. Este año, 1798 d.C., nos trae a la bendición del fin de la supremacía papal. También, 508 + 1335 = 1843 d.C. Este es el tiempo del movimiento profético basado en el libro de Daniel, que presenta el inicio del juicio. En este juicio, el rey del norte/cuerno pequeño será juzgado, y se establecerá el reino de Cristo.

Empezar las profecías de 1290/1335 días desde las dos abominaciones de Daniel, nos da el origen y el fin de la Reforma, el Imperio Otomano, y nos conduce al "tiempo del fin". Daniel 8: 19 dice "para el tiempo del fin" (en la versión KJ, dice así: "en el tiempo señalado el fin"), ¡y desde 1360 hasta 1844 d.C., todas las profecías de tiempo relacionadas con el papado llegan a su fin!

"El tiempo señalado" como período de tiempo corre desde 1360 hasta 1844 d.C.. Esto es evidencia convincente de que como Daniel no tiene una "abominación desoladora" futura en sus profecías secuenciales, no habrá ninguna aplicación futura de las profecía de los 1290/1335 días. Empezar la profecía desde un futuro, incluso de nuestra elección, no sería fiel al contexto de Daniel, y sería una interpretación privada, no una bíblica.

"El Tiempo del Fin"

Daniel 12 no tiene una profecía de tiempo para "el tiempo del fin". Sin embargo, Daniel 8: 13-19 ya nos dice que la visión de los 2300 días y la purificación del santuario se refieren al "tiempo del fin". Así que "el tiempo del fin" sería 1844 d.C. y después. (Para los cálculos, véase el capítulo 9).

En Daniel 11: 35 (hasta el tiempo determinado, RVR60; la versión KJ en inglés dice claramente "hasta el tiempo del fin") y 12: 9 y 10, "el tiempo del fin" está relacionado con el pueblo de Dios que está siendo hecho blanco, o siendo limpiado, que es lo que ocurre en el juicio pre-advenimiento, después de 1844. Daniel 12: 4 dice que la profecía será comprendida en "el tiempo del fin".

Desde 1798 hasta 1844 hay una creciente comprensión de la profecía de Daniel. Pero no es sino hasta después del chasco de 1844, y la comprensión del juicio pre-advenimiento, que puede decirse que Daniel ha sido comprendido. También, es solamente después de 1844 que puede decirse que los eventos relacionados con el regreso de Jesús pueden ocurrir ahora en cualquier momento. Así que ahora estamos en "el tiempo del fin".

Para a ver la selección completa de títulos
que publicamos visite:
www.TEACHServices.com

Por favor escriba o envíenos un correo electrónico
con sus felicitaciones, reacciones, o ideas acerca
de este o cualquier otro libro que publicamos visite:
info@TEACHServices.com

TEACH Services, Inc., los títulos se pueden
comprar al por mayor para educación, negocios,
recaudación de fondos, venta o uso promocional.
Para más información, envíe un correo electrónico:
bulksales@TEACHServices.com

Por último, si usted está interesado en ver su
propio libro en forma impresa, por favor póngase
en contacto con nosotros via:
publishing@TEACHServices.com

Estaremos encantados de revisar su
manuscrito de forma gratuita.

www.ingramcontent.com/pod-product-compliance
Lightning Source LLC
LaVergne TN
LVHW050619100826

845148LV00011B/1648
9781479612703